外语教学的理论与方法研究

文天植　著

中国商务出版社
·北京·

图书在版编目（CIP）数据

外语教学的理论与方法研究 / 文天植著. — 北京：
中国商务出版社，2023.5

ISBN 978-7-5103-4661-3

Ⅰ. ①外… Ⅱ. ①文… Ⅲ. ①外语教学—教学研究

Ⅳ. ①H09

中国国家版本馆CIP数据核字(2023)第050263号

外语教学的理论与方法研究

WAIYU JIAOXUE DE LILUN YU FANGFA YANJIU

文天植　著

出　　版：中国商务出版社
地　　址：北京市东城区安外东后巷28号　　邮　编：100710
责任部门：发展事业部（010-64218072）
责任编辑：李鹏龙
直销客服：010-64515210
总 发 行：中国商务出版社发行部（010-64208388　64515150）
网购零售：中国商务出版社淘宝店（010-64286917）
网　　址：http://www.cctpress.com
网　　店：https://shop595663922.taobao.com
邮　　箱：295402859@qq.com
排　　版：北京宏进时代出版策划有限公司
印　　刷：廊坊市广阳区九洲印刷厂
开　　本：787毫米×1092毫米　　1/16
印　　张：14.25　　　　　　　　　　字　数：233千字
版　　次：2023年5月第1版　　　　　印　次：2023年5月第1次印刷
书　　号：ISBN 978-7-5103-4661-3
定　　价：74.00元

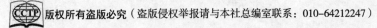

前　言

外语教学的理论与方法研究是语言教育领域的重要方面，涉及多种学科的知识和多元的教学策略。理论研究可以帮助教育者深刻理解语言习得的本质，而方法研究则为实际教学提供了科学的指导。不同的理论对语言习得过程有不同的解释，例如，行为主义理论认为学习是个体对刺激的被动反应，而认知理论强调个体的主动参与和思维过程。这些理论为教育者提供了多维度的思考框架，帮助他们更好地了解学生的学习需求，调整教学策略。传统的语法翻译法、听说法等方法在一定情境下仍然有效。随着教育理念的演进，新兴的教学方法如沉浸式教学、任务型教学等也应运而生。这些方法的研究不仅有助于挖掘其优势和特点，还可以促使教育者灵活运用，因地制宜地选择最适合学生的教学方法，以提高学生的学习兴趣。

随着科技的迅猛发展，虚拟现实、在线学习等新型教育技术成为教育领域的热点。理论的指导可以帮助我们更好地整合这些技术，使其成为提升学生学习效果的有力工具。例如，通过在线语言交流平台，学生可以更便捷地与母语者交流，提高其语言运用的实际能力。语言与文化密不可分，理论研究帮助教育者可以更好地理解语言与文化之间的关系。教育者可以通过有针对性的教学方法，培养学生对不同文化的理解和尊重，从而促进其开展全球化背景下的跨文化交际活动。

外语教学的理论与方法研究是语言教育体系中的重要组成部分。理论研究不仅提供了深刻的理论基础，也为教育者提供了多元思考的视角；方法研究则指导着实际的教学实践，进而为不同学生提供灵活多样的教学策略。这些研究不仅推动着外语教育的不断发展，也为学生的语言习得和跨文化交际能力的培养提供了有力的支持。

目　录

第一章 外语教学的理论基础

第一节 外语教学理论概述

一、心理学理论

（一）行为主义理论

行为主义理论是外语教学中心理学基础的最早阶段，强调外部刺激与学习行为之间的直接关系。根据行为主义观点，语言习得是个体通过对特定刺激的反应形成的条件反射。在外语教学中，这一理论促使教师注重创造积极的学习环境，采用奖惩机制来强化学生的语言学习反应。然而，随着理论的发展，人们逐渐认识到行为主义未能全面解释学习的复杂性，为此，认知心理学的兴起成为心理学基础研究的新方向。

（二）认知理论

认知理论强调学习者的主动参与和思维过程，更加关注个体在语言习得中的积极作用。在这个层次上，学习者被视为信息处理系统，通过感知、记忆、思维等认知活动来处理语言信息。认知理论认为语言习得是一个复杂的认知过程，与个体的思维结构和学习策略密切相关。在外语教学中，这一理论引导教师更注重培养学生的元认知能力，即对自己学习过程的认知和控制，以及鼓励学生运用不同的学习策略。

（三）社会文化理论

社会文化理论将注意力从个体转移到社会和文化层面，认为学习是一种社会活动，语言习得与社会互动和文化背景密切相关。这一层次的理论强调学生通过与他人交往、参与社会实践来获得语言能力。外语教学中，教师应创造有益的学习社会，通过对话、合作等方式促进学生在真实语境中运用外语，使语言习得更具社会文化意义。

二、语言学理论

（一）结构主义理论

1.语言结构的重要性

结构主义理论首先强调语言的结构对语言学习的重要性，包括语法规则、词汇构成、句法结构等方面。结构主义理论认为，通过深入了解和掌握这些结构，学习者能够建立起对语言系统的整体认知。这种结构导向的学习方式注重对语法和结构的准确理解，使学生能够正确地表达和理解语言，进而形成正确的语言习惯。

2.语法规则的教学方法

在结构主义理论中，语法规则的传授是语言教学的核心。教学者通过系统地教授语法规则，让学生熟悉语言的基本结构，从而使其能够正确运用语法规则进行交流。教学过程强调练习、模仿和机械记忆，通过反复练习巩固语法知识，培养学生对语法规则的熟练掌握程度。这种教学方法旨在建立起学生对语法结构的直观感知，使他们能够在实际运用中遵循正确的语法规则。

（二）生成语法理论

生成语法理论深信语言习得的过程远不仅仅是被动地接受和记忆已有的语法规则，而是学习者在实际运用中积极参与、创造性思维的产物。相较结构主义的机械记忆和模仿，生成语法理论强调了学习者的主动性和创造性思维在语言学习中的核心地位。在这个理论框架下，语法规则被视为一种激发学生创造性思维的工具，而不仅仅是一种被动学习的对象。教学者的任务不仅要简单地传授已有的规则，更要引导学生将这些规则运用到实际语境中，激发他们在语言表达中的创造性。这种注重语法规则的生成能力的教学方法不仅使学生能够更自由地运用语法规则，而且可以培养他们对不同语境的适应能力。

生成语法理论的另一个显著特点是鼓励学生在实际应用中灵活运用语法规则。这与结构主义理论中对模仿和死记硬背的强调形成了鲜明的对比。通过在实际语境中自由运用语法规则，学习者能够更好地理解规则的灵活性和多样性，从而提高他们在真实交际中的语言表达能力。这种强调实际运用的方法可以培养学生更为灵活的语言运用能力，使他们能够更好地适应不同的语言环境。

（三）社会语言学和交际语言学

随着时间的推移，语言学基础逐渐转向了社会语言学和交际语言学。社会语言学关注语言在社会文化中的使用，而交际语言学强调语言的交际功能。这两个理论强调语言的真实运用，注重语言在特定社会和文化背景中的语用功能。在外语教学中，这一层次的理论促使教师更关注对学生实际交际能力的培养，推动了任务型教学等新方法的兴起。

三、教育学理论

（一）学习者中心的教学观念

教育学基础的学习者中心观念是当代教育理念的重要体现，尤其在外语教学中，这一观念更为突出。学习者中心的教育理念强调学生是学习的主体，他们的需求、兴趣和特点应该成为教学设计的出发点与依据。在语言习得中，学生需要积极参与到课堂活动中，包括口语表达、听力理解、写作等多个方面。通过参与，学生能够更深入地理解语言规则和运用，形成更为牢固的语言基础。教育者的任务是创造出鼓励学生参与的学习环境，激发他们的兴趣，使课堂更具吸引力。在语言习得中，学生需要具备自主学习的技能，能够主动获取和整理语言知识。这需要教育者为学生提供合适的学习资源和指导，引导他们学会自主设置学习目标、制订学习计划，并通过反思和调整不断提升自己的学习效果。这种培养自主学习能力的方法有助于学生在课堂之外更好地掌握语言技能。合作学习有助于学生在与他人互动中更好地理解和运用外语。通过小组讨论、合作项目等形式，学生可以共同解决问题，分享语言学习经验，提高语言运用的实际能力。这种合作学习的方式不仅可以培养学生的团队协作精神，也可以加强语言在社交环境中的应用能力。

（二）多元化的教学策略

教育学基础的多元化教学策略是为了更好地满足学生个体差异，提高教学的适应性和灵活性。在外语教学中，这一观念的应用意味着教育者需要巧妙地运用各种教学方法，以创造一个多元且具有启发性的学习环境。沉浸式教学策略是其中之一，通过让学生沉浸于使用外语的实际场景中，促使他们更自然地掌握语言。这种方法模拟真实生活中的语境，加强了学生对语言的理解和应用。同时，交际法注重学生之间的互动和实际沟通，通过对话和合作来提高学生的语言交际能力。这样的多元教学方法为学生提供了不同的学习体验，有助于更全面地发展他们的语言能力。一些学生可能适应视觉化的学习方式，因此教育者可以引入图表、图像等辅助教材；另一些学生可能更喜欢通过听力学习方式来学习，因此可以通过音频材料强化他们的听力技能。在外语教学中，了解并尊重学生的个体差异，采用差异化教学方法，有助于提升每个学生的学习效果。通过引入多样性的教学资源、实例和案例，教育者能够使课堂更具吸引力，让学生更愿意参与到学习过程中。这种激发兴趣的教学方式有助于培养学生对外语学习的积极态度，提高他们的学习主动性。

（三）教育技术的有效整合

1.提供丰富的学习资源

教育技术的整合使得学生可以获得更加丰富多样的学习资源。例如，通过在线学习平台，学生可以访问各种形式的学习资料，包括文字、图片、音频、视频等。这些资源可以满足不同学生的学习需求和学习风格，帮助他们更好地理解和掌握外语知识。另外，教育技术还可以提供与课程内容相关的虚拟实验、模拟场景等资源，为学生提供更加直观、生动的学习体验。

2.增强学习的趣味性和互动性

教育技术的整合可以使外语教学更具趣味性和互动性。通过使用虚拟现实技术或在线教学工具，教育者可以创建生动有趣的学习场景，激发学生的学习兴趣。同时，教育技术还可以支持教师与学生之间的实时互动，如通过在线讨论、即时消息等方式，促进学生之间的交流与合作，提升学习效果。这种互动性的教学环境有助于培养学生的参与意识和团队合作精神，进而提升他们的学习动力和学习成效。

四、跨文化交际理论

（一）文化意识的培养

跨文化交际首要目的是培养文化意识。了解和尊重不同文化的价值观、信仰、习俗和社会习惯对建立有效的跨文化沟通至关重要。文化意识的培养包括对自己文化的深入理解，以及对他人文化的尊重和接纳。通过学习和体验不同文化，个体能够更好地适应多元化的社会环境，减少文化差异带来的交际障碍。

（二）跨文化沟通技能的培养

有效的跨文化交际需要具备一系列跨文化沟通技能，包括语言能力、非语言沟通的理解能力、解决文化冲突的能力等。语言是文化传承的载体，能够正确运用语言不仅有助于避免出现误解，还能够增进彼此之间的信任和理解。同时对非语言沟通方式的敏感度也是个体在跨文化交际中应掌握的重要技能，因为不同文化可能对于眼神、面部表情、身体语言等方面有着不同的解读。培养这些技能可以提升个体在跨文化环境中的交际效果。

（三）跨文化适应能力的提升

跨文化交际需要个体具备跨文化适应能力。这意味着个体能够灵活调整自己的行为和态度，以适应不同文化的需求。跨文化适应能力包括个体对新文化的接纳和适应，以及其在文化冲突或文化差异面前保持冷静、理性的态度。通过培养跨文化适应能力，个体能够更好地融入不同文化的社会环境，提高其在跨文化交际中的成功率。

五、技术与创新理论

（一）科技对社会的影响

1.社会结构的变革

科技的快速发展对社会结构产生了深刻的影响。数字化技术、人工智能、大数据等新兴技术的应用，改变了传统产业的运作方式，推动了新型产业的崛起。这种变革不仅可以对就业结构产生影响，也可以改变人们的工作和生活方式。科技的普及使得信息更加容易获取，社交媒体和在线平台的兴起改变了人们的社交方式，进而影响到社会关系的建立和维系。科技的发展使得社会更加网络化、智能化，推动了社会结构的进一步演变。

2. 经济形态的演变

科技对经济形态产生了革命性的影响。新技术的应用推动了生产力的提高，创造了新的产业和商业模式。互联网、电子商务、人工智能等技术的发展催生了新的经济增长点，促进了创新型产业的崛起。这种数字化和智能化的经济发展模式不仅改变了传统产业结构，也为全球化提供了更便捷的交流和合作方式。同时，科技的应用还推动了经济全球化的进程，使得不同国家和地区更加紧密地相互联系，促进了全球经济的发展。

（二）科技与教育的融合

1. 创新的教学方式和工具

科技与教育的融合推动了教学方式和工具的创新。引入数字技术、互联网和虚拟现实等创新技术，使得传统的教学方式得以扩展和丰富。在线学习平台、教育应用程序和互动式教学工具为学生提供了更灵活、个性化的学习体验。通过使用这些工具，学生可以随时随地获取学习资源，自主安排学习进程，从而提升学习的效果。同时，教育者也能够更好地利用技术工具进行教学设计和评估，使教学更加有针对性和高效率。

2. 促进全球教育资源的共享

科技的融合使得教育资源得以全球化和共享。通过互联网，学生和教育者可以轻松地获取来自世界各地的学习资源，包括在线课程、学术论文、多媒体资料等。这种全球化的教育资源共享促进了知识的传播和交流，打破了地域限制，进而为学生提供更广泛的学习机会。同时，通过在线协作和跨国合作项目，学生能够与不同国家的同龄人共同学习和合作，增进跨文化交流，培养全球化的视野和合作精神。

科技与教育的融合为教育领域带来了巨大的变革，使得教学更加灵活、个性化，并促进了全球教育资源的共享。这种变革有助于提升学生的学习效果，培养跨文化的合作能力，推动教育体系朝着更为包容和创新的方向发展。

（三）科技与经济的互动

技术与创新对经济的发展起到了推动作用。新技术的引入和创新的实施可以提高生产效率，降低成本，创造更多的就业机会。例如，新能源技术的创新有助于推动清洁能源产业的发展，为经济提供了新的增长点。同时，创新技术的应用也带动了新兴产业的崛起，推动了社会经济结构的调整和升级。因此，科技与创新不仅是经济发展的引擎，也是推动社会向更加可持续和智能化方向发展的重要力量。

第二节　外语教学的历史演变

一、传统语法翻译法时期（19 世纪初至 20 世纪初）

（一）形式主义和传统语法的影响

19 世纪初期，翻译理论主要受到形式主义和传统语法的影响，将翻译视为一种机械、规范化的活动，其核心目标在于尽可能忠实于源语言文本的结构和语法。这一时期的翻译家们极为强调对词汇、语法和句法结构的准确翻译，力求保持原文的形式特征。他们认为，通过严格遵循源语言的语法规则和结构，可以有效地传达原著的内涵和表达方式。这种翻译方法注重对语言形式的机械还原，强调在目标语言中实现与源语言相近的结构和形式，以确保翻译结果的一致性和可靠性。

（二）文学风格的重视

在这个时期，翻译家们着重维护原著的文学风格和修辞特色，他们深信翻译应该追求与原著相近的文学效果，强调语言的优美和艺术性。为此，翻译家们全力以赴，致力于在目标语言中再现原著的独特文学风格，以确保读者在阅读翻译文本时能够体验到与原文相似的审美感受。这种翻译方法注重在翻译过程中保留原作的文学品位和表达方式，旨在使翻译作品能够传达原著的情感和文学价值，从而让读者更深刻地理解和欣赏文学作品的精髓。

（三）词汇和语法的机械对应

在传统语法翻译法时期，翻译被看作是一种严格的词汇和语法的机械对应过程。翻译家们极为强调语法和结构之间的对应关系，追求在目标语言中找到与源语言相对应的语法结构。这种方法的核心理念是通过严格的语法和结构对应，实现从源语言文本到目标语言文本的直接翻译，以确保翻译结果在形式上保持一致。

然而，这种翻译方法存在一定的局限性，因为它往往忽视了文化和语境的差异。专注于形式上的对应可能导致在意义和表达方式上出现的偏差，因为不同语言和文化之间存在着丰富的语境与语义差异。这种机械的对应方式可能无法捕捉到原文的深层含义，导致翻译结果缺乏原作所包含的文化内涵和特有的语境信息。因此，尽管强调形式上的对应在一定程度上确保了翻译的准确性，但在涉及文化和语境因素时，这种方法的局限性变得显而易见。

二、交际法时期（20 世纪中期至 20 世纪末）

（一）强调语言交际和意义传达

在交际法时期，翻译被重新定义为一种语言交际的活动，其核心目标不再仅仅是形式上的对应，而更加强调传达意义。翻译家们在这一时期开始广泛关注语境、语用学以及目标语言读者的需求。翻译不再被简单看作从源语言到目标语言的机械替换，而被理解为一种跨文化和跨语境的意义传递过程。

在这个时期，翻译家们认识到语境的重要性，注重考虑文本产生和接受的具体语境。语用学的概念开始渗透到翻译理论中，翻译不仅要关注文本的语法和结构，还要考虑言语行为、言外之意等因素。这种转变意味着翻译需要更深入地理解文本的背后含义，以便在目标语言中更准确、自然地传达原著作者的意图。

与此同时，翻译的焦点也转向了目标语言读者。翻译家们开始更加积极地考虑目标文化和读者的语境，以确保翻译结果在语言和文化上都能够被目标语言读者接受与理解。这种关注读者需求的转变促使翻译家们更注重文本在目标语境中的实际运用，以创作出更贴近读者期望的翻译成果。

（二）关注目标语言读者

交际法强调的核心目标是为目标语言读者提供一个自然、流畅、易理解的文本。这一时期的翻译家们开始更加积极地考虑目标文化和读者的语境，努力确保翻译结果在语言和文化上都能够被目标语言读者接受与理解。

在这个背景下，翻译不再被看作简单的语言替换过程，而是被理解为一种跨文化传递意义的复杂活动。为了达到这一目标，翻译家们注重适应目标语言的语境和文化背景，以确保翻译成果在目标文化中能够产生预期的效果。这涉及对目标语言读者的文化习惯、语用习惯和心理预期的深入了解。

因此，翻译在交际法时期变得更为灵活，不仅要传达源语言的意义，还要考虑如何在目标语言中呈现出这个意义，以便与目标文化的语境相契合。这种注重目标语言读者的翻译方法，旨在创造一个与他们熟悉并能够轻松理解的语境，从而提供更为贴近他们期望的文本。这一时期的理念为后来翻译研究的发展提供了重要的理论基础。

（三）语用学的影响

在交际法时期，语用学对翻译理论产生了深远的影响。翻译家们开始更加关注语言使用的实际情境，积极考虑言语行为和言外之意等因素。这一时期的转变使得翻译不再仅仅局限于语法和结构的对应，而更加关注翻译在特定语境下确保正确的语用表达。

语用学的理念强调了语言的实际运用情境，翻译家们开始更深入地思考文本中隐藏的言外之意和社会语境。这可以帮助翻译家更好地理解和解释语言的真正意义，不仅仅关注表面的文字，而更注重语境中的微妙差异。这一转变使得翻译不再仅仅是对源语言和目标语言之间形式的对应，而是更为注重在翻译过程中保留源语言中的语用效果和交际效果。

通过关注语言的言外之意、语用层面的特征以及言语行为的目的，翻译家们更加全面地考虑了文本在交际中的功能。这不仅有助于翻译更为准确地传达源语言中的信息，也促使他们在翻译过程中更注重交际效果。这一时期的语用学影响为翻译理论的进一步发展提供了更加深刻和综合的基础。

三、情感认知法时期（20世纪末至21世纪初）

（一）情感因素的重视

在情感认知法时期，翻译理论更加强调情感因素在翻译中的重要作用。研究者认为情感是人类思维和行为的核心驱动力，因此在翻译过程中，情感因素的考虑变得至关重要。这一时期的翻译研究着眼于理解和表达情感，并强调情感在翻译中的深远影响。

翻译家们开始关注如何在翻译中保留和传达原作中的情感。他们认为，通过有效传递原著中的情感色彩，翻译作品可以更好地触发目标语言读者的情感共鸣，使其能够在阅读时体验到与原文相似的情感。因此，翻译在情感认知法时期不再仅仅注重语法和语义的对应，而更关注如何通过语言选择、表达方式和文体等手段，呈现并传递出在源文本中蕴含的情感内容。

这一转变反映了对翻译活动更全面理解的追求，不仅要关注信息的传递，还要考虑如何传达作者在原作中所表达的情感。因此，在情感认知法时期，情感成为翻译决策的一个重要因素，为翻译理论和实践带来了更为丰富与深刻的层面。

（二）认知机制的研究

在情感认知法时期，强调认知机制在翻译中的关键作用。研究者开始关注译者在理解和处理信息时的认知过程，包括但不限于记忆、注意力、语言处理等方面。这一时期的研究者认为，通过深入了解认知机制，可以更全面地理解翻译过程中的决策和策略选择，从而提升翻译的效果。

研究者要对译者的记忆过程进行深入研究，关注记忆如何影响翻译决策。同时注意力机制也成为研究的重要焦点，因为译者需要在处理大量信息时保持专注，选择性地关注对翻译任务最关键的元素。语言处理方面的认知机制也受到了广泛关注，包括词汇选择、句法结构和语法规则的运用，以及在不同语境中进行语义解释的能力。

通过深入研究这些认知机制，研究者试图揭示在翻译中译者是如何理解、处理和转换信息的。这样的研究不仅丰富了对翻译过程的认识，还为制定更有效的翻译策略提供了理论支持。因此，情感认知法时期的关注点拓展到了更广泛、更深入的认知层面，为翻译研究提供了更为综合和深刻的理论基础。

（三）跨学科研究的兴起

情感认知法时期的出现标志着跨学科研究的兴起，为了更全面地理解翻译过程中的情感和认知机制，研究者开始引入心理学、神经科学、认知科学等领域的理论和方法。这一趋势推动了翻译研究的多元化，为理解翻译作品提供了更为丰富的视角和方法。

在情感认知法时期，通过融合不同学科的知识，研究者尝试从心理学角度解释作品在翻译过程中的情感表达和认知决策。心理学提供了对译者心理活动的深入分析，包括情感处理、认知加工、决策制定等方面。同时神经科学的方法也被应用于研究翻译过程中的神经活动，从而揭示翻译任务在大脑中的生理基础。

同时，认知科学的理论也为翻译研究提供了新的框架。通过深入探讨认知过程，研究者可以更好地理解翻译中的注意力分配、记忆调取和信息处理等方面的机制。这些跨学科的研究方法不仅丰富了对翻译活动的理解，还为翻译理论的发展提供了更为全面和深刻的基础。

情感认知法时期的跨学科研究充实了翻译研究的理论体系，使研究者能够更全面地把握作品在翻译过程中情感和认知的复杂交互关系，为未来的翻译研究提供了广泛的研究领域和方法。

四、以任务型教学为代表的当代语言教学（21世纪至今）

（一）任务型教学强调实际应用

任务型教学的核心理念在于将学习者置于真实语境中，以实际应用语言为教学的核心。在这种教学方式下，教学内容的设计以满足特定的交际目标为导向，旨在培养学习者的语言运用能力。通过完成各种具体任务，如角色扮演、信息交流、问题解决等，学习者被激发去运用语言进行实际性的活动，从而提高他们在实际场景中使用语言的能力。

任务型教学的实际应用方式使得学生更直接地体验和应用语言，与传统教学相比其更加贴近日常生活和实际需求。通过任务型教学，学生在解决问题、交流信息、合作完成任务的过程中，不仅仅学到了语言形式和结构，更重要的是培养了语言的实际运用能力。这种亲身经历的学习方式可以促使学生更主动、更积极地参与，使语言学习变得更富有趣味性和实效性。

任务型教学的实际应用强调了语言的功能性，使学生在真实交际中更好地理解和掌握语言。通过这一教学方式，学生能够直接感受到语言与实际生活之间的紧密联系，提高他们在语境中的交际能力。这种教学方式不仅有助于学生更深入地理解语言的用法，也可以更好地培养他们在不同情境下运用语言解决问题的能力。

（二）学习者中心和合作学习

当代语言教学强调学习者的主动参与和学习过程的学生中心性，其中任务型教学尤其突出了这一理念。任务型教学不仅仅要关注于教师的传授，更要注重学习者在学习过程中的主动参与。通常，任务型教学设计涵盖了学生间的合作学习，通过小组活动或合作任务，促进学习者之间的互动和信息共享。

合作学习是任务型教学的一个重要组成部分，通过学生之间的合作，鼓励他们在解决问题、完成任务的过程中相互合作和交流。这种学习方式不仅有助于培养学生的团队合作能力，同时可以提升他们的沟通技能。学生在小组中协同工作，分享观点，解决问题，这有助于建立积极的学习氛围，增强学生对学科内容的深入理解。

学生中心性的理念强调了在教育过程中学生的主体地位，学生被视为学习的主体而不仅仅是知识的接收者。通过合作学习，学生可以在互动中共同建构知识，而不仅仅是单方面接受教师的灌输。这种参与式的学习方式可以培养学生在多语境环境中应对挑战的能力，使他们更具有适应性和灵活性。

（三）语言教学与文化融合

当代语言教学强调多元元素的综合，不仅仅局限于语法和词汇的传授，而是将文化元素融入教学的重要部分。任务型教学在这方面起到了引领作用，通过特定任务的设置，鼓励学习者深入了解目标语言的文化、社会习惯和背景知识。这一方法有助于学生更全面、更深入地理解目标语言，提高他们的跨文化沟通能力。

在文化融入语言教学的过程中，学生不仅仅学到了语言表面的形式，还能够更深入地理解目标语言背后的文化内涵。通过了解目标语言国家的文化，学生可以更好地理解语言使用的背景和意义。这种跨文化的教学方式不仅有助于学生在语言交流中更为得心应手，同时也促使他们更全面地认知和理解语言所承载的文化信息。

另外，文化融入语言教学还有助于培养学生的跨文化沟通能力。通过学习目标语言国家的文化，学生能够更好地理解和适应不同文化背景下的交际规则与社会习惯。这有助于他们更自如地与来自不同文化背景的人进行沟通，提升跨文化交流的效果。

第三节　外语教学的认知理论

一、认知心理学

（一）感觉存储

1.感觉注册

在感觉注册，感官系统接收来自外部环境的刺激，如视觉、听觉、触觉等。以非常短暂的时间跨度为特点。例如，在视觉感觉注册中，视觉信息会用极短的时间被保留，形成一种感觉的快照，但这并不是深层次的加工。

2.初级记忆

初级记忆是感觉存储的下一个层次，其中信息从感觉注册中选取并进入初级记忆。信息的存储时间相对较短，通常约为几秒钟。这个阶段包括短时记忆的概念，其中信息在被进一步处理之前，暂时存储在这个较短的记忆系统中。

（二）短时记忆

这是信息加工的中间层，涉及对从感觉存储中选取的信息进行短暂存储和初步加工。在短时记忆，信息虽然会进行一定加工，但仍然是临时性的，如果不经过进一步处理，就会被遗忘。

（三）长时记忆

这是信息加工的最高境界，涉及对在短时记忆中加工过的信息进行存储和组织，形成长期的记忆。信息经过深层次处理，与已有的知识和经验相连接，成为长期记忆的一部分。

二、认知语言学

（一）语音/语法

1. 语音

语音关注语言的音韵结构，研究语音的基本单元，如音素、音位和音节。语音的研究帮助我们了解一个语言中声音的组织方式，以及这些声音是如何传达意义的。语音学家研究发音、语音规则以及语音之间的对比，这对语音识别和语音合成等领域有重要的应用。

2. 语法

语法关注语言的句法结构，即词语和句子的组织规律，这包括词法（词汇形态学和词法规则）和句法（句子结构和语法规则）。语法规则决定了如何将词汇组合成句子，并赋予这些句子意义。语法的研究涉及短语结构、句法树等概念，帮助我们理解语言的结构性特征。语法学在语言学中起到了关键的作用，不仅对语言结构的描述提供了框架，也为自然语言处理和语言学习提供了理论基础。

（二）语义/语用

1. 语义

语义关注语言的意义系统，即词汇、短语和句子的意义。在这个层次上，我们研究词语的词义、短语和句子的合成意义，以及语言表达的概念和语义关系。语义学家探讨词汇的语义结构、句法结构中词汇的语义角色，以及如何通过组合词汇来构建复杂的句子意义。语义的研究有助于理解语言中信息的精确含义和语言单位之间的关系。

2. 语用

语用关注语言在实际使用中的情境、目的和效果，包括言外之意、语境的作用、语用规则和交际策略等。语用学研究语言的交际功能，即如何在特定情境下有效地使用语言来达到特定的沟通目的。我们要考虑说话者和听者之间的角色、信息的共享和推断等方面。语用的研究对理解言语行为和解释言外之意等问题非常重要。

三、社会认知理论

（一）个体认知

在个体认知上，研究者专注探讨个体在认知心理学中的各个方面的过程，包括但不限于学习、记忆、感知、问题解决和决策制定等。这些认知过程不仅影响个体如何处理和组织信息，还直接塑造了他们对外部事件的感知方式和对自身认知的建构。在这个层次上，个体的认知能力被视为对个体经验和环境的敏感反应。

通过关注个体认知，我们能够深入了解个体在面对各种认知任务时是如何运用他们的知识、技能和思维策略的。这包括了学习新信息的过程，如何在记忆中检索先前获取的知识，以及在面对问题时如何进行推理和解决。在社会认知的背景下，个体认知层次的研究有助于揭示在社会互动中，个体是如何理解、评估和回应他人以及社会情境的。个体的认知过程在社交互动中发挥关键作用，影响他们的态度、信仰和行为，从而塑造了社会认知的基础。

（二）社会认知

在社会认知上，研究者聚焦社会心理学的概念，涵盖诸如社会认知、社会情绪、社会认同、互动和合作等方面。这个层次的研究关注个体在社会环境中的行为和思维，强调了个体在与他人互动时是如何共享信息、构建社会认知、发展情感联系以及参与社会决策的。

社会认知的关键概念包括社会认知，即个体如何理解和解释他人的行为、意图和信念。同时，社会情绪考察了在社交互动中产生的情感体验，以及这些情感对个体认知和行为的影响。社会认同涉及个体与群体之间的关系，探讨了归属感、身份认同和群体认同等现象。互动和合作研究了在社会交往中个体如何协同行动、协商决策以及共同构建知识和观念。

社会认知的研究凸显了社会环境对个体认知的塑造和影响。个体不仅是独立的认知主体，而且是社交互动的参与者，其思维和情感在社会互动中会受到共享信息与社会规范的影响。这种关注社会层面的研究有助于更全面地理解人类行为和认知的复杂性，突显了社会因素在塑造个体认知中发挥的重要作用。

第四节　外语教学的社会文化理论

一、社会文化理论的内涵

社会文化理论强调语言学习与社会文化环境的密切关系。其内涵主要包括三个重要方面。社会文化理论强调语言学习是社会性认知的过程，学习者通过参与社会交往，如对话、合作、社交等，获取语言和文化知识。注重文化意识和认同的培养，鼓励学习者深入了解目标文化的特征、价值观念和社会规范，以便更好地融入和理解目标语言社群。社会文化理论强调语言和文化相互依存，认为语言是文化的反映，文化塑造着语言的意义和使用方式。教学应将语言和文化紧密结合，通过引入真实文化素材、情境教学等方式，促进学习者对语言和文化的深刻理解。社会文化理论为外语教学提供了全面的指导，强调创设真实语境，培养学习者的跨文化交际能力，使其具备更为综合的语言技能和文化素养。

二、外语教学中社会文化理论的具体体现

（一）社会文化融入外语教学

社会文化融入外语教学是一种重要而有效的方法，它强调了语言和文化之间密切的联系，提供了更深入、更综合的外语学习体验。在外语教学中，传统的语法和词汇教学虽然重要，但仅仅学会语言的形式和结构并不能真正实现有效的交际。社会文化理论认为，语言的使用受到其所处文化背景的影响，因此学习外语必须考虑到语言使用者的文化特点。将文化融入外语教学有助于学生更全面地理解语言内涵。通过了解目标语言国家的习惯、价值观、

风俗和社会规范，学生可以更好地理解语言中的隐含含义和文化象征。例如，学习英语时，了解英国或美国的文化传统，可以帮助学生更好地理解和使用一些常见的英语表达方式。

同时社会文化融入外语教学还有助于培养学生的跨文化交际能力。学生不仅可以学会如何正确表达自己，还可以学会如何尊重和理解其他文化，避免出现文化冲突和误解。这对国际交往、跨国职业和国际合作至关重要。此外，社会文化融入外语教学可以增加学生的学习兴趣和动力。通过介绍有趣的文化元素，如电影、音乐、文学作品等，可以激发学生的学习热情，使他们更愿意投入学习。学生不仅仅要学习语言，还能够了解和欣赏外语国家的文化精髓。最重要的是，社会文化融入外语教学使学习更具实用性。学生不仅可以在课堂上学到语言知识，还能够在实际生活中运用这些知识，因为他们已经了解了语言在特定文化背景下的使用方式。这使得学习外语更具现实意义，能够更好地满足学生的实际需求。

总之，社会文化融入外语教学是一种富有价值的方法，它能够使学生更全面地理解和应用外语。通过将文化元素引入教学，学生不仅仅可以学习语言，还可以培养跨文化交际能力，增加了学习的兴趣，使学习更具实用性。这种方法有助于培养具备综合素养的外语学习者，使他们能够在国际舞台上更加自信和顺利交流。

（二）跨文化沟通能力的培养

跨文化沟通能力的培养在社会文化理论中扮演着重要的角色，尤其在外语教学中，它具有重大的教育价值。跨文化沟通能力是指个体能够有效地与不同文化背景的人进行交流和合作的能力。这种能力不仅仅关乎语言的熟练程度，还涉及文化意识、文化敏感性和文化适应能力。社会文化理论认为，语言和文化是相互关联的，因此学生在外语教学中必须了解并尊重不同文化之间的交际差异。

在外语教学中，教师可以引导学生探讨不同文化之间的差异，如礼仪、价值观、信仰、社会习惯等。通过讨论和模拟跨文化情境，学生可以更好地理解其他文化的观点和行为，避免在跨文化交流中产生误解和冲突。同时培养跨文化沟通能力还包括发展文化敏感性，使学生能够意识到自己的文化背景对双方的交流产生的影响。学生需要学会不偏袒自己的文化，而是尊重并理解其他文化的不同之处。这有助于建立互信，促进有效的跨文化交流。

在国际交际和跨国职业领域，跨文化沟通能力至关重要。学生在外语教育中培养这种能力，将为他们未来的职业发展提供巨大的优势。他们能够更好地适应不同文化的工作环境，与国际合作伙伴建立良好的关系，提高工作效率和职业竞争力。最重要的是，跨文化沟通能力的培养不仅仅对个体有益，还对整个社会和国际社区有积极影响。通过促进跨文化理解和合作，有助于减少文化冲突和误解，推动世界范围内的和平与合作。

跨文化沟通能力的培养是社会文化理论在外语教学中的重要体现。通过培养学生的文化意识、文化敏感性和文化适应能力，可以帮助他们更好地应对国际交际和跨国职业挑战，促进跨文化交流和合作，为个体和社会带来丰富的教育与社会价值。

（三）文化教育的推广

文化教育的推广在外语教学中扮演着重要的角色，它是社会文化理论在实践中的具体体现。文化教育的推广意味着将目标语言国家的文化元素引入到外语教学中，以帮助学生更全面地理解和运用语言。这种方法不仅仅传授语法和词汇，还通过文学、电影、音乐、传统习惯等方式，让学生深入了解目标文化的内涵。

文化教育的推广能够丰富学生的知识。学生通过接触目标文化的文学作品、艺术品和历史，能够更深入地了解该文化的特点、价值观和历史传承。这不仅扩大了他们的知识面，还提高了他们的文化素养。文化教育的推广提供了更深入的语言实践机会。通过欣赏外语国家的文学作品、电影和音乐，学生能够接触到地道的语言表达方式，进而提高他们的听力和口语技能。这有助于学生更好地运用语言进行交流。

文化教育的推广有助于学生更容易融入目标文化。学生通过了解文化元素，能够更好地理解和尊重目标文化的传统习惯和社会规范。这对他们提高在国际环境中的适应能力和文化交流能力非常重要。文化教育的推广有助于培养学生的文化意识和跨文化理解能力。学生能够认识到不同文化之间的差异和相似之处，培养其尊重和理解其他文化的态度。这对促进文化多样性和国际合作至关重要。

文化教育的推广是社会文化理论在外语教学中的具体体现，它有助于丰富学生的知识，提供更深入的语言实践机会，帮助学生融入目标文化，培养文化意识和跨文化理解能力。这不仅可以提高外语学习的吸引力，还有助于学生成为具备综合素养的全球公民。

（四）文化敏感性的培养

社会文化理论在教育中强调了文化敏感性的培养，这对学生的综合发展和社会交往具有重要意义。文化敏感性不仅仅是一项技能，更是一种重要的社会和跨文化能力，有助于学生更好地理解和适应多元文化社会。文化敏感性培养有助于学生拓宽视野。现代社会日益多元化，不同文化背景的人们相互交往频繁。培养文化敏感性使学生能够更好地理解和尊重他人的文化背景，不仅有助于消除文化冲突和误解，还有助于打破文化壁垒，促进跨文化合作。学生将能够更开放地接受新思想、新观念，积极参与国际事务，从而更好地为全球化社会做出贡献。

文化敏感性培养有助于提高语言和沟通能力。社会文化理论强调语言和文化之间的紧密关系，文化背景对语言使用有深远的影响。通过培养文化敏感性，学生将更深入地理解语言的多义性，不仅能够更准确地理解和表达，还能够更好地与不同文化背景的人交流。这对规划学生未来的职业生涯和促进国际交往至关重要。文化敏感性培养有助于避免误解和歧视。学生在多元文化社会中，如果缺乏文化敏感性，就容易产生误解和刻板印象，甚至可能涉及歧视问题。通过深入理解不同文化的价值观、信仰和习惯，学生将能够避免产生对他人的判断和偏见，建立更加和谐的人际关系。

文化敏感性培养有助于推动文化多样性的保护和传承。学生通过理解和尊重不同文化，能够更积极地参与文化多样性的保护和传承工作。这有助于维护各种文化的独特性，推动文化的创新和发展，从而为社会的进步和发展做出更多贡献。文化敏感性的培养对促进学生的综合发展和社会交往至关重要。它有助于拓宽视野，提高语言和沟通能力，避免误解和歧视，同时也推动了文化多样性的保护和传承。教育机构和教师应积极采用社会文化理论的方法，培养学生的文化敏感性，以使他们更好地适应多元文化社会的需求。

（五）社会互动的模拟

社会互动的模拟在外语教学中是一种重要的教育方法，它是社会文化理论的核心体现。社会文化理论认为，语言是社会交往的工具，真正的语言能力不仅仅包括语法和词汇，还包括能够在社交场景中自如地运用语言的能力。因此，社会互动的模拟被视为一种有效的外语教学方法，它旨在使学生在真实情景中练习和应用语言及文化知识。在模拟社交场景中，教师可以创建各种情境，让学生扮演不同的文化角色，进行对话和互动。这种方法可以涵盖各种日常生活和工作场景，如商务会议、餐厅点餐、旅行咨询等。通过模拟这些情境，学生能够练习各种交际技能，如礼仪、表达、提问、回应等。

社会互动的模拟不仅仅是语言的练习，还包括文化元素的体验。学生在模拟中不仅需要运用语言，还需要理解并尊重不同文化的交际规范和习惯。这有助于培养学生的文化适应能力，使他们在实际社交中更加得心应手。同时社会互动的模拟也提供了学生实际应用语言知识的机会。学生在情境中需要运用所学的语法和词汇，这有助于其巩固知识，提高语言流利度。学生通过实际交际，更容易记忆和理解语言的用法。社会互动的模拟使学生更加自信，提高他们的语言自信心。在真实情景中练习，学生能够感受到自己的进步，增加其对运用语言的信心，使其更愿意参与真实的社交活动。

社会互动的模拟是社会文化理论在外语教学中的重要体现。通过这种方法，学生能够在真实情景中应用语言和文化知识，提高交际能力和文化适应能力，巩固语言知识，增强语言自信心。这种教学方法有助于培养具备实际应用能力的外语学习者，使他们更好地融入目标文化，实现有效的跨文化交流。

社会文化理论在外语教学中的具体体现包括文化背景融入教学、跨文化沟通培养、文化教育的推广、文化敏感性的培养和社会互动的模拟。通过这些方法，学生不仅可以学会外语，还可以培养更广泛的文化素养，使他们能够更好地融入目标文化并进行有效的跨文化交流。

第二章 外语教学方法与策略

第一节 外语教学方法综述

一、外语教学方法的内涵

外语教学方法的内涵包括广泛的教学策略和实践，以确保学生全面、有效地掌握目标语言。外语教学方法注重基础知识的系统传授，包括语法规则、词汇表达、语音语调等方面的学习。通过系统的教学，学生能够建立起对目标语言基础结构的理解，为其更高层次的语言运用奠定坚实基础。外语教学方法强调"听说读写"四项基本技能的协同培养。听力训练通过真实语境的听力材料，提高学生听懂外语的能力；口语练习注重实际交流，培养学生表达和交际的信心；阅读训练强调提高学生对外语文本的理解和分析能力；写作练习旨在培养学生书写和表达的熟练度。这种全方位技能培养的方法有助于学生全面提高外语运用能力。通过创造真实的语境，如角色扮演、情境对话等活动，学生更容易将学到的语言知识运用到实际中，提高实际交际能力。实际应用和语境模拟的方法使学生在真实的语言环境中学习，进而增加其学习的趣味性和实用性。

外语教学方法强调个性化和因材施教。教师应根据学生的不同兴趣、学习风格和水平，调整教学策略，制订个性化的学习计划，以更好地满足学生的学习需求。这种个性化的因材施教方法有助于提高学生的学习兴趣和积极性。外语教学方法强调培养学生的自主学习能力。通过激发学生的学习兴趣、提供自主学习的资源和指导，鼓励学生参与课外活动和社交网络中的外语学习，培养他们主动获取语言知识的能力。

外语教学方法的内涵包括基础知识传授、全方位技能培养、语境模拟和实际应用、个性化因材施教以及自主学习的多个方面。这样多元化、综合性的教学方法旨在确保学生在外语学习中变得更加全面和深入，进而培养其出色的语言运用能力。

二、外语教学方法的具体内容

（一）交际法

交际法作为一种语言教学方法，立足强调语言的实际应用，旨在培养学生在真实语境中的交流能力。这一方法的核心理念在于，语言的学习和运用不应仅仅停留在书本知识层面，而应紧密贴近日常生活、社交场合，使学生能够更自如地运用所学语言进行沟通。

在交际法的教学实践中，课堂被打破了传统的一言一语的单向传递模式。学生被鼓励积极参与，通过对话、讨论、角色扮演等活动，与教师和同学进行互动。这种互动不仅仅是为了练习语法和词汇，更是为了让学生在实际运用中培养流利的"听说读写"能力。通过模拟真实情境，学生能够更好地了解语言的真实用法，增强实际交流的信心。

在交际法的课堂中，对话是一种重要的教学手段。学生通过模拟日常对话、交流观点，不仅能够运用所学语言，还能培养应对实际社交场合的能力。讨论活动则进一步激发了学生思考和表达的能力，使他们在交流中更具深度和广度。角色扮演活动则提供了更贴近实际情境的练习，使学生在模拟的角色中更好地运用所学语言。

这种方法注重学生在真实情景中灵活运用语言，强调的不仅是语法和词汇的正确性，更是语言交流的流畅性和真实性。学生在活动中体验到语言的实际运用，从而培养了更自信、更有效地与他人交流的能力。同时，这也激发了学生学习外语的兴趣，使语言学习变得更具实际意义和吸引力。

交际法通过强调实际应用、互动和真实情境，为学生提供了更具体、更贴近实际的语言学习体验。这种方法不仅有助于培养学生全面的语言能力，还能够激发学生的学习兴趣，使他们更主动、更愿意投入语言学习的过程中。

（二）任务型法

任务型法作为一种先进的语言教学方法，强调学生通过实际任务来学习语言，着眼于培养学生的语言运用能力和解决问题的能力。这一方法通过将学习置于实际情境中，使学生更深刻、更有效地掌握语言知识。在任务型法的教学中，任务被设计为学生完成的具体活动，如解决问题、完成项目等。这些任务通常与真实生活和实际应用相关，让学生在实际问题解决过程中运用所学语言，使学习更具实际价值。通过参与任务，学生可以在语言中思考、交流和合作，从而培养其更为全面的语言技能。

关键在于，任务型法激发了学生的兴趣和动机。任务通常设计得生动有趣，贴近学生的实际需求和兴趣。这样的设计能够激发学生的主动学习欲望，使他们在任务中积极投入，从而更愿意面对和解决在语言学习中出现的问题。任务型法突破了传统教学中对语法使用的过度侧重，更注重语言的实际运用。学生不再只是被动地接受语法规则，而是通过在任务中实践和运用这些规则，更自然地掌握语言的结构和用法。这种实践中的学习使语言知识更易于被理解和记忆，学生更容易在实际生活中运用所学。

任务型法的价值在于其培养学生解决问题的能力。通过完成各种任务，学生需要运用语言来思考、分析和解决问题，培养了他们在实际情境中灵活应对的能力。这样的能力不仅在语言学习中有所帮助，也在日常生活和职业发展中具有重要价值。任务型法通过强调实际任务，激发学生的兴趣和动机，突破传统教学的限制，注重语言的实际运用和问题解决能力的培养。这一方法不仅可以提升语言学习的效果，也可以培养学生在更广泛领域中的综合素养。

（三）情景教学法

情景教学法是一种将语言教学融入真实情境的教学方法，旨在帮助学生通过模拟特定情景更好地学习和运用语言。这一方法的核心理念在于，语言不是孤立存在的，而是紧密结合着特定的场景、环境和情境，因此在教学中应该重视将语言学习与实际情境相结合。

在情景教学法的实践中，教学场景通常模拟真实生活中的各种情境，如商务谈判、旅行购物、餐厅用餐等。学生通过参与这些情景活动，更容易理解和运用语言，因为他们在模拟教学中面临的语言问题更贴近实际生活。例如，在商务谈判情境中，学生需要运用商务用语和表达方式，这有助于培养他们在商业环境中的语言应用能力。这种方法的优势之一在于使语言学习更具实用性。通过将语言置于真实情境中，学生不仅仅可以学习语法和词汇，还可以提高他们在实际交流场景中的应用能力。这种实用性使学生更好地适应真实语境，增加了语言学习的实际价值。

情景教学法有助于提高学生的兴趣和参与度。学生在参与真实情境的活动中更容易产生兴趣，因为他们可以看到语言学习的直接应用和影响。这种学习方式的活跃性和参与度有助于激发学生的学习兴趣，使学习变得更加生动和有趣。情景教学法通过将语言教学置于真实情境中，强调学生在特定情景中学习语言。这种方法使语言学习更具实用性，帮助学生更好地适应实际语境，进而提高学生的兴趣和参与度。在全球化背景下，这种注重实际应用的语言教学方法更符合学生在跨文化交流中的实际需求。

（四）多元智能教学法

多元智能教学法是一种注重学生个体差异的教学方法，它考虑到学生在不同智能领域的优势和特点，致力于通过多种途径满足他们的学习需求。这一方法源于霍华德·加德纳的多元智能理论，认为学生在语言学习中具有多种智能，如语言智能、音乐智能、运动智能等。

在多元智能教学法中，教师根据学生的多元智能特点设计多样化的学习活动。例如，对具有音乐智能的学生，可以通过音乐和歌曲来巩固语言知识；对具有运动智能的学生，可以通过体育活动和动手实践来加深对语言的理解。通过这种方式，教学更加贴近学生的兴趣和特长，激发了学生在学习中的积极性。

这种方法注重培养学生在多个智能领域的能力。通过在教学中融入多元智能的元素，学生能够在不同的智能领域中得到锻炼和发展。这不仅有助于提高他们在语言学习中的综合能力，也培养了他们在其他领域的全面素养。例如，通过视觉智能的训练，学生可以更好地理解和运用图像化的语言信息。

多元智能教学法关注提高学生对语言学习的兴趣和参与度。学生在多元智能的学习活动中能够找到适合自己的方式，使学习变得更加有趣和生动。这种个性化的学习体验有助于激发学生的学习兴趣，激发他们的学习动机，使语言学习不再是枯燥的任务，而是具有吸引力的过程。多元智能教学法通过考虑学生的多元智能特点，设计多样化的学习活动，培养学生在多个智能领域的能力。这一方法使语言学习更加贴近学生的兴趣和特长，进而提高学生在语言学习中的全面素养。

第二节　交际法在外语教学中的应用

一、交际法的内涵

交际法是一种以学生的实际语言运用为核心的语言教学方法，其内涵主要体现在强调实际应用、学生的互动参与、情境化教学、任务驱动学习、关注文化因素以及自然获取语言等方面。教学的焦点不仅仅在于传授语法规则和词汇，更注重学生能否在真实情境中流利、准确地运用语言进行交流。通过模拟日常生活和实际应用场景，学生可以在实际运用中感受语言的真实性，培养其实际交际能力。课堂中鼓励学生进行对话、合作和讨论，促使学生积极参与语言学习。这种互动不仅有助于提高学生的"听说读写"四项基本技能，还可以激发学生的学习兴趣，使学习变得更具活力。

情境化教学是交际法的又一特点。教学将使用语言置于真实情境中，使学生更易理解和运用语言。通过模拟各种实际场景，如购物、旅行、工作等，学生能够在生动的情境中体验语言学习，培养实际交际能力。通过设定具体任务，激发学生的兴趣和动机，使他们在完成任务的过程中提高语言能力。任务可以是解决问题、完成项目、角色扮演等，为学生提供了有目的性的语言实践机会。

交际法关注文化因素，认为语言和文化密切相关。教学中融入文化元素，使学生不仅可以学习语言的结构和用法，还可以了解文化的差异，提高其对跨文化交际的适应能力。强调学习语言应该像自然习得母语一样，通过不断的实际使用和交际，使该语言成为学生的第二自然语言。这种方法强调语言学习是一个实践和体验的过程，而非死记硬背知识的堆积。

交际法通过强调实际应用、互动参与、情境化教学、任务驱动学习、关注文化因素和自然获取语言等方面，使语言教学更加贴近学生的实际需求，从而培养学生全面的语言能力。

二、交际法在外语教学中的重要性

（一）可以促进实际语言的运用

交际法将学习者的实际语言运用置于教学的核心位置，通过模拟各种实际情境，如日常对话、商务谈判、旅行购物等，鼓励学习者在课堂中实际运用所学语言进行真实的对话、讨论和交流。这种实际语言运用的强调将在多个方面对学习者的语言能力产生积极影响。学习者能够在真实场景中练习和运用语言，使语言学习的场景更加贴近生活。通过对商务谈判和旅行购物等情境的模拟，使学习者能够更好地适应其在各种实际生活中可能遇到的语境，进而培养他们在不同场合中的语言运用能力。

这种实际语言运用的教学方法有助于培养学习者的口语表达能力。在课堂上进行真实对话和讨论，使学习者不仅仅是在单一的语法和词汇层面进行学习，还能够更自然地运用语言进行沟通。这有助于提高学生的口头表达能力，使其更加流利地表达自己的观点和想法。这种实际语言运用的强调有助于提升学习者在实际交际中的信心。通过在模拟场景中进行对话和交流，学习者不仅可以逐渐适应语言的实际应用，还可以减少其在语言交际中的紧张感。因此，学生更有信心地参与真实的语言交际，提升了实际应用语言的信心和流利度。

交际法通过将培养学习者的实际语言运用能力放在教学的核心位置，强调模拟实际情境，有助于培养口语表达能力，提升学习者在实际交际中的信心和流利度。这种实际语言运用的教学方法不仅使学习更富有趣味性，也更符合实际应用的需求，为学生语言能力的提高提供了有效途径。

（二）可以促进学生之间的互动与合作

交际法强调学生之间的互动与合作，以及与教师之间的密切互动，并构建一个积极互动的学习环境。在课堂上，通过对话、角色扮演、小组讨论等丰富多彩的活动，学习者有机会与同学和教师进行实际的语言交流，进而为学习者带来多方面的学习收益。通过对话和角色扮演等形式的互动，学生能够在实际语境中运用所学语言，锻炼"听说读写"等各项技能。这样的互动使语言学习更具体、更贴近实际需求，从而更容易被学生接受和记忆。学生在与同学和教师进行实际对话时，不仅可以学到语法和词汇知识，还能够感受到语言的实际运用场景，提高语言应用的能力。小组讨论等合作活动可以培养学生在团队中合作的能力。学生在小组中共同解决问题、讨论话题，相互协作，形成了积极的学习氛围。这种团队合作不仅可以促进语言技能的发展，还可以培养学生的团队协作和沟通技能。学生在互动中学会倾听、表达观点，形成了更广泛的视野和更灵活的思维方式。

这种互动不仅促进了语言技能的全面发展，也有助于培养学生的社交能力。通过与同学和教师的互动，学生可以逐渐建立彼此之间的语言联系和共鸣，进而提高在社交场合中的语言适应能力。这对学生未来的学术、职业和社交生活都具有积极的影响。交际法通过鼓励学生之间的互动和合作，以及与教师之间的密切互动，为学生提供了更为丰富和实际的学习体验。这种合作互动不仅可以促进语言技能的发展，也可以培养学生的团队协作和社交技能，进而为他们未来的综合发展奠定坚实基础。

（三）情境化教学和任务驱动学习

交际法注重将语言学习置于真实情境中，通过模拟实际场景，使学生更容易理解和运用语言。任务驱动学习是交际法的一项显著特点，通过为学生设计实际任务，如完成项目、解决问题等，可以激发学生的学习兴趣和动机，培养他们在实际任务中运用语言的能力。这两个方面的特点共同构成了交际法在语言教学中的独特魅力。情境化教学使学生更容易理解和运用语言。通过模拟实际场景，如日常对话、商务交流、旅行购物等，学生可以在更真实的语境中学习和实践语言。这有助于将抽象的语言知识转化为实际应用，提高学生对语言的实际理解能力。通过参与情境化的学习，学生能够更轻松地适应各种实际交际情境，培养其实际语言运用的能力。

任务驱动学习可以激发学生的学习兴趣和动机。通过为学生设置实际任务，如完成项目或解决问题，学生被迫在语言运用中寻找解决方案。这种实际问题解决的过程既能提高学生的语言技能，同时也可以激发他们更深层次的学习动力。学生在任务中不仅可以学到语言，还可以培养解决问题的能力，使学习更加具有挑战性和有意义。情境化教学和任务驱动学习是交际法的两大特点，共同促使语言学习更具实用性和趣味性。这种教学方法使学生能够在真实情景中感知语言的实际运用，同时通过实际任务的完成可以培养学生在实际应用中灵活运用语言的能力。因此，交际法在培养学生实际语言能力和提高学习动机方面发挥着重要作用。

三、交际法在外语教学中的具体应用策略

（一）强调实际语言运用

交际法将学习者的实际语言运用置于教学的核心位置，强调通过各种实际情境和交际活动，在课堂中积极运用所学语言进行真实的对话、讨论和交流。这种实际语言运用的强调是为了促使学习者更主动地参与语言实践，培养其口语表达能力，提高在实际交际中的信心和流利度。

在交际法的教学中，学习者不仅仅是被动地接受语言知识，更是通过互动性强的活动，将语言应用到实际情境中。例如，通过角色扮演、模拟商务谈判或旅行情境，学习者被鼓励用所学语言进行真实而有趣的交际，从而提高他们在实际生活中使用语言的能力。

这种强调实际语言运用的教学方法对学习者口语表达能力的培养具有积极作用。学习者在不断的对话和讨论中，逐渐习得如何用流利、准确的方式表达自己的想法。这样的实践不仅可以提高学习者的口头表达技能，也可以帮助他们更自如地应对各种语言交际场景。通过在真实情景中运用所学语言，学习者的信心也会得到增强。在积极的语言互动中，学习者逐渐摆脱语言学习的紧张感，形成更加自信的语言态度。这对学生提升他们在实际交际中的流利度和自信心具有重要的意义。

交际法强调实际语言运用的核心地位，通过各种情境和交际活动培养学习者的口语表达能力。这种教学方法不仅使学习更加生动有趣，也更有效地提高了学习者在实际交际中的语言应用能力。

（二）促进学生互动

交际法鼓励学生之间的互动和合作，以及与教师的密切互动，构建一个富有活力的学习环境。在课堂上，通过各种对话、角色扮演、小组讨论等活动，学习者有机会与同学和教师进行实际的语言交流，进而形成紧密的互动网络。通过对话和讨论等形式的互动，学生能够在实际语境中应用所学语言，锻炼"听说读写"各项技能。这种互动不仅可以使学生更加深入地理解语言，

还可以提高他们口头表达和听力理解的能力。实际的对话和讨论情境使语言学习更具体、更贴近实际需求，从而更容易被学生接受和记忆。

角色扮演等实践活动有助于学生在模拟的情境中运用语言。通过扮演不同的角色，学生可以更好地理解和运用语言，提高实际语言运用的能力。这种实际操作使学生不仅学到了语言知识，更学到了如何在特定情境下运用语言进行有效交流。学生在小组中共同解决问题、讨论话题，相互协作，形成了积极的学习氛围。这种团队合作不仅可以促进语言技能的发展，还可以培养学生的团队协作和沟通技能，为他们未来的社交和职业发展打下基础。

交际法通过学生之间的互动和合作，以及与教师的密切互动，可以提高学习者在"听说读写"等各项技能上的水平。这种教学方法强调学生在实际语境中对语言的实际运用，不仅可以培养他们的合作精神和团队协作能力，也为全面提升其语言能力奠定了坚实的基础。

（三）情境化教学和任务驱动学习

交际法强调将语言学习置于真实情境中，通过模拟实际场景，使学生更容易理解和运用所学语言。这一特点在教学中体现为注重情境化教学和任务驱动学习。

情境化教学使语言学习更具实用性。通过模拟实际场景，如商务谈判、旅行购物等，学生能够在真实的语境中体验语言的应用，更好地理解语言与文化之间的紧密关系。这种情境化教学方法有助于学生可以深入地理解语言知识，使其更容易将所学内容应用到实际生活中。任务驱动学习是交际法的一项独特特点。通过为学生设计实际任务，如完成项目、解决问题等，激发学生的学习兴趣和动机。这样的任务性学习使学生在实际任务中顺利运用语言，进而培养他们在解决实际问题时的语言表达和沟通能力。在任务的完成过程中，学生需要运用所学的语言知识，从而更深刻地理解和掌握语言的实际运用。

情境化教学和任务驱动学习为交际法的实施提供了有效的教学手段。通过真实场景的模拟和实际任务的设计，学生在语言学习中更容易建立起与实际应用之间的联系，增强了学习的实用性。这种教学方法不仅可以激发学生的学习兴趣，也可以培养他们在实际任务中运用语言的能力，进一步提高其语言学习的效果。

第三节　任务型教学方法的实践与研究

一、任务型教学法的内涵

任务型教学法是一种以任务为中心的教学方法，任务型教学强调学习活动的目标是完成真实世界中的任务，而不仅仅是传递语言知识。通过设定实际任务，如解决问题、完成项目、模拟情境等，学生被引导去运用所学语言进行交际。任务型教学注重学生的参与和合作。学生在完成任务的过程中需要相互合作、分享信息、共同解决问题，进而培养其团队协作和沟通能力。这有助于提高学生的实际语言运用能力，使其更好地适应真实语境。

任务型教学关注学生的学习动机。通过设定有趣、具体的任务，激发学生的学习兴趣和动机。任务的完成不仅仅是对语言知识的运用，更是对学生个人兴趣和需求的满足，从而使其学习更具目的性和积极性。任务型教学倡导反思和评价。学生在完成任务后需要对自己的表现进行反思，通过评价和反馈不断提高语言运用能力。这种循环的过程促使学生在任务中不断发展、进步。

任务型教学内容主要包括以任务为中心、强调学生参与和合作、关注学习动机，以及鼓励反思和评价。这种教学方法在培养学生实际语言运用能力和提高学习主动性方面具有独特的优势。

二、任务型教学方法的实践研究

（一）语言学习的实际应用

任务型教学方法注重语言学习的实际应用，其研究聚焦通过设计真实世界的任务来提高学生在实际情境中灵活运用语言的能力。这一方法的关键在于任务设计，包括任务设计的原则、任务如何反映真实交际场景，以及任务对语言技能和策略的影响等方面。在任务型教学中，任务设计的原则是至关重要的。这些原则通常包括任务的真实性、任务的意义、任务的情感参与度以及任务的复杂性。真实性确保任务反映实际生活中的交际需求，使学生能够在真实场景中应用所学语言。意义则保证任务对学生有实际价值，进而激发学生学习的兴趣和动机。情感参与度强调学生在任务中的情感投入，增强学习体验。任务的复杂性有助于增加学生在任务中运用语言的深度和广度。

任务型教学强调任务应当反映真实的交际场景，使学生能够在类似的情境中运用语言。这包括社交、工作、学习等各种真实场景，以确保学生获得的语言技能具有实际可操作性。通过参与任务，学生不仅能够提高语言技能，还能发展语言学习策略，使其更好地适应不同语境和交际需求。任务型教学方法通过强调实际应用、任务设计原则、真实交际场景的反映以及对语言技能和策略的影响，致力于提高学生在实际情境中灵活运用语言的能力。

（二）学习者的动机和参与度

1. 动机对外语学习的影响

外语学习者可能被外语的实用性所驱使，即掌握一门外语将为他们提供更广泛的交流和职业机会。这种动机与个体的实际需求和目标密切相关。例如，一些学生可能希望在国际企业中工作，因此对外语的学习具有直接的职业价值。同时学习者也可能被对外语国家文化、文学或艺术的浓厚兴趣所驱动。这种动机是内在的，基于对外语文化的好奇心和热情。通过培养学生对外语文化的兴趣，教育者可以激发他们更深层次的学习动机，使学习过程更加愉悦和富有成就感。

2. 参与度对外语学习的影响

通过提供一个模拟真实语境的学习环境，可以增加学习者的参与度。例如，通过语言交换、角色扮演、模拟对话等方式，学习者能够更直观地体验语言的使用情境，从而使其更积极地参与学习过程。利用科技工具，如在线语言学习平台、语音识别软件等，可以提高外语学习者的参与度。通过多媒体资源、在线讨论和实时反馈，学习者能够更灵活地参与到学习活动中，促使他们更加主动地运用所学语言技能。

（三）评估和反馈

1. 评估

检查任务是否模拟了真实生活中的语言使用情境，确保学生在完成任务时能够应对实际交际挑战。确保任务的难度适中，既能够激发学生的兴趣，又不至于让他们感到过于困难。任务型教学应涵盖听、说、读、写等多方面的语言技能，评估应确保全面考察学生的语言能力。任务中学生对语法和词汇的正确运用是关键，评估要关注学生在任务中的语法准确性和词汇运用的丰富度。如果任务设计涉及团队协作，就要评估学生在小组内的协作能力，包括沟通、合作解决问题的能力。同时，也要评估学生在小组任务中的个体贡献，确保每个学生都有机会发挥自己的优势。

2. 反馈

在任务完成后及时提供反馈，帮助学生纠正错误、改进表现，使他们能够从反馈中及时汲取经验教训。使用技术工具，如在线平台或语音识别软件，为学生提供实时的语言使用反馈。提供具体、明确的反馈，突出学生的优点，指出需要改进的地方，帮助他们理解如何更好地完成类似的任务。通过示范或模型演示期望的语言表达方式，帮助学生理解正确的语言用法。同时，教育者还要强调学生的努力和进步，激发他们的学习兴趣和积极性。通过培养学生对自己语言能力的自我认知，让他们能够主动参与到反馈过程中。

三、任务型教学方法的具体实施

（一）角色扮演法

学生通过扮演特定角色，模拟真实情境，完成语言任务，从而提高其语言交际能力。这种方法不仅可以帮助学生在语言学习中更深入地理解和应用知识，还能够培养其在实际交流中的自信心和灵活应变能力。通过这种扩展的语言任务，学生可以更好地理解语言背后的文化背景和社交规范，从而在真实生活中更好地融入和交流。这种教学方法能够激发学生学习兴趣，使他们在语言学习的过程中更具参与感和动力。

（二）情景模拟法

设计真实生活场景，让学生参与模拟情境，完成任务，以强化其语言应用的实际性。通过将学生置身于生活中可能遇到的情境中，他们将能够更全面地理解和运用语言技能。这种教学方法旨在提供一个仿真的学习环境，让学生能够在实际应用中培养其语言沟通的能力。通过这样的活动，学生不仅仅可以掌握语法和词汇，还能够学会在不同情境下选择合适的语言表达方式，培养他们的语感和交际技巧。这种实际性的语言任务不仅使学习过程更富有趣味，也更符合学生的实际需求，促使他们更积极地投入语言学习中。

（三）项目学习法

将语言学习与实际项目紧密结合，通过解决问题的过程使学生在实践中学习语言，培养其实际应用能力。这种教学方法强调将语言技能融入真实世界的项目中，使学生能够在解决实际问题的过程中不断提升语言水平。通过参与项目，学生不仅可以应用语法和词汇，还能够发展其批判性思维和解决问题的能力。这样的学习方式有助于培养学生的创造力和团队合作精神，同时使他们可以更好地理解语言在不同背景和情境中的灵活运用。整合语言学习和实际项目不仅可以使学生更深入地理解语言，也可以为他们未来的职业发展提供更全面的语言能力和实际应用技能。

（四）合作学习法

学生分组合作，共同承担任务，通过团队协作来提升学习效果。这种教学方法旨在培养学生的团队合作精神和沟通技能，使他们能够在协作中相互支持、交流并共同解决问题。通过分组合作，学生不仅可以分享彼此的思考和观点，还能够在共同努力中克服困难，从而更全面地理解学习任务。这种互动性的学习方式不仅能够激发学生的学习兴趣，还有助于培养他们在集体中起到积极作用的能力。通过这样的协作学习，学生将不仅仅是个体的学习者，还能够成为团队中的重要组成部分，共同实现学习目标，从而使其可以更好地适应未来的团队工作和社会交往。

（五）信息交流任务法

通过讨论、辩论、写作等多种方式，要求学生积极参与信息交流，以拓展其语言表达能力。这种教学方法旨在促进学生思维的深入和语言表达的多样化，通过与同伴的交流，学生可以分享自己的观点、听取他人的见解，并通过讨论和辩论来加深其对话题的理解。通过书面表达，学生能够进一步思考并整理自己的观点，从而提高语言表达的准确性和流畅度。这种多元化的信息交流方式不仅有助于学生扩展词汇和语法知识，还能够培养他们的批判性思维和逻辑推理能力。通过这样的语言活动，学生将能够在真实的交流情境中不断提升语言表达能力，更好地适应各种交流场景，并在其未来的学习和工作中展现自信和灵活应变能力。

（六）实地考察法

将学生带到实地进行观察，如市场、企业等实际环境，以提升他们在实际场景中使用语言的能力。这种教学方法通过将学习与真实世界相结合，可以为学生提供更直观、具体的语境。在市场或企业等实地观察中，学生可以亲身体验和感知语言在日常生活与职业环境中的应用方式。通过与当地居民或专业人士进行实际交流，学生将更好地理解并适应其在真实交际中的语言使用规范。这种实地观察不仅能够丰富学生的词汇和表达方式，还可以培养他们的观察力、批判性思维和跨文化沟通技能。通过在实际环境中应用语言，学生将更自信、自主地运用所学知识，为其将来面对不同社会和职场挑战做好充分准备。

（七）多媒体素材法

通过充分利用多媒体资源，为学生提供多样化的语言输入方式，以增加真实感和兴趣，从而促进语言学习。这种教学方法通过整合视听资料，如音频、视频、图像等，为学生呈现生动的语言环境和实际语境。多媒体资源不仅能够激发学生的学习兴趣，而且可以提供更贴近真实生活的语言表达方式，使学习更富有趣味和实用性。通过听取自然语音、观看真实场景，学生将更容易理解口语表达和文化背景，提高听说读写的全面语言能力。同时多媒体还可以为学生提供与不同语境相关的实例，促使他们更灵活地运用语言技能。通过这样的创新教学手段，学生可以更主动地参与语言学习，加深其对语言的理解程度，并在实际应用中更自信地表达自己。

第四节　游戏与模拟活动在外语教学中的角色

一、游戏在外语教学中的角色

（一）激发兴趣与积极性

1.情境引人和故事情节

游戏通过引人入胜的情节和吸引人的故事情节，在外语教学中发挥着重要作用。通过巧妙设计的虚拟情境和引人入胜的角色，游戏创造了一个引人入胜的语言学习体验，将学生深深吸引其中。在这个沉浸式的环境中，学生将外语学习与令人兴奋的故事情节相结合，使学习过程更加生动有趣。

这种情境引入不仅仅是为了娱乐，更是为了促使学生更积极地参与到外语教学活动中。通过将语言技能嵌入游戏的情节和任务中，学生在完成任务的同时不仅能够感受到成就感，还能够通过互动和对话提高语言实践能力。这样的学习方式使学生更容易投入学习过程中，因为他们对游戏中的故事情节和任务的兴趣使得学习变得更加有趣与具有挑战性。

在外语教学中，通过利用游戏的情境引入，教师能够为学生创造一个更具吸引力的学习环境。这种沉浸式的学习体验不仅可以提高学生对语言学习的兴趣，还可以增强他们对外语实际运用的信心。综合来看，游戏中引人入胜的情节和故事情节对外语教学的积极影响不可忽视，进而为学生提供一种更富创意和趣味性的学习方式。

2. 游戏化元素与挑战设计

在外语教学中，引入游戏化元素，如积分、奖励、升级系统等，可以为学生提供一种更具吸引力和互动性的学习体验。通过设定明确的语言学习目标，为学生提供相应的奖励机制，可以激发他们对外语学习的浓厚兴趣。在这种环境下，学生在游戏中取得进步和成就，从而增强他们的学习动力。

设定有挑战性的任务和游戏关卡，可以调动学生的学习激情，使他们更积极地投入语言学习的各个阶段。通过精心设计的挑战，学生不仅仅可以看到语言学习任务的复杂性，还能够在解决问题的过程中提升其语言技能。这样的游戏化设计使得学生更愿意应对语言学习中的各种挑战，进而激发他们对学习的主动性和求知欲。

游戏化元素为外语教学注入了更多趣味性和互动性，创造了一个积极向上的学习氛围。学生通过在游戏中的挑战和奖励体验到成就感，从而更加主动地投入语言学习中，促使他们更有效地掌握外语技能。这种创新的教学方法不仅提升了学生的学习体验，同时也丰富了外语教学的教学手段和策略。

3. 个性化学习体验

在外语学习领域，游戏化教学的一项重要优势是其能够提供个性化的学习体验。通过游戏，学生有机会在一定程度上自主选择学习路径和内容，甚至调整游戏的难度，使得学习更贴近他们个人的兴趣和语言水平。这种灵活性不仅激发了学生的主动性，同时也满足了不同学生之间差异化的学习需求。

通过允许学生自主选择学习路径，游戏化教学能够更好地满足个体学生的学习风格和节奏。不同学生可能对不同主题或语法点有不同的兴趣，游戏提供了一个自由探索和个性化学习的平台。这种定制化的学习经验使学生更容易找到学习的乐趣，从而更愿意深度参与外语学习。

游戏化教学允许学生调整游戏难度，根据个人的学习进展来自主决定挑战的程度。这种个性化的学习体验帮助学生建立自信心，因为他们能够在适应性的环境中逐渐提升难度，而不至于感到过于沮丧。通过这种方式，游戏可以为学生提供一个更加友好和个性化的外语学习环境，使他们更积极地投入学习过程中。

综合而言，外语学习中引入游戏化元素不仅能够创造有趣的学习氛围，还能够提供个性化的学习体验，满足不同学生的学习需求。这种个性化的教学方式有助于激发学生的学习兴趣，促使他们更有深度、更加主动地参与外语学习，进而达到更好的学习效果。

（二）提高外语语言实践能力

1.语言环境模拟与角色扮演

通过模拟真实场景，如商务会议、旅行、购物等，学生可以在这些情境中运用所学的外语知识。这有助于培养学生在实际生活中运用外语的能力。设计角色扮演任务，即让学生在特定的场景中扮演不同的角色，如服务员、顾客、医生、患者等。这种方式可以帮助学生更好地理解并运用相关词汇和语法，提高他们的口语表达能力。

2.语言交流与合作学习

组织学生参与小组合作学习项目，要求他们在团队中使用外语进行讨论、协商和解决问题。这有助于提高他们的口头表达和听力理解能力。组织定期的语言交流活动，如语言角、辩论赛、文化交流会等。通过这些活动，学生能够在轻松的环境中实践语言，增加他们对外语学习的信心和流利度。

3.多媒体资源与技术应用

利用多媒体教材，包括视频、音频、在线资料等，让学生接触到各种真实的语言表达形式。通过观看和听取来自不同地区及场景的语言实践，使学生可以更好地适应多样化的语言环境。鼓励学生使用在线语言平台，与以母语为外语的人进行语言交流。这种实时的交流方式能够提高学生的口语交际技能，并使他们更容易适应各种语境。

（三）促进团队协作与交流

许多语言学习游戏被精心设计成团队合作或多人游戏，旨在促进学生之间的积极交流和协同工作。这种协同任务的设计使学生不仅需要灵活运用外语进行有效沟通，还需要在与队友的互动中分享关键信息、制定策略，并共同解决语言难题。通过这种方式，学生得以在真实情景中实践语言运用，不仅可以提高他们的语言技能，还可以锻炼团队合作和交际能力。

这些语言学习游戏不仅仅是传统的单一学科培训，更是一种综合性的学习体验。在团队中，学生被鼓励通过使用外语来建立共享理解，推动信息传递，并共同努力完成任务。这不仅可以激发学生对语言学习的兴趣，也可以培养他们解决问题、协调合作以及与他人合作的能力。

这样的游戏设计突出了外语学习的社交和实际应用价值，为学生提供了一个更具挑战性和有趣的学习环境。通过与他人互动，学生能够更自信地运用新学到的语言技能，同时培养其在跨文化环境下进行有效沟通的能力。这种强调团队合作和多人互动的语言学习游戏设计，为学生提供了更为全面和深入的学习体验，推动了他们在外语学习中能力的全面发展。

（四）创造语境与文化体验

1. 语境创造与实际运用

游戏通过模拟真实生活情境，为外语学习提供了一个引人入胜的学习平台。在这个虚拟的语境中，学生被置身于需要实际运用外语的场景中，不再仅限于书本上的语法和词汇教学。通过与虚拟角色或其他玩家进行对话、解决问题或合作完成任务，学生不仅仅是在学习语言，更是在实践中运用外语，深度提升了他们的语言实践能力。

在游戏中，学生可能需要运用口语技能与虚拟环境中的人物进行互动，这有助于提高他们的口语表达能力。同时，通过倾听虚拟环境中的对话和指示，学生能够培养更敏锐的听力技能。这种实际运用外语的环境使得学生在学习中体验到语言的真实应用，从而更加自然地理解和掌握语言。

与传统课堂教学相比，这种语境的创造使学生的学习更具有趣味性和实用性。通过游戏中的情境，学生可以在仿真的环境中尝试不同的语言用法，从而更自信地运用外语。这样的学习方式不仅仅是为了考试而学，更是为了在实际生活中应对各种语境和交流需求而学。综合而言，游戏创造的实际运用外语的语境，有助于学生更全面、更深入地发展他们的外语技能。

2. 文化元素融入与文化体验

语言学习游戏常常融合了丰富的文化元素，为学生提供了更深入的了解目标语言所承载文化的机会。透过与游戏中的虚拟角色互动以及探索虚构的世界，学生能够全身心地体验到不同文化的习惯、价值观和社会背景。这种文化体验不仅仅是学习语言，更是一次对目标文化的沉浸式了解。

通过参与游戏，学生仿佛置身于一个拥有独特文化氛围的虚拟环境中，与角色互动的过程中感受到文化的深层魅力。这种体验不仅增强了学生对语言学习的兴趣，同时也引发了他们对外语背后文化元素的浓厚兴趣。通过游戏，学生可以更全面地理解并掌握目标语言，因为他们可以语言技能与文化知识有机地结合起来。

这样的文化融入不仅仅是在表面上了解一门语言，而是通过游戏中的互动和体验，使学生在学习语言的同时更深刻地领略到文化的多样性。这种深层次的文化认识有助于学生形成更为真实和全面的语言运用能力，使他们在跨文化交流中更为自信和适应。综合而言，语言学习游戏的文化元素融入提升了学生的语言学习体验，为他们打开了通向外语和文化的深度理解之门。

（五）个性化学习与反馈

语言学习游戏常常以个性化学习为核心，根据学生的表现灵活调整难度和内容，为他们提供一种定制化的学习体验。这种个性化学习的机制有助于满足每个学生独特的学习需求，使学习过程更加贴合个体差异，提高学习效率。

通过游戏，学生可以在一个根据他们的语言水平和能力动态调整的环境中学习。教育者应根据学生的表现实时调整游戏难度，确保任务既有挑战性又不过于困难，从而激发学生的学习兴趣。这样的个性化学习体验使学生在学习外语时能够更加自主地掌握知识，根据他们的学习进度和能力水平进行相应调整。

语言学习游戏通过实时反馈的方式帮助学生深入了解自己的学习情况。通过游戏，教育者及时指出学生的弱点和错误，为他们提供改进的建议。这种即时的反馈机制有助于学生不断优化学习策略，从而更迅速地克服语言学习中的困难，提高语言技能。

个性化学习在语言学习游戏中的应用为学生提供了一种灵活、更具针对性的学习方式。通过定制化的难度和即时的反馈，游戏不仅可以让学习更富挑战性，也可以使学生更容易建立自信，进而更加高效地掌握外语。这种学习方式有助于打破传统学习的单一性，为学生提供更为个性化和有趣的语言学习体验。

二、模拟活动在外语教学中的角色

（一）情境还原与实践

模拟活动在外语学习中发挥了重要的作用，通过提供虚拟的语境，可以为学生创造一个仿真场景，使他们能够更直观地进行语言实践。这种教学方法不仅仅是传递语法和词汇知识，更注重将所学的语言技能应用到真实生活的情境中，从而在实际交流中培养学生更为灵活和自信的应对能力。

通过模拟活动，学生可以参与各种角色扮演、情景模拟等任务，让他们在虚拟环境中应对各种语言挑战。这种实践能够激发学生的学习兴趣，使他们更加积极主动地运用所学的外语知识。同时，模拟活动提供了一个安全的学习空间，让学生在试错的过程中学习，通过不断实践提高语言应用的熟练度。

模拟活动能够加深学生对目标文化的理解。通过在虚拟场景中体验不同文化的语境，学生能够更全面地感知目标语言的背后文化元素，从而在跨文化交流中更为敏感和适应。

模拟活动在外语学习中不仅为学生提供了实践语言技能的机会，更促进了他们在真实生活中的语言应用和交际能力的提升。这种教学方法强调实践性和沉浸式体验，使外语学习更具深度和实用性，进而为学生的语言发展打下坚实的基础。

（二）角色扮演与表达能力

模拟活动常涵盖角色扮演，要求学生在虚拟场景中扮演各种角色，并使用目标语言进行交流。这种学习方法不仅仅是对语言知识的简单运用，更是一种引导学生在外语学习中积极参与和应用的方式。通过这样的模拟体验，学生能够培养丰富的语言表达能力，同时在模拟的社交场合中建立起更加自信的语言应对能力。

在这些模拟活动中，学生可能被要求扮演各种角色，从而涉足不同社交场景，如商务会议、日常对话或文化活动。通过与其他模拟参与者进行对话，学生在实践中学会运用外语表达自己的观点、参与讨论并解决问题。这不仅有助于他们更深刻地理解语言用法，还可以培养在实际生活中运用外语的信心。

特别是在外语学习中，模拟活动为学生提供了一个低风险、实践导向的学习环境。通过扮演各种角色，学生能够跨足不同语境，解决各种交际难题，从而逐步提高在真实社交场合中的语言自信度。这种实践性的学习方法不仅有助于加深学生对语言结构的理解，还可以使学生更有能力应对各种语言挑战，进而培养他们在实际语境中流利交流的能力。

模拟活动在外语学习中扮演着重要角色，为学生提供了一个充满机会和挑战的学习平台，有助于培养他们更全面、更自信的外语应用能力。

（三）交际技能强化

模拟活动可以促进学生在虚拟环境中积极参与互动和交流，为外语学习提供了一种富有成效的途径。在这样的模拟环境中，学生不仅被鼓励扮演不同的角色，还被促使运用目标语言进行真实而有意义的对话。这种学习方式不仅仅是简单地模仿语言，更是通过模拟真实情境，锻炼并提高学生的交际技能。

在模拟活动中，学生可能需要运用外语进行倾听、回应和提问。通过与其他参与者互动，他们学会倾听和理解他人的观点、表达自己的看法，并学会提出问题以更深入地探讨话题。这种全方位的交际技能培养，有助于学生更自信、更流利地运用外语进行日常对话和社交互动。

在外语学习中，通过模拟真实情境进行语言交流有助于学生更好地适应实际语境的语言使用。在这个过程中，学生不仅仅是学习语法和词汇，更是通过实际对话中的交际，掌握语言在不同场景中的应用技巧。这种亲身体验使学生更具有语感，更容易在真实生活中自如地运用外语。

模拟活动在外语学习中起到了促使学生积极互动、提高交际技能的重要作用。通过在虚拟环境中的实际语言运用，学生能够更全面、更深入地发展自己的外语交际能力，为其未来的实际应用奠定坚实基础。

（四）文化体验与理解

模拟活动在外语学习中的精心设计通常涵盖与目标文化密切相关的场景，旨在帮助学生更深入地理解和体验目标语言所承载的文化内涵。这种文化导向的模拟活动不仅仅是语言技能的实践，更是一次对文化多样性的沉浸体验，为学生提供了更全面的外语学习机会。

通过模拟涉及目标文化的场景，学生不仅能够学习语法和词汇，还能够感知语言与文化之间的紧密联系。这有助于培养学生对文化元素的敏感性，使他们能够更全面地理解目标语言的表达方式、习惯和社交礼仪。这种深度的文化体验为学生提供了更为综合和真实的外语学习体验。

模拟活动通过在虚拟文化场景中进行互动，促使学生培养跨文化沟通能力。学生在模拟中需要理解和适应不同文化的语境，通过与虚拟环境中的角色互动，他们能够更好地体验并应对跨文化交流中可能出现的挑战。这有助于提高学生在实际跨文化环境中的交际能力和适应性。

模拟活动的文化导向设计在外语学习中起到了桥梁的作用，将语言与文化融为一体。通过这样的学习方式，学生不仅能够更深入地理解目标语言，还能够培养跨文化沟通的敏感性，使他们在跨越语言和文化障碍时更具信心和效果。这种文化导向的模拟活动为外语学习提供了更为丰富和深刻的学习路径。

（五）个性化学习与反馈

模拟活动在外语学习中的独特之处在于其能够根据学生的表现实时调整难度，并提供即时的反馈，从而为学生提供一种高度个性化的学习方式。这种教学方法充分考虑了每位学生的学习差异，使得教学更加贴合个体需求，特别有助于外语学习的个性化发展。

通过实时调整难度，模拟活动能够确保学生面临适当的挑战，既能够激发学习兴趣，又不至于让学生感到过于沮丧。这种差异化的难度设置有助于激发学生的学习动力，使他们能够在舒适的学习环境中不断提升自己的语言水平。

提供即时反馈是模拟活动的另一重要特点。学生在完成任务或角色扮演后，即刻获得关于其表现的反馈，包括语法使用、发音准确性等方面的建议。这种及时的反馈帮助学生识别并理解自己的错误，从而更有针对性地提高语言技能，弥补不足。

对外语学习而言，个性化学习的优势在于能够满足不同学生的学习需求，因为每个学生的语言发展速度和方式都是独特的。通过模拟活动的个性化设计，使教学策略变得更为灵活，能够更好地满足学生在学习语法、词汇、口语等方面的个体差异，从而提升整体学习效果。这种个性化学习方式有助于培养学生更积极主动地参与学习过程，使外语学习变得更加有趣和高效。

第三章 外语教学的技术支持与创新

第一节 外语教学技术综述

一、外语教学技术的特点

（一）多媒体融合

外语教学技术借助多媒体手段，涵盖了图像、音频、视频等多种形式，旨在为学生创造更为生动、直观的学习体验。这种融合的教学手段不仅仅提供了对抽象概念的视觉呈现，同时通过音频和视频的运用，为学生提供了更为全面的语言输入和模仿机会，从而增强了学习效果。

图像元素的加入使得语言学习变得更具有视觉冲击力。通过图像，学生能够直观地理解词汇、语法结构以及文化背景，将抽象的概念具体化，使学习内容更加具体、易于理解。这对学生来说是一种视觉上的辅助，能够加深其对课程内容的记忆和理解。

音频和视频的应用丰富了语言输入的形式。通过听取地道的语音和观看自然的语境，学生可以更好地感知语言的语调、发音和表达方式。这种多感官的学习方式有助于提高学生的听说能力，使他们更好地应对实际语境中的交流挑战。

外语教学技术通过多媒体手段的融合，创造了更为丰富、互动的学习环境。学生在这样的环境中能够更好地参与、体验，加深其对语言和文化的理解，从而提升外语学习的效果。这种生动直观的学习体验促使学生更积极主动地投入学习中，使语言学习变得更为有趣和更具有吸引力。

（二）交互性强

外语教学技术强调学生的积极参与和互动，采用各种在线工具和平台，包括虚拟学习环境、语音交互软件等，以促进实时互动，提升语言实践和交际能力。

在虚拟学习环境中，学生可以通过在线平台参与多样化的活动，如虚拟语言实践、在线协作项目等。这种形式的学习提供了一个虚拟的学习空间，让学生能够与其他同学共同探讨、合作，从而得到更加真实和富有挑战性的语言学习体验。

语音交互软件为学生提供了一种与教材和教师进行实时语音互动的方式。通过这些工具，学生能够进行发音练习、对话模拟，甚至进行实时的语言交流。这种互动不仅可以帮助学生提高口语表达能力，也可以提高他们在实际交际中的自信度。

外语教学技术鼓励学生在在线平台上分享自己的观点、答案和创意，通过协作项目建立语言实践的社交网络。这样的互动促使学生在学习中变得更为主动，加深了他们的学习体验程度。

外语教学技术的互动特点有助于打破传统课堂的局限，提供更开放、自主的学习环境。学生通过在线互动，能够更好地应用和巩固所学语言知识，培养实际交际技能，从而更好地适应真实语境中的语言使用。这种强调学生参与和互动的教学方法，不仅可以提高学生的学习积极性，也可以为他们提供更为丰富的语言学习机会。

（三）个性化学习

外语教学技术在支持个性化学习方面发挥着重要作用，通过根据学生的水平、兴趣和学习速度进行个性化定制，提升了教学的灵活性和效果。借助智能化系统的实时监测和反馈机制，教育者能够更加精确地了解学生的学习状态，从而调整教学内容和难度，以更好地满足不同学生的个性化学习需求。

在个性化学习中，外语教学技术能够根据学生的语言水平制订有针对性的教学计划。通过分析学生的学习历史和表现，系统可以为每个学生提供量身定制的学习路径，使其在适当的难度下挑战自己，同时避免产生过度挫败感。这样的个性化定制有助于激发学生学习的兴趣，提高其学习动力。

智能化系统的实时监测功能允许教育者随时了解学生的学习进度和表现。通过收集学生在学习过程中的数据，系统能够迅速识别出个体学生的弱点和优势，为教育者提供及时有效的反馈。这种个性化的监测和反馈机制使得教育者能够更有针对性地调整教学策略，帮助学生克服困难，更好地适应个体差异。

总体来说，外语教学技术的个性化学习支持使得教育更加贴近学生的需求和能力，促进其更有效的学习体验。通过定制化的学习路径和智能化的监测系统，外语教学得以更全面、更灵活地满足不同学生的独特学习需求，为他们提供更加个性化和有针对性的外语学习体验。

（四）全球化视野

外语教学技术在培养学生全球化视野方面发挥了重要作用。通过采用在线交流、跨文化合作项目等创新方式，学生得以更直接、更深入地接触不同文化的语境，从而拓展了他们的视野，并提高其跨文化沟通能力。

在线交流是外语教学技术中一种重要的实践手段。学生可以通过语音、视频聊天工具与来自世界各地的语伴进行实时交流，了解他们在不同背景下的生活、观念和文化。这种跨越地域的交流能够使学生更加深入地了解其他文化，促使他们超越本土视角，形成更为开放和包容的国际化思维。

跨文化合作项目可以提供一种实际参与的机会。学生可以通过合作项目与其他国际学生一同解决问题、完成任务，这种协作过程促进了不同文化间的交流与理解。通过这些项目，学生能够更全面地认识世界各地的文化差异，培养其了解和尊重不同文化的能力，为其今后更广泛的国际交往奠定基础。

这种全球化视野的培养不仅使学生在语言层面有了更丰富的体验，更使他们具备了更全球化、跨文化的视野。这对培养学生的全球竞争力、开拓国际视野具有重要的意义，使他们能够更好地适应多元文化的社会环境，为其未来的职业和学术发展打下坚实的基础。

二、外语教学技术的具体实践

（一）随时随地学习的移动学法

充分利用智能手机、平板电脑等移动设备进行外语学习是一种颇具创新性和实用性的方法。通过使用语言学习应用、在线学习平台等工具，学生能够在任何地方、随时随地开展外语学习。这种学习方式突破了传统学习场所的限制，为学生提供了更为便捷和灵活的学习机会。这种方法的便捷性体现在学生可以充分利用碎片化时间进行学习。在等车、排队、休息时，学生可以随时拿出手机或平板电脑，通过应用程序进行听力练习、阅读理解或口语训练。这样的学习方式不仅提高了学习效率，同时也充分利用了碎片化时间，使学生能够将学习更好地融入日常生活中。

个性化是这一方法的另一个显著特点。由于学生可以根据自己的学习进度和需求选择学习内容，学习材料更能够贴近个体差异，满足不同学生的学习需求。通过在线学习平台，学生可以选择适合自己水平和兴趣的课程，从而更全面地提高语言技能。同时移动设备的学习方式还促使学生更加主动地参与学习。由于学习变得更加灵活，学生更容易保持学习的积极性。学生可以根据自己的学习目标和兴趣主动选择学习内容，提高学习动机，更积极地投入外语学习中。

通过智能手机、平板电脑等移动设备进行外语学习，不仅使学习变得更加便捷和灵活，而且促使学生可以更加个性化、主动地参与学习，为现代外语教学注入了新的活力。

（二）交互式学习法

1.实时互动促进口语表达

外语交互式学习法聚焦学生之间的实时互动，特别是为学生在学习口语方面提供了丰富的学习机会。通过对话、角色扮演等形式，学生能够在一个仿真的、真实的语境中进行口语练习，从而大幅提高他们的口语表达能力。

实时的口语交流是这种学习法的核心特点之一。学生通过与同学或教师进行实际对话，不仅能够纠正可能存在的发音、语法错误，还能够逐步提高自己的口语流利度和语言表达的自信度。这种交互式学习方法模拟了真实的语言交流情境，让学生可以更好地适应并应对各种实际生活中的沟通挑战。

通过对话和角色扮演，学生不仅仅学到了正确的语法和词汇用法，更重要的是培养了其应对实际交流情境的实际能力。学生在模拟的场景中，学会了如何灵活运用所学语言，克服语言障碍，表达自己的意见，从而提高其实际语言应用的能力。

　　这种实时互动的学习方式有助于打破学生对其口语练习的羞涩感。在轻松的、模拟的环境中，学生更愿意开口说话，克服了其在传统课堂上可能存在的紧张和顾虑。这种积极的学习氛围激发了学生学习外语的兴趣，使他们更加愿意参与到口语练习中，进而提升学习效果。

　　2. 多媒体资源增强听力与阅读理解

　　通过多媒体资源的有机应用，外语交互式学习法将学生带入了一个更为生动和真实的语言学习环境。音频资源可以呈现真实的语音特点，帮助学生更好地理解发音和语调。通过听取地道的语音，学生能够培养对其语言声音的敏感度，提高听力理解能力。这样的学习方式不仅让学生更接近目标语言的实际运用情境，同时也提升了他们对语言细节的敏感性。视频资源的运用更是为学生提供了丰富的视觉输入，使他们能够通过观看地道视频更好地理解语言的使用情境。通过观看真实场景的表达方式，学生能够感受到语言背后的文化脉络，从而更好地理解语言的含义和用法。这种视觉输入有助于学生培养其对语言文化的理解，使其学到的语言更具有实际运用的价值。

　　多媒体资源的灵活运用拓展了学生的阅读理解能力。通过在真实语境中阅读课文、文章，学生能够更好地理解语言的应用，获取更为深刻的语言信息。多媒体资源不仅让学生在听力上受益匪浅，同时也为其提供了更广泛的语言输入方式，促使他们在语言学习的多个方面取得更为全面的进步。外语交互式学习法借助多媒体资源的应用，为学生提供了更为生动、具体和多元化的语言输入。这样的学习方式既增强了学生的听力理解能力，又拓展了他们的阅读理解能力，使得语言学习更加贴近实际语境。

　　3. 个性化学习路径激发学习兴趣

　　个性化学习路径是外语交互式学习法的一个重要特点，为学生提供了更为灵活、个性化的学习选择。通过在线学习平台和应用程序，学生能够根据自己的兴趣、学习需求以及学习速度，自主选择学习内容和学习时段。这种个性化的学习路径有助于激发学生的学习兴趣，使他们可以更加投入学习过程中。

　　在线学习平台的设置允许学生按照自己的学习进度和兴趣领域进行学习。学生可以选择感兴趣的主题、话题或专业领域，从而更好地满足其个性化的学习需求。这种自主选择的权利不仅让学生拥有学习的主动性，同时也能够提高其学习的满足感，使外语学习变得更为愉悦和积极。个性化学习路径有助于激发学生的学习动机。学生有机会选择与自己兴趣相关的话题或内容，这使得学习不再是枯燥的任务，而是一种有趣的体验。当学生感到学习内容与他们的兴趣紧密相关时，他们更容易保持专注，更有动力去深入学习，从而取得更好的学习效果。

外语交互式学习法通过强调个性化学习路径，为学生提供了更加灵活、个性化的学习体验。这种学习方式不仅满足了学生的个性需求，还激发了他们更深层次的学习兴趣，使得外语学习成为一种更加愉悦和积极的体验。

（三）模拟情境法

1.创造真实语境

模拟情境法在语言教学中充分发挥了其独特的教育效果，通过创造真实的语言使用情境，使学生在仿真的环境中进行语言实践。这一方法的广泛应用包括模拟商务场景、社交场合、旅行情境等，旨在让学生身临其境，深度融入实际应用的情境中，从而促使他们更好地理解和运用目标语言。通过参与这些模拟情境，学生得以在一个近乎真实的语言环境中运用所学知识。在模拟商务场景中，他们可能会扮演商业角色，进行商务会话和谈判，提高商务用语的应用能力。在社交场合的模拟中，学生将面对各种社交活动，培养其在与人交往时的语言敏感度。在旅行情境的模拟中，学生能够应对旅行中可能遇到的语言难题，提升其在实际生活中运用语言解决问题的能力。

这种深度参与的学习方式不仅拓展了学生的语言知识，更重要的是培养了他们的实际应用技能。在模拟情境中，学生需要迅速做出语言决策，适应不同情境的语言使用规范，从而锻炼其运用语言解决问题的实际技能。这种亲身体验的学习方法有助于增强学生对语言的深度理解，并增强他们在实际应用中的语言表达自如度。模拟情境法是一种强调实际运用的教学策略，通过创造真实的语言使用情境，让学生在模拟的环境中进行语言实践。通过这样的学习方式，学生既能够提高语言技能，又能够培养在实际情境中应对问题的能力，使得语言学习更加贴近实际、深入实用。

2.强调角色扮演和实际任务

角色扮演和实际任务在模拟情境法中扮演着至关重要的角色。学生在这个教学方法中不再只是语言的被动学习者，而是通过扮演特定角色主动参与到各种情境中，从而应对其在真实交流中可能遇到的各种挑战。通过角色扮演，学生能够在一个模拟的、真实情境中进行语言实践。他们可能需要扮演商务会谈中的客户或销售代表，社交场合中的朋友或陌生人，或者在旅行中的导游或游客。这样的角色扮演使得学生能够更直观地理解和运用目标语言，同时面对不同情境下的语言表达要求，进而提高他们的语言适应能力。

实际任务的完成进一步强调了语言的实用性。学生可能被要求完成各种任务，如商务谈判、解决问题、完成项目等。这种任务导向的学习使得语言不再是一个抽象的学科，而是与实际工作和生活紧密相连的过程。通过实际任务的完成，学生将语言应用于具体的工作和生活场景中，提高其对语言的理解和应用能力。这两个重要元素的结合，使得学生在模拟情境法中不仅能够体验真实的语言使用情境，还能够培养其在特定情境下运用语言解决问题的实际能力。这样的教学方法不仅可以提高学生的语言技能，同时也可以使其更好地应对实际社交和工作场合中出现的语言挑战。

3. 提高沟通和协作技能

在模拟情境法中，学生的交流与合作被视为不可或缺的要素。通过模拟真实情境，学生需要与同学一起扮演不同的角色，进行对话和合作，以解决问题或完成任务。这一过程不仅促使学生在语言表达方面得到锻炼，更培养了他们的团队协作和领导的能力。在模拟情境中，学生需要积极参与对话，分享观点，提出解决方案。这种口头表达的过程不仅有助于提高他们的语言能力，还培养了他们有效沟通的技能。学生在模拟中互相交流，既学会了如何用语言清晰表达自己的观点，也学到了如何倾听并理解他人的意见，进而提高其语言交际能力。

合作是模拟情境法的核心。在共同解决问题和完成任务的过程中，学生需要密切协作，共同制订计划，执行任务，并及时调整策略。这种合作不仅培养了他们的团队协作技能，还锻炼了领导和跟随的能力。在与同学互动的过程中，学生可以学到如何有效地与他人协作，提高其解决实际问题的实际能力。通过与同学的互动，模拟情境法使学生更好地适应实际社交场合，提高了他们的交际能力。这不仅有助于语言学习，也为促进其将来的社交活动和职业生涯发展奠定了坚实的基础。

模拟情境法通过创造真实的语言使用情境、强调角色扮演和实际任务，以及提高沟通和协作技能，全面促进学生在语言学习中的应用和发展。这种方法使学生更好地融入语言环境，提高他们的语言技能，并在实际应用中培养其一系列与语言相关的实用技能。

（四）翻转课堂法

1.学习资源个性化和自主性

翻转课堂法的核心理念在于将课堂时间从知识传授转移到深入讨论和应用上。在这一教学模式中，学生在课前通过预习学习材料，这些材料可以包括预先录制的视频、在线教材、电子文档等多种形式。这样的学习资源的提供使得学生可以在自己的节奏下进行学习，并有足够的时间和灵活性去理解和消化新的知识。个性化的学习过程使学生能够更好地掌握基础知识。由于每位学生的学习习惯、进度和理解程度都有所不同，提供多样的学习资源有助于满足不同学生的学习需求。学生可以选择适合自己学习风格的资源，以更高效的方式学习，并在掌握基础知识的同时，培养其自主学习的能力。

在课堂上，由于学生已经对基础知识有了一定的了解，教师可以将更多的时间用于深入讨论和应用这些知识上。学生不再是被动接收信息的对象，而是积极参与到知识的构建和运用中。这种深层次的课堂互动有助于加深学生对知识的理解程度，促使学生更好地将知识应用到实际问题中，培养他们的批判性思维和解决问题的能力。翻转课堂法通过强调在课堂之外进行个性化预习，提供多样化的学习资源，使学生能够更好地掌握基础知识，同时在课堂上可以更深入地讨论和应用这些知识，促进学生的深度学习和自主学习能力的培养。

2.课堂时间用于深入讨论和应用

翻转课堂法的引入为外语教学注入了新的活力，通过将学习焦点从传统的知识传授转移到深入讨论、解决问题和实践应用上，为学生提供了更为丰富和有深度的学习体验。在这一模式中，学生通过自主学习，有机会在个性化的环境中掌握外语的基础概念。这可以通过观看外语教学视频、在线语言练习和阅读外语材料等形式来实现。学生不仅可以以自己的步调进行学习，也有更多时间去理解和掌握新的语言知识，同时培养其自主学习外语的能力。

在课堂上，学生与教师和同学的互动更加强调了实际语言运用的重要性。课堂时间可以用于解答学生在自主学习过程中遇到的难题，共同探讨更复杂的语言问题，并进行实际语境下的语言应用。通过深入互动，学生有机会提高口语表达能力，积累更多实际运用外语的经验，促进更高层次的外语学习。特别值得注意的是，这种翻转课堂的方法有助于打破传统外语教学中对纯粹课堂内语言学习的依赖，更加注重学生在真实语境中的语言实践。通过实际问题的讨论和解决，学生更能够运用外语进行交流和合作，为提升其语言技能创造了更为有利的环境。

翻转课堂法在外语教学中的突出优势是通过更加个性化和实践导向的学习方式，加深学生对外语的理解，提高其实际应用能力，为他们在语言环境中更加自信地表达和交流奠定了坚实的基础。

3. 提高学生的批判性思维和解决问题能力

在翻转课堂的框架下，学生在自主学习阶段通过解决问题、讨论案例等方式，深入理解外语知识点。这可能包括通过语言视频、多媒体资料或在线文档等多样化的学习资源来掌握外语语法、词汇和表达方式。学生通过主动参与问题解决的过程，不仅提升了他们对基础知识的理解深度，还培养了解决问题的主动性和独立性。

在课堂上，学生有机会与教师和同学互动，共同分析和解决更具挑战性的语言问题。这可能涉及深度语法结构、语用学问题或者跨文化交际的挑战。通过解决这些更为复杂的问题，学生被激发思考，提出见解，并与他人共同合作找到解决方案。这不仅有助于提高他们的批判性思维能力，还可以培养其团队合作和沟通的重要技能。

在外语教学中，这种批判性思维和问题解决的训练更为重要，因为外语学习不仅仅是单纯的语法和词汇的记忆，还涉及在实际语境中运用这些知识的能力。学生需要能够理解并适应在不同文化背景下的语言使用，具备处理语境相关问题的能力。通过翻转课堂法，学生在课外学习中建立了基础，而在课堂上则更专注于运用这些知识解决实际问题，从而全面提高他们的外语技能和批判性思维水平。翻转课堂法在外语教学中的实践不仅注重培养学生的批判性思维和解决问题的能力，更强调了这些技能在实际语境中的应用，从而为学生提供更为全面和深度的外语学习体验。

第二节　多媒体技术在外语教学中的应用

一、多媒体技术的内涵

多媒体技术是一种综合性的技术，它涵盖了各种形式的媒体，包括文字、图像、音频、视频等，以在多种媒体平台上呈现信息。这种技术通过将不同媒体元素结合起来，创造出丰富、交互式的信息传播方式。多媒体技术的内涵包括数字化、集成、交互和多样性。多媒体技术不仅应用于娱乐和传媒领域，还广泛应用于教育、医疗、工程、设计和商业等各个领域，不仅提供了更直观、生动、有效的信息传递方式，也改变了人们的生活和工作方式。

二、多媒体技术在外语教学中的具体表现

（一）提供多样化的学习资源

1. 视觉化学习资源

视觉化学习资源，如图像、图表、地图等，为学生提供了直观而生动的学习体验。通过图像和图表，学生得以以视觉的方式理解语言中的词汇、语法结构和句子构成。这种直观的学习方式有助于学生更深入地理解抽象的语言概念，使其更容易掌握语言的基础要素。图像可以用于呈现日常生活场景中的语言应用，让学生在真实情景中感知语言的使用。例如，通过展示家庭、购物、交通等场景的图像，学生能够迅速理解这些与生活领域相关的词汇和表达方式。图表可以帮助学生整理和梳理语言规则，使其更清晰地理解语法结构。

地图等资源不仅可以为学生提供地理位置的信息，还可以用于教授文化背景。通过在地图上标注不同地区的语言特点、方言差异等，学生能够更全面地了解语言在不同文化环境中的演变和运用。这有助于拓展学生的文化视野，培养他们对语言与文化关联的认识。视觉化学习资源的运用使外语学习更为生动有趣，帮助学生以更直观的方式理解语言知识。通过视觉元素的引

入，学生不仅能够更好地掌握语言的实际运用，也能够更深入地体验和理解语言背后的文化内涵。这样的多样化学习资源为提升学生外语学习的效果提供了强有力的支持。

2. 听觉化学习资源

提供丰富的听觉化学习资源，如音频、语音示例和录音，对学生的外语学习起到了至关重要的作用。这样的资源为学生提供了更为生动和真实的语音输入方式，有助于培养他们的听力理解能力，并提高语音准确性。

通过使用音频资源，学生能够聆听来自不同地区、不同口音的语音材料。这种多样性的语音输入方式有助于学生更好地适应不同的语音环境，提高他们的听力技能。同时，学生还可以通过听取不同语速、语调和口音的语音示例，增强其对语音变化的敏感性，从而使其可以更自信地应对实际语境中的交流挑战。另外，语音示例和录音也可以用于展示地道的口音与发音方式。通过模仿这些示例，学生能够更好地理解并模拟正确的发音和语调，有助于提高他们的口语表达水平。这样的听觉化学习资源不仅使学生在理论层面上理解语音规则，还可以在实际操作中培养他们的语音技能。

听觉化学习资源为学生提供了一个深度沉浸、真实反馈的语言学习环境。通过聆听来自不同文化、语境的语音输入方式，学生能够更全面地了解外语的语音特点，提高他们的听力和口语能力。这种多媒体教学方法为培养学生的语言技能提供了有力支持。

3. 交互式学习资源

交互式学习资源，如语言学习应用程序和在线模拟游戏，为学生提供了一种更为活跃和参与的学习方式。这些资源打破了传统学习的单向性，使学生能够以更加互动的方式投入语言学习中。通过参与角色扮演、解谜游戏等形式，学生不再是被动接收知识，而是要积极参与到实际语境中，从而使其可以更好地理解和运用语言。角色扮演是一种有效的交互式学习方式，通过模拟真实情境，学生可以扮演不同角色，进行对话和互动。这种实际运用语言的方式有助于学生更深入地理解语言在不同情境中的应用，同时提高他们的口语表达能力。解谜游戏等互动形式则锻炼了学生的思维能力，激发了他们解决问题的兴趣。

交互式学习资源的另一个优势是能够提供实时反馈。学生在参与交互式活动时，系统或教育者可以即时指出语法错误、发音问题，并提供纠正方案和建议。这种即时反馈有助于学生及时调整学习策略，加强其对语言规则的理解，提升学习效果。通过提供这样多元化的外语学习资源，教育者能够更好地满足不同学生的学习兴趣和需求。学生可以根据个体差异和学习偏好选择适合自己的资源，使学习过程变得更为个性化。这种互动和多元化的学习环境有助于激发学生的学习兴趣，提高他们在听、说、读、写各方面的外语技能。

（二）提升学习者的参与度和互动性

1.交互式语言活动

在外语教学中，通过引入各种交互式语言活动，教育者能够激发学习者的学习兴趣，促使他们更积极地参与学习过程。这些活动包括但不限于小组讨论、角色扮演、语言游戏等，旨在为学生提供实际运用目标语言的机会。小组讨论是一种有效的交互式学习方式。通过将学生分成小组，教育者可以提出特定话题或问题，要求学生在小组内进行讨论。这样的活动不仅可以让学生分享自己的见解，还可以促使他们在语言上进行互动，提高其口语表达能力。同时，学生在小组中共同解决问题，可以培养其团队协作和沟通技能。

角色扮演是另一种引人入胜的语言活动。通过扮演不同角色，学生可以模拟各种实际情境，如购物、旅行、商务场景等。这种实践性的活动使学生能够在模拟的环境中运用所学语言，进而增强他们的语言实际运用能力。同时，角色扮演也可以培养学生在不同语境下适应和交流的能力。

语言游戏是一种寓教于乐的交互式学习方式。通过各种有趣的游戏，学生在轻松的氛围中进行语言学习，可以增强其对语法、词汇等语言要素的理解。这种方式可以激发学生的好奇心和求知欲，使他们更乐意参与学习。引入这些交互式语言活动不仅使外语学习更加生动有趣，也可以提高学生在实际语境中运用目标语言的信心和能力。这种互动性学习的方法有助于培养学生全面的语言技能，并为他们在未来的语言交流中打下坚实的基础。

2.利用科技互动工具

随着科技的迅速发展，外语教学不再局限于传统的教室教学，而是借助现代科技的力量，创造出更为丰富多样、互动性强的学习环境。虚拟语言实验室、在线语言交流平台以及各类教育应用程序等工具成为教育者的得力助手，为学习者提供了全新的学习体验。虚拟语言实验室为学习者提供了模拟真实语言环境的机会。通过虚拟场景，学习者可以沉浸在各种语言交流情境中，与虚拟角色或其他学习者进行对话、互动。这种实践性的体验不仅扩展了语言运用的场景，还增强了学习者在实际语境中使用目标语言的信心。

在线语言交流平台连接了全球范围内的学习者和母语人士。通过这些平台，学习者可以与来自不同文化背景的人实时交流，拓展了语言交际的多样性。与母语人士的互动不仅可以提供纯正语音和语法的输入方式，还可以使学习者更好地理解文化差异，培养其跨文化交际的能力。同时教育应用程序的广泛应用也丰富了外语学习的形式。通过各种应用程序，学习者可以进行单词记忆、语法练习、语音纠正等个性化学习。这些应用程序不仅提供了方便的学习工具，还通过游戏化和互动性的设计激发了学习者的学习兴趣，使学习变得更加愉悦和高效。

现代科技为外语教学带来了前所未有的机遇。这些互动工具不仅拓展了学习者的语言学习场景，还加深了他们的互动体验，使外语学习更加生动、实用且具有趣味性。

3. 实践性任务和项目

在外语教学中，设计实践性的任务和项目是促进学习者互动性的一种强有力的方法。通过模拟各种实际情境，如商务谈判、旅行规划、新闻报道等，学习者被引导在真实的语境中运用所学语言，进行合作与沟通。商务谈判是一种常见的实践性任务。学习者可能被要求扮演商务代表，参与模拟的商务谈判过程。在这个过程中，学习者需要灵活运用商务用语、表达观点，并与对方进行有效的沟通。这样的任务不仅让学习者可以应对真实商务场景的挑战，还可以锻炼他们在语言运用中的应变能力。

旅行规划是另一个富有实践性的项目。学习者可能被要求规划一次虚拟旅行，包括制订行程计划、预订酒店、解决紧急情况等。在这个过程中，学习者既需要使用目标语言与团队成员协作，也需要在模拟的情境中运用语言解决实际问题。这样的项目促使学习者将语言应用于实际生活情境，进而提高他们的实际应用能力。新闻报道的模拟活动可以培养学习者的语言表达和信息传递能力。学习者可以扮演记者，撰写新闻稿件，进行采访和报道。这种任务不仅可以提高学习者的写作技能，还鼓励他们积极参与信息交流，进而增强其语言表达的流利性和准确性。

设计实践性的任务和项目是外语教学中一种促进学习者互动性的创造性方法。这样的活动不仅使学习更加具体和有趣，还在培养学习者解决问题、团队协作等综合能力方面发挥了积极的作用。通过这些实践性任务，学习者能够更全面地掌握目标语言，并更好地应用于实际生活和职场中。外语教育者可以打破传统教学的单向性，创造出更富互动性和参与度的学习环境。这不仅提高了学习者的学科理解和技能水平，还培养了他们在实际语境中主动运用语言的能力，促进了全面的外语能力发展。

（三）个性化学习体验

随着多媒体教学技术的不断创新，学习者在外语学习中可以享受到更为个性化的学习体验。个性化学习强调根据学生的个体差异和学习需求，量身定制教学内容和方式，以提高学习的效果和学习者的主动性。学生可以根据自己的学习风格和节奏选择不同类型的多媒体资源。在线课程、教学视频、语音练习等丰富的多媒体工具提供了灵活的学习选择方式。有些学生可能更倾向通过视觉方式学习，因此可以选择观看教学视频；另一些学生可能更喜欢通过听觉方式学习，可以选择进行语音练习。这种多样性的选择让学生能够更好地适应个人学习特点，提高其学习动机。

个性化的学习体验有助于满足学生的个体差异。每个学生在学习风格、学习节奏和学科偏好等方面都有独特的差异。多媒体教学通过提供多元化的学习资源，可以更好地满足学生的个性需求。这不仅包括内容的呈现形式，还包括学习的深度和难度，使得学生在一个更为灵活和自主的学习环境中取得更好的学习成果。个性化学习体验可以培养学生更主动地参与外语学习的习惯。通过能够选择符合自己学习需求的多媒体资源，学生在学习过程中可以感受到更大的自主性和满足感。这种主动性的参与不仅提高了学生的学习兴趣，还培养了他们在学习中的自我管理和自我调整的能力。

多媒体教学的发展为外语学习提供了更为灵活、多样的学习方式，使学生更好地适应个体差异，提升学习效果，并培养其更主动参与学习的习惯。这种个性化学习体验有助于打破传统"一刀切"的教学方式，更好地满足学生在语言学习中的多样性需求。

（四）创造跨文化交际机会

1. 语言交流项目

在外语教学中，设计和推动跨文化语言交流项目是为学生提供丰富语言体验、增进跨文化理解的有效途径。这一项目的实施可以通过与国外学校的合作、利用在线语言交流平台或者参与国际性的语言学习项目等多种方式来实现。

与国外学校的合作是一个有益的途径。通过与其他国家学校建立联系，可以搭建起一个实时语言交流的桥梁。学生可以与来自不同文化背景的外国学生进行线上或线下的交流，通过真实对话，更深入地了解对方的文化、习惯和价值观。这种直接的交流方式有助于学生在实际语境中应用所学语言，提高他们的口语表达和听力理解能力。另外，利用在线语言交流平台也是一个便捷的方式。通过现代科技，学生可以在虚拟环境中与全球范围内的语伴进行互动。这样的平台提供了灵活的时间和地点，使得学生能够更自由地与母语人士交流。同时，这也为语言学习者提供了更多元化的语音输入方式，有助于提高他们对语言发音和语调的感知程度。

参与国际性的语言学习项目是一种全面促进跨文化交流的方式。这样的项目通常包括学术合作、文化交流等多个方面，为学生提供了更广泛的语言使用场景。学生参与其中，不仅可以与其他学生一同解决语言难题，还能在合作中体验不同文化的魅力，拓宽跨文化交际的视野。通过这样的跨文化语言交流项目，学生能够直接融入真实的语境，感受语言在实际交流中的灵活运用。这不仅有助于提高学生的语言水平，还培养了他们的跨文化意识和国际化视野。这种实时的、实践性的语言交流体验将为学生的综合语言能力的提升提供有力支持。

2. 跨文化主题活动

在外语课堂中，引入跨文化主题的活动是丰富教学内容、促进学生跨文化交际能力发展的重要手段。这些活动包括但不限于文化展示、国际节庆庆祝和跨文化对话等，通过这些活动，学生得以有机会深入了解其他国家的文化，同时运用目标语言进行交流。

通过文化展示，学生可以在课堂上展示与目标语言文化相关的特色和传统，包括传统服饰、美食、手工艺品等。通过展示，不仅促进学生对其他文化的了解，还激发了其对目标语言文化的兴趣。这样的活动能够使学生从被动接受文化知识转变为主动参与文化传播者，提高他们的跨文化沟通能力。同时国际节庆庆祝活动也是一个引人注目的跨文化主题。在特定的国际节庆期间，课堂可以组织庆祝活动，学生可以了解其他国家的传统庆祝方式，学习相关的节庆词汇和表达。通过庆祝活动，学生更深入地了解了其他文化，同时在欢乐的氛围中提高了他们的语言运用能力。

跨文化对话是一个直接促进语言交流和理解的方式。通过组织学生间的跨文化对话，可以鼓励他们用目标语言进行实际对话，分享彼此的文化差异和相似之处。这种对话形式既锻炼了学生的口语表达能力，又提高了他们的跨文化交际技能，使他们可以更加自信地应对真实语境下的交流挑战。通过这些跨文化主题的活动，学生可以在课堂中获得更为丰富的语言实践机会，同时深化对其他文化的理解。这样的教学方法不仅可以激发学生的学习热情，也可以培养他们更具跨文化适应能力的能力。

3. 虚拟文化体验

通过利用虚拟现实技术或在线文化体验平台，学生得以在虚拟环境中模拟真实的跨文化交际场景，如虚拟旅行和文化体验项目等。这种教学方法不仅可以为学生提供更具挑战性和互动性的学习体验，同时也可以培养他们在全球化社会中的跨文化适应能力。

虚拟旅行是一种通过虚拟现实技术让学生身临其境地感受不同文化的方式。学生可以在虚拟环境中漫游，探索其他国家的风土人情，仿佛置身于当地。通过这样的虚拟体验，学生能够更深入地了解其他文化的生活方式、传统习俗和社会风貌，增进其对多元文化的认知。文化体验项目是另一种途径，通过在线平台模拟各种跨文化活动，包括与其他国家学生的远程合作、共同参与国际性项目等。学生可以在虚拟空间中与来自不同文化背景的同龄人交流，共同完成项目任务，提高他们的团队协作和跨文化交际技能。

通过这样的虚拟体验，学生能够更全面地应对与感知跨文化交际中可能面临的挑战和乐趣。这种沉浸式的学习方式不仅可以丰富学生的学习经历，还可以培养他们更为开放和包容的跨文化适应能力。这样的虚拟体验不仅使学生能够更好地运用所学语言，还可以促进其在全球化时代背景下的跨文化理解与交流。

第三节　远程教育与在线外语教学

一、远程教育

（一）特点

远程教育作为一种灵活的学习模式，具有许多独有的特点，这些特点使得学生能够在不同的地点和时间进行学习，同时也为教育者提供了更广泛的教学工具和方法。远程教育突破了地域限制。学生可以通过互联网获得教育资源，无论身处何地，都能够参与课程学习。这种地域的开放使得教育机会能够更为平等地分布，学习者不再受到地理位置的限制，并有更多的机会获得高质量的教育。远程教育提供了弹性的学习时间。学生可以根据自己的时间表选择合适的学习时段，更好地安排自己的生活和工作。这种灵活性使得那些有特殊需求或非传统学生群体能够更容易地融入学习过程，促进了教育的包容性。

远程教育注重个性化学习。通过智能化的教育平台，系统可以根据学生的学习表现和兴趣特点，为每个学生提供个性化的学习路径和资源。这种个性化学习的模式有助于更好地满足不同学生的学习需求，提升学习效果。远程教育强调多媒体教学手段。通过图像、音频、视频等多媒体形式，教育者能够更生动地呈现教材内容，使学生更容易理解和记忆。这种多媒体的应用丰富了教学手段，提高了学习的趣味性和互动性。远程教育鼓励学生自主学习。学生在这种环境下需要拥有更强的自我管理和自我学习能力。通过自主学习，学生可以更好地掌握学习的主动权，培养其解决问题和独立思考的能力。

远程教育可以提供多样化的教学资源。学生可以通过在线图书馆、学术数据库等获取大量的学术资源，从而拓展其知识面。这种资源的开放性和丰富性使得学习更具深度和广度。远程教育倡导合作学习。通过在线讨论、团队项目等合作方式，学生能够与同学和教育者进行更紧密的互动。合作学习有助于促进思想碰撞和知识共享，培养团队合作精神。远程教育支持即时反馈。学生在学习过程中可以随时获得教育者的反馈，及时了解自己的学习状态和出现的问题。这种及时反馈有助于学生及早调整学习策略，提升学习效率。

远程教育以其灵活性、个性化、多样性和合作性等特点，为学生提供了更为开放和多元的学习环境。这种教育模式的发展不仅可以满足现代学生对灵活性和个性化的需求，同时也可以为提升教育的效果和扩大覆盖范围提供了全新的可能性。随着科技的不断发展，远程教育方式将继续演化和创新，并为教育领域带来更多的机遇和挑战。

（二）远程教育在外语教学中的具体应用

1. 在线语言课程和学习平台

远程教育通过在线语言课程和学习平台为学习者提供了独特的学习外语的方式。这种灵活性使得学生能够在任何时间、任何地点都能参与虚拟课堂活动，借助互联网实现与教师和其他学生的实时互动。这一教学形式的优势在于学习者可以按照自己的时间表和学习节奏进行学习，打破了传统教育的时空限制，为个体差异提供了更多可能。

通过在线语言课程，一方面，学生可以充分利用多媒体资源，包括图像、音频和视频，以更生动直观的方式学习外语知识。这种丰富的教材形式有助于激发学生的学习兴趣，提高其学习动机。同时，学生还能够通过在线测验快速检测自己的学习水平，及时发现并纠正错误，促进其语言技能的全面提升。另一方面，远程教育的语音交流功能起到了至关重要的作用。学生可以通过在线平台进行语音互动，模仿母语者的发音，提高其口语表达能力。这种实时的语音交流不仅拉近了学生与教师之间的距离，还促进了学生之间的同辈学习与合作。通过语音交流，学习者更容易纠正发音和语法错误，形成更为自然地运用外语的能力。

远程教育通过在线语言课程和学习平台为学习者提供了极大的便利，使他们能够在自由的学习环境中，通过互联网实现与教育资源的即时连接。这种学习方式不仅可以满足个体差异，提高学习者的主动性，也拓宽了外语教育的边界，为更多人提供了学习外语的机会。

2. 语音和视频教学工具的应用

在外语教学领域，远程教育通过广泛运用语音和视频工具，为学习者提供了更为丰富和实用的学习体验。在线会议软件、语音聊天工具等成为教学中的得力助手，为提高学生口语交流能力提供了强大支持。学生可以通过这些工具与母语者进行实时对话，从而能够更具体地模仿语音、语调和语速，有助于提升其发音准确性。

语音工具在远程外语教育中扮演着至关重要的角色。学习者通过与教师或其他学生的实时语音交流，能够更直观地感受到语言的音韵和语境，进而提高自己的口语表达能力。这种互动式的学习方式不仅使学生更自信地运用所学语言，还可以加深他们对实际语境的理解。

视频工具在远程外语教育中同样发挥着重要作用。通过展示地道的语言环境，学生可以更好地理解语言文化背景。教师可以借助视频工具实地展示不同国家的语境，如日常生活场景、社交场合等，让学生在观察中学习，全面地掌握语言的实际运用情境，从而更深入地融入目标语言的语境之中。

通过语音和视频工具的广泛应用，远程教育可以在外语教学中为学习者提供更为互动、实用、具体的学习方式。这种形式的教学不仅提高了口语交流能力，也加深了学生对语言文化的理解，为他们在真实语境中流利运用外语打下了坚实的基础。

3. 个性化学习路径和教材选择

远程教育的个性化教学模式在为学生提供定制学习路径和教材选择方面展现出显著的优势。通过智能化教学平台，教育者能够根据学生的个体差异、语言水平、学习速度和兴趣爱好等因素，为每位学生制订独特的学习计划。

教育者可以根据学生的语言水平进行差异化教学。对初学者而言，可以提供基础词汇和语法的强化训练；对高级学生而言，可以设置更为复杂的语境和挑战性的任务，以促使其深入理解语言的细微之处。这种个性化的安排能够满足学生在不同阶段的学习需求，提升学习效果。

考虑到学生的学习速度，教育者可以根据个体的掌握情况调整教学进度。一些学生可能需要更多的时间来消化新知识，而一些学生则可能需要更具挑战性的任务来保持其对学习的兴趣。个性化的学习计划有助于避免学习者出现的焦虑感，使其更有信心和动力去迎接学习的挑战。

个性化教学关注学生的兴趣爱好。通过了解学生的喜好，教育者可以为其提供更具吸引力的教材和学习资源。例如，如果学生对音乐感兴趣，就可以引入相关的歌曲和音频素材；如果学生对电影感兴趣，就可以通过观看电影片段来学习语言。这种与学生兴趣相关的教学方式不仅可以提高学习的趣味性，也可以增强学生的学习动机。

远程教育通过个性化的学习路径和教材选择，为学生提供了更加灵活和符合个体差异的学习方式。这种个性化教学模式不仅能够提高学生的学习动机和效果，还能够更好地满足不同学生的学习需求，推动外语学习的更全面发展。

4. 在线语言考试和评估

远程教育在外语教学中通过在线语言考试和评估的机制，为学生和教育者提供了更为便捷和有效的评估手段。学生可以利用远程方式参与各种标准化的语言考试，这种方式既避免了地理位置的限制，也使得学生能够更加方便地参与不同级别和类型的语言测试。这不仅有助于衡量学生的语言水平，也为他们提供了更广泛的学习机会和证书认证的可能性。

同时，教育者通过在线测验和作业评估能够更加全面地了解学生的听说读写能力。这种实时的评估机制有助于及时发现学生在语言学习中出现的问题，并能够更有针对性地进行辅导。教育者可以通过分析学生的测验表现，调整教学策略，为学生提供更个性化的指导，从而提升外语学习的效果。

远程教育的在线考试和评估为教育体系提供了更为灵活和实时的反馈机制。学生在完成考试或作业后，可以迅速得知自己的成绩，从而及时调整学习计划。同时，教育者可以根据学生的表现进行精准的评估，并为整个教学过程的优化提供数据支持。

远程教育通过在线语言考试和评估，不仅使学生更加方便地参与各类语言评估活动，也为教育者提供了更为全面和实时的学生表现反馈。这种教学模式的优势在于促进对学生个体差异的关注，提升了教育的灵活性和效果，为外语教学的全面发展提供了重要支持。

二、在线外语教学

（一）在线外语教学的特点

在线外语教学作为现代教育领域中的一种创新形式，具有许多独有的特点，这些特点为学生提供了更为灵活、多样和便捷的学习体验。在线外语教学突破了传统教育的地域限制，学生无需前往特定地点，只需通过互联网便可接受高质量的外语教育。这种特点为全球范围内的学生提供了平等的学习机会，消除了地理位置对教育资源获取的限制。在线外语教学允许学生根据个人时间表进行学习，无论是白天还是夜晚，都能够随时随地参与课程学习。这种灵活性使得学生能够更好地安排工作、生活，实现个性化的学习体验。在线外语教学借助多媒体技术，提供了丰富的学习资源，包括图像、音频、视频等形式。学生可以通过在线平台获取大量的教育资源，使得学习过程更为生动有趣，更易于理解和记忆。

在线外语教学平台通常采用智能化系统，能够根据学生的学习表现和需求，为每个学生提供个性化的学习路径和建议。这种个性化教学方式有助于更好地满足学生的学习需求，提升学习效果。在线外语教学注重学生与教师、学生与学生之间的实时互动。通过在线讨论、实时聊天、远程小组项目等方式，学生能够更直接地与教育者和同学进行交流，提高其语言实践和交际能力。在线外语教学通过国际合作项目、在线交流等方式，促使学生更直接地接触不同文化的语境。这有助于学生拓宽视野，提高跨文化沟通能力，培养其更为全球化的视角。

在线外语教学平台通常提供即时的评估和反馈机制，教育者可以实时了解学生的学习状况，并提供更具针对性的建议和指导。这种即时反馈有助于学生及时纠正错误，改进学习策略，提高学习效果。在线外语教学通过在线协作项目、虚拟团队合作等形式，鼓励学生之间的合作学习。这种合作模式促使学生在跨文化背景下协同工作，提高其团队协作和沟通能力。在线外语教学平台通常提供强大的技术支持，学生在遇到技术问题或困惑时能够随时获得帮助。这种及时的帮助保障了学生的学习顺利进行。在线外语教学系统能够记录学生的学习历程和表现，教育者可以通过这些数据进行学生综合评估，并制定更为个性化的教学计划，以更好地满足学生的需求。

在线外语教学的特点包括地域无限、时间灵活、多样的学习资源、个性化教学、互动性强、全球化视野等方面。这种教学模式不仅满足了现代学生对灵活性和个性化的需求，同时也提供了更为广泛、多元的学习机会。随着科技的不断发展，在线外语教学将继续推陈出新，为学生提供更为丰富和高效的学习体验。

（二）在线外语教学的具体应用

1. 虚拟课堂和实时互动

在线外语教学的虚拟课堂平台为学生创造了一个多元互动的学习环境。通过各种在线会议软件和虚拟教室的应用，学生得以实时参与教学过程，与教师和同学进行深入的面对面交流，为其口语表达能力的提高提供机会。

这种实时互动的形式打破了传统教育中师生之间的时间和空间限制，使学生无需身临其境也能感受到良好的学术氛围。通过在线平台，学生能够与教师互动、讨论学术问题，与同学分享观点，从而形成一个开放式的学习社区。这种实时的面对面交流不仅促使学生更积极地参与讨论，还提供了即时反馈的机会，有助于纠正学生在口语交流中出现的错误，推动其语言能力的全面发展。

与传统教学相比，这种实时互动的在线学习体验更为直观且真实。学生能够在虚拟课堂中模拟实际语境，通过听、说、读、写的全方位互动，更好地融入语言学习的过程中。在线虚拟课堂的设施不仅让学生能够观摩教师的语言示范，也促使学生主动运用所学语言，增强其在语境中的学习体验，提高语言运用的流利性和适应性。

通过虚拟课堂平台的实时互动，在线外语教学为学生提供了一种更具交互性和实用性的学习方式。这种教学形式不仅缩小了教育者与学习者之间的地理距离，也使学生在语言学习中能够更为积极地投入，加速其语言技能的培养，为他们在实际语境中更为自如地运用外语打下了坚实基础。

2. 个性化学习路径和智能化辅导

在线外语教学在智能化教学平台的支持下，为学生提供了更为个性化和差异化的学习体验。通过这种先进的教学方式，教育者能够根据学生的学习水平、学科背景和兴趣爱好，为每位学生设计独特的个性化学习路径，从而更好地满足学生的差异化需求。

个性化学习路径的设计应充分考虑学生的学习水平。智能化教学平台可以根据学生的语言水平，为初学者提供基础课程，而为高级学生设置更深入、拓展性更强的内容。这样的差异化安排确保了每位学生在学习中都能够保持适度的挑战，不至于过于简单或过于困难，进而提升学习效果。

考虑到学科背景和兴趣爱好的个性化。通过了解学生的学科偏好和兴趣爱好，教育者可以为其提供相关领域的语言学习资源。例如，对科技感兴趣的学生，可以提供与科技领域相关的外语资料，从而使其学习更为贴近实际应用，增加学生的学习兴趣。

智能化辅导系统的运用成为个性化教学的重要组成部分。通过监测学生的学习表现，系统能够及时提供反馈和建议，引导学生调整学习策略。这种即时的个性化辅导有助于学生更全面地理解自己的学习状态，帮助他们找到更有效的学习方法，推动学习效果的提升。

借助智能化教学平台的在线外语教学在个性化学习路径和智能化辅导系统的支持下，为学生提供了更加贴合其需求和兴趣的学习方式。这种教学模式不仅能够激发学生的学习动机，也使其更有效地掌握外语知识，为其未来的学术和职业发展奠定坚实的基础。

3.语音和视频工具的广泛应用

在线外语教学充分利用语音和视频工具，可以为学生提供丰富的口语交流机会，这种教学方式在提高学生语言能力和文化理解方面发挥了重要作用。通过在线语音聊天和视频会议等工具，学生能够深度参与口语练习，模仿母语者的语音、语调和语速，从而显著提高发音的准确性。

语音工具的应用使学生能够在实时互动中进行口语练习。通过与教师或其他学生的语音交流，学生能够更直观地感受语言的音韵和语境，从而提高口语表达的流利性和自然度。这种形式的互动促使学生更积极地参与口语练习，有效强化他们在实际交流中的语言运用能力。

视频工具的运用拓展了语言学习的维度。通过展示地道的语言环境，如日常生活场景、社交场合等，学生得以更好地理解语言文化背景。视频工具不仅可以使学生在视觉上更全面地体验外语的实际运用情境，还可以激发他们对语言文化的浓厚兴趣，促进了对语言的深层次理解。

语音和视频工具的组合应用能够提供更为综合的语言学习体验。学生不仅能够听到正确的发音，还能够通过观看相关场景的视频来学习实际语境中的用语和表达方式。这种综合性的学习方式有助于学生更全面地掌握语言，提高他们的听说能力，并培养其更为自然、地道的语言表达方式。

通过语音和视频工具，在线外语教学可以为学生提供更为真实、互动和综合的口语交流机会。这种教学模式不仅强化了学生的语言技能，还加深了他们对语言文化的认知，为全面提升其综合语言能力打下了坚实的基础。同时这样的教学方式也使学生更具信心和能力在真实语境中流利运用外语。

4. 在线语言测验和评估

在线外语教学的一大优势在于其便捷而高效的在线语言测验和评估机制。学生通过远程方式参与标准化的语言考试，同时教育者则通过在线测验和作业评估学生的听说读写能力。这一实时的评估机制不仅为学生提供了更灵活的评估方式，也为教育者提供了及时了解学生学习状况的工具。

学生能够通过远程方式参与标准化的语言考试，这为他们提供了更多机会获取语言证书和认证。无论是托福、雅思还是其他各类语言考试，学生都能够在全球范围内参与考试，不受地理位置的限制。这为学生提供了更广泛的学习机会，同时也为他们未来的学术和职业发展提供了更多的证明其语言能力的途径。

教育者可以通过在线测验和作业评估学生的"听说读写"能力，实现更全面、深入的学生表现评估。在线测验可以覆盖多个语言技能维度，从而更精准地了解学生在各方面的语言水平。这样的综合性评估有助于教育者更全面地认识学生的优势和不足，为个性化的教学和辅导提供有力支持。

实时的评估机制使得教育者能够及时发现学生在学习过程中出现的问题，并进行个性化的辅导。通过分析学生在测验和作业中的表现，教育者可以为每位学生量身定制更有针对性的学习计划。这种个性化的辅导不仅有助于弥补学生在语言技能上的不足，也可以提升学习效果。

在线外语教学通过方便快捷的在线语言测验和评估机制，为学生提供了更多学习机会，并为教育者提供了更为全面、及时的学生表现数据。这种实时的评估方式有助于学生更有针对性地调整学习策略，提升外语学习的效果，推动学生在语言技能学习方面取得更为全面的进步。

在线外语教学通过虚拟课堂、个性化学习路径、语音视频工具以及在线测验和评估等方面的具体应用，为学生提供了更为灵活、便捷、个性化的学习体验。这些创新的应用不仅提高了学习者的学习动机和效果，也拓展了外语教育的教学方式，促使学生可以更主动地参与到语言学习过程中。

第四节　人工智能在外语教学中的潜力与挑战

一、人工智能在外语教学中的发展潜力

（一）更智能的个性化学习体验

随着人工智能技术不断创新，未来的外语教学系统将迎来更为智能化的个性化学习体验的巨大进步。通过更先进的学习算法和数据分析，这些系统将能够更精准地分析每位学生的学习需求和学科水平，为每个学生量身定制更贴合其个体差异的学习路径。

在未来，教育系统将更加细致入微地了解学生的学习方式、兴趣爱好以及潜在难点，从而更全面地为他们提供个性化的学习建议。通过对学生学习历史的深度分析，系统能够精准识别弱点和优势，为学生提供更有针对性的教学内容和任务。这种个性化学习体验将有助于激发学生的学习兴趣，提升他们的学习动力。

通过引入更智能的学习算法，未来的教学系统将更好地适应学生的学习进程和变化。系统将能够及时调整教学策略，为学生提供更具挑战性和适应性的学习内容，从而更好地促使他们取得进步。这种动态调整能力使得学生能够以更高效的方式掌握外语技能。

未来外语教学系统的智能化和个性化将极大地提高学习的质量与效果，使得教育更加贴近学生的需求和实际情况，为每个学生提供更为定制化的学习体验。这将推动外语教育向更为灵活、智能和富有成效的方向发展。

（二）增强的语音识别和自然语言处理技术

在未来，人工智能技术将迎来更为深化和创新的发展，特别是在语音识别和自然语言处理领域。这将为外语教学带来革命性的变革，提供更出色、智能化的语言学习支持。

语音识别技术的提升将使得软件可以更加精准地分析学生的发音。未来的语音识别软件有望更准确地捕捉语音细节，进一步提高纠正学生发音错误

的准确性。这意味着学生将能够得到更为详细和个性化的语音建议，有助于他们改进口音和提高语音准确性。

自然语言处理技术的不断进步将为智能助手提供更灵活的理解和回应能力。未来的助手系统将更深入地理解学生的提问，并以更自然、流畅的方式进行交互。这种进步有助于提高学生的听说能力，使得学生能够更自信地进行口语表达和与虚拟助手进行对话。

在语音识别和自然语言处理的共同作用下，未来的外语学习体验将更加沉浸式和贴近实际语言使用的情境。学生将能够通过与系统进行更自然、交互性更强的对话，提高语言技能，并在实际交流中更加流利自如地表达自己。

未来人工智能技术的进步将使得语音识别和自然语言处理能力得到极大提升，为外语教学提供更为智能、个性化和高效的学习支持。这将对学生的语言学习过程产生积极的影响，促进他们更快、更有效地掌握外语技能。

（三）虚拟现实和增强现实的更广泛应用

未来，虚拟现实（VR）和增强现实（AR）技术在外语教学中的应用预计将进一步扩展，从而为学生提供更为全面、深入的语言学习体验。

虚拟现实技术的广泛应用将使学生能够沉浸于虚拟的语言环境中。通过使用 VR 设备，学生可以仿佛置身于真实的语言使用场景中，与虚拟角色互动，模拟实际生活中的语境。这样的沉浸式体验有助于学生更全面地理解语言的使用方式，提高他们的听说能力，并培养在真实交流中运用语言的信心。

增强现实技术将虚拟元素融入真实世界中，为学生提供更为具体的语言学习体验。通过 AR 应用，学生可以在实际环境中看到虚拟的语言标签、交互式元素或虚拟角色，使学习内容更具实际感。这种实时交互性质促进了学生更直观地与语言内容进行互动，激发了学习兴趣，提高了学习效果。

这些技术的应用有助于学生更灵活地运用所学语言。通过与虚拟环境互动，学生能够积累更多实际语言应用的经验，更好地适应各种语言环境和情境。

未来虚拟现实和增强现实技术的广泛应用将为外语教学注入更多活力，使学习过程更为生动有趣，同时促进了学生在实际语言运用中的能力提升。这一创新将推动外语教育朝着更为多元、互动和实践导向的方向发展。

（四）更强大的教学数据分析和预测能力

未来，人工智能在外语教学中的角色将更为强大，其分析和利用教学数据的能力将进一步提升，为学生和教师提供更全面的支持。

人工智能系统将通过更深度地学习算法和数据分析，更准确地了解每位学生的学习过程。通过对学生的学习历史、弱项和学科水平的深入分析，系统可以为每个学生提供更个性化、精准的学习建议。这将使学生能够更有针对性地解决学习难题，提升学习效果。

同时，教师可以充分利用人工智能的数据分析能力更好地把握学生群体的整体表现。通过系统提供的实时分析报告，教师能够了解学生的学习进展、常见错误和掌握的知识点。这使得教师能够更及时地调整教学策略，更具针对性地进行辅导和讲解，提升整体教学效果。

人工智能有望通过更复杂的数据模型和算法，为教育决策提供更深入的分析。教育机构可以利用这些数据来制订更有效的课程计划、个性化学习路径，以满足不同学生的需求。这有望推动整个教育系统向更灵活、个性化的方向发展。

未来人工智能在外语教学中将更加强大，通过深度分析和利用教学数据，为学生提供更个性化、精准的学习支持，同时帮助教师更好地调整教学策略，推动外语教学向更高效、个性化的方向迈进。

从整体来看，未来人工智能在外语教学中的前景非常广泛，预计将为学生提供更为智能、个性化和实用化的学习体验，从而推动外语教育迈向更高水平。

人工智能技术的不断进步将使外语教学系统更加智能化。通过更先进的学习算法和数据分析，系统将更准确地了解学生的学习需求和水平，为其提供更为智能化的学习路径。这有望使学生的学习过程更加个性化、更有针对性，从而提升学习效果。

个性化学习体验将更为突出。未来的教育系统将能够更细致入微地了解学生的学习方式、兴趣爱好和学科特长，为每个学生量身定制更符合其个体差异的学习内容和活动。这种个性化的学习体验有望激发学生的学习兴趣，提高学习动力。

实用性将成为未来外语教学的重要特点。通过引入更实用、真实场景的学习材料和模拟，学生将能够更好地将所学语言运用于实际交流中。这有助于培养学生的语言应用能力，使他们更自信地运用外语。

未来人工智能在外语教学中的发展将为学生提供更丰富、智能、实用的学习体验，同时为教育者提供更多有力的支持工具。这一发展趋势有望推动外语教育朝着更为创新、灵活和个性化的方向发展，使学生能够更好地应对现实生活中的语言需求。

二、人工智能在外语教学中面临的挑战

（一）个体差异和复杂性

学生在语言学习方面的差异确实是一个极具挑战性的领域，而人工智能系统在实现个性化学习方面可能面临多个方面的困难。

学习风格的多样性是一个挑战。每位学生都有独特的学习风格，有些人更善于视觉学习，而另一些人可能更倾向听觉学习。人工智能系统需要能够识别和适应这些差异，为学生提供符合其个体喜好和学习方式的教材与活动。这可能需要系统能够动态地调整教学内容，以满足不同学生的需求。

语感和学科水平的不同增加了个体差异的复杂性。有些学生天生对语言有着较好的语感，而另一些可能需要更多的时间和资源来掌握语言技能。人工智能系统需要能够根据学生的语感和学科水平提供更有针对性的支持，确保他们在学习中既不感到无聊又不感到过度挑战。

个性化学习需要考虑到学生的兴趣和目标。有些学生可能学习某种外语是为了实现特定的职业目标，而另一些可能纯粹出于兴趣。系统需要能够识别学生的个人兴趣，并将学习内容与他们的目标相匹配，以增强学习的动机和吸引力。

解决这些问题需要不断地改进人工智能系统的算法和模型，使其更为灵活和智能化。同时，教育者和开发者需要深入了解学习心理学和教育学，以更好地设计和实施个性化学习方案。综合而言，确保人工智能系统能够更好地适应学生的个体差异是学生在未来个性化语言学习中的重要发展方向。

（二）语言的多样性和演变

语言作为一个动态、不断演变的系统，存在着广泛的多样性和变化。在

语言学习领域，语言的不断演变要求人工智能系统具备高度灵活的更新机制。新的词汇、短语和语法规则的出现需要系统及时更新学习材料，以确保学生接触到最新、实用的语言知识。这可能需要系统能够自主学习和适应，紧跟语言的发展变化。

不同地区和社群使用的语言存在着巨大的差异。人工智能系统需要具备区域性和文化性的适应能力，能够识别和理解各种方言、口音和地方性语言的特点。这可能需要更复杂的自然语言处理技术，以确保系统在全球范围内都能够提供准确且贴切的语言学习支持。

为了维持系统的时效性和准确性，广泛的语料库是至关重要的。系统需要能够从不同地区、社群和语境中收集大量的语言数据，以更好地了解语言的使用情况和演变趋势。这对构建更为智能、反映实际语言使用情况的学习材料至关重要。

人工智能系统在语言学习领域的发展需要不断改进自然语言处理技术，建立广泛而精准的语料库，以应对语言的动态演变和多样性。这将确保学生在学习外语时能够获取到最为实用和现代的语言知识。

（三）技术隐私和安全问题

随着人工智能系统在教育中的应用日益增多，确保学生数据的隐私和安全成为一个至关重要的挑战。在这个领域，人工智能系统需要处理大量的学生学习数据，其中包含了丰富的个人信息。为了有效应对技术隐私和安全问题，需要采取一系列措施，教育机构和技术提供商应该建立强有力的隐私政策。这包括明确规定哪些学生数据将被收集，数据的使用目的，以及数据的存储和处理方式。隐私政策应当具备透明性，确保学生和其家长能够清晰了解系统如何处理他们的信息。

技术提供商需要采用高度安全的数据存储和传输措施。使用加密技术、安全套接层（SSL）协议以及其他安全手段，确保学生的个人信息在传输和存储过程中得到有效保护。同时，建议采取分级权限系统，以确保只有授权人员能够访问和处理敏感数据。强调合规性和法规遵从。教育机构和技术提供商需要遵循当地和国际的隐私法规，如欧洲的通用数据保护条例（GDPR）等。确保系统的设计和运作符合相关法规，以避免出现法律纠纷和面对处罚。

教育机构需要积极进行用户教育，让学生和家长了解他们的权利与责任，以及如何更好地保护自己的隐私。这包括提供途径，使用户能够随时访问、更正或删除他们的个人信息。

在技术隐私和安全方面的不断努力和创新将有助于建立一个安全、可信赖的学习环境，确保学生和其家长对人工智能系统的使用充满信心。

（四）技术依赖和可及性问题

确保人工智能在外语教学中的普及和平等获取，以及师资力量的培训和支持，是实现全面外语教育的重要因素。特别是在一些地区可能面临技术依赖和资源不足的情况下，需要采取综合性的措施以确保人工智能在教育领域的可持续发展。

解决技术依赖和资源不足的问题至关重要。这可以通过政府和教育机构的支持来实现，包括提供更多的技术设备、互联网接入和数字学习资源。确保学校和学生都能够平等地获得必要的技术支持，从而使人工智能在外语教学中的应用能够更广泛地普及。

师资力量的培训和支持是关键的。教育者需要具备足够的技术素养，了解如何有效地整合人工智能技术到教学中。培训计划可以包括如何使用特定的教育软件、如何解读学生的学习数据以优化教学，以及如何促进学生在人工智能辅助下更好地学习外语等方面的内容。

建立一个全面的支持体系是关键之一。这可能包括提供在线技术支持、定期的培训课程、分享最佳实践的平台等。教育机构和相关组织可以通过这些措施帮助教育者更好地应对人工智能技术的变革，并确保他们在使用新技术时能够取得最佳效果。

政策层面的支持是至关重要的。政府和教育部门需要制定合适的政策，促进人工智能技术在教育领域的普及，确保其可持续发展。这可能包括资金投入、政策引导、监管措施等多方面的政策支持。

通过综合考虑这些方面，可以更好地解决技术依赖和资源不足的问题，促使人工智能在外语教学中更全面、公平地发挥作用，为学生提供更多的学习机会和支持。

解决这些问题需要继续的技术创新、政策制定以及全球合作，以确保未来外语教学中人工智能的有效应用并最大限度地解决相关的问题。

第四章 外语教学的课堂管理与互动

第一节 课堂管理与外语教学

一、外语教学中课堂管理的重要性

（一）有利于学生行为规范的建立

1. 明确的行为期望和规则

教师在课堂管理中首要任务是制定明确的行为期望和规则。这涉及规定学生在课堂内应该表现出的尊重、合作、责任等行为准则。这些规则应当以明确而简明的方式呈现，确保学生能够清晰地理解和遵守。通过与学生共同参与制定规则的过程，教师不仅能够传达其对秩序遵守的期望，还能够建立起一种合作的氛围。

明确的规则有助于学生明白在教室中期望的行为标准是什么。例如，规定尊重他人意见、保持安静听课、主动参与讨论等规则，使学生清楚了解在课堂中应该如何行为。这为学生学习提供了明确的方向，帮助他们更好地融入学习氛围。

规则的制定应当注重简明性，避免使用复杂难懂的措辞。简明清晰的规则更容易被学生理解和记忆，有助于降低误解和出现纠纷的可能性。另外，明确简明的规则也更有助于学生形成良好的习惯，使其能够更自觉地遵守。通过与学生共同参与规则的制定过程，教师可以增强学生的参与感。学生在这一过程中有机会表达自己对良好学习环境的期望，使得规则更具有共同性和合理性。这样的参与感可以激发学生的责任感，使其更自觉地遵守规定的行为准则。

教师在课堂管理中通过制定明确的行为期望和规则，与学生共同建构秩序的框架，不仅提高了学生对规则的理解程度和遵守的积极性，还促进了学生对良好学习环境的共同建设。

2. 积极的激励和奖励体系

积极的激励和奖励体系对维护良好的课堂秩序与促进学生行为的良好表现起着至关重要的作用。教师在构建这一体系时，应明确奖励良好行为的方式，其中包括但不限于口头表扬、奖励小礼物或写有鼓励内容的信件。这样的正向激励不仅可以强化学生良好行为的积极性，还有助于形成一个充满正能量的学习氛围。

在日常教学中，教师可以及时、明确地表扬学生展现出的积极行为。通过公开表彰，学生会感受到被认可和鼓励，从而更愿意在课堂上遵守规定的行为准则。同时，小而及时的奖励，如一些小礼物或赞美的话语等，能够激发学生的主动性，使他们更加关注自己的行为表现。

教师可以通过设立奖励机制，将良好行为和学业表现联系起来。例如，将学生的积极参与、合作或其他优秀表现与一定的奖励相结合，这不仅可以激励学生的学业努力，也可以促使他们更加主动地遵守课堂规则。

通过建立积极的激励和奖励体系，教师能够创造一个正向循环、使学生更加乐于遵守的规则，形成积极向上的学习氛围。这样的体系不仅有助于提高学生的自我管理能力，也可以促进课堂的和谐与积极发展。

3. 一致和公正的执行

行为规范的制定是为了维持秩序、促进良好学习氛围，而一致和公正的执行则是确保规则能够真正发挥作用的重要保证。在面对违规行为时，教师应当保持一致性，确保对所有学生都采取公平公正的处理方式。这种一致性的执行有助于树立教师的威信，使学生更容易理解并接受制定的规则。

一致性规则的执行意味着对相似的违规行为，教师应采取相同的处理措施，不应受到学生个体差异的影响。这有助于建立规则的权威性，使学生认识到规则的公正性，进而增强他们对规则的遵守意愿。同时，学生在教师对规则的一致执行过程中能够感受到公正的原则，从而更容易理解教师的决策。

公正的执行体现在对学生的公正对待上。即使是相同的违规行为，对于学生的处理也应当考虑到个体差异，确保惩戒方式和程度是公正而合理的。这种个体差异的考虑能够更好地激发学生的自我反思和改进的动力，使其认识到规则是为了维护整个课堂共同利益而制定的。

一致和公正原则的执行是行为规范能够真正发挥作用的保障。通过这种执行方式，教师不仅可以维护课堂秩序，而且可以树立良好的教育形象，同时也可以培养学生的公正观念和自我约束能力。

（二）有利于维护教室秩序和学习氛围

1. 合理的教室布局和管理

在维护教室秩序和学习氛围时，教师需要特别关注教室的布局和管理，这将直接影响到学生的学习体验。

为了创造一个有利于学习的环境，教师在教室布局和管理方面需要做出精心的设计。合理的教室布局是为了激发学生的兴趣、促进集中注意力以及鼓励学生的积极参与。确保桌椅的摆放能够促进学生之间的互动和合作，为小组活动和讨论创造良好条件。同时教师还应确保有足够的教室通道，以便学生可以自由进出，这对教学活动的流畅进行至关重要。

教室内的物品和装饰是影响学习氛围的重要因素。物品和装饰应当符合学科特点，例如，语言学科可以展示语言地图、语法规则等，以激发学生对语言学习的兴趣。同时，避免过多的装饰物，以免分散学生注意力。创造一个清晰、整洁、有序的教室环境有助于学生更好地聚焦在学习任务上，从而提升学习效果。

教室的布局可以考虑灯光、温度等因素，以提供一个舒适的学习环境。同时保持教室整洁，并及时清理垃圾，确保设备的正常运行也是维护教室秩序的重要方面。

通过关注教室的布局和管理，教师可以为学生创造一个令人愉悦、有序且专注的学习环境。这有助于提高学生的学习兴趣和积极性，促进外语教学活动的有效进行。

2. 活跃的教学方法和引导

在外语教学中，活跃的教学方法和引导是创造积极学习氛围的关键。多元化、交互性的教学方法能够激发学生的兴趣和积极参与，使课堂更加生动有趣。采用小组讨论、角色扮演、语言游戏等形式，可以让学生在轻松的氛围中学习，提高他们对外语学习的投入感。

通过引导学生在课堂中提出问题、分享观点，教师可以激发学生的思辨和表达能力。这有助于培养学生主动学习的习惯，增加他们在学习中的参与度。同时，鼓励学生展示自己的语言技能，如通过口语表达、写作等方式，能够提高学生对语言学习的自信心，使他们更加愿意参与到课堂活动中。

及时的反馈和鼓励可以在维护学习氛围方面起到重要作用。教师通过给予学生正确的回馈，帮助他们纠正错误，同时及时表扬和鼓励优异表现，能够增强学生对学习的信心。这种正向的反馈机制不仅可以提高学生的学习动力，还能够促使他们更加专注和投入学习中。

通过采用多元化、交互性的教学方法，以及通过引导学生主动参与和提供及时的反馈与鼓励，教师可以有效地营造学习氛围，使外语教学更富有活力和成效。

（三）可以促进有效的沟通和互动

1. 清晰而简洁的语言运用

为确保学生准确理解教学内容，教师应始终注重使用清晰而简洁的语言。特别是对初学者来说，避免使用过于复杂或难以理解的词汇和句式是至关重要的。通过简单直接的表达方式，教师能够降低学生的理解难度，帮助他们更迅速地掌握课程知识。这种语言风格不仅有助于提高学生的学习效果，还可以培养他们对外语的自信心。教师的语言应当贴近学生的语言水平，并结合具体的教学内容进行简洁而明了的讲解。使用清晰明了的语言有助于学生更好地理解和记忆教学内容，提高学习效率。同时鼓励学生在与教师和同学的沟通过程中也采用简洁明了的表达方式，有助于培养他们的语言交际能力。

在语言实际运用方面，教师可以通过示范和实际练习引导学生运用简洁的语言进行表达。通过真实情境的模拟，学生将更容易理解和应用简洁的语言表达方式。同时教师还可以鼓励学生在语言交流中积极尝试简单的表达方式，从而逐渐提升他们的语言运用能力。通过持续关注语言表达的清晰度和简洁性，教师能够为学生提供更有效的语言学习环境，促进他们更好地理解和运用所学的外语知识。

2. 积极的互动和参与氛围

在外语教学中，营造积极的互动和参与氛围对学生的语言发展至关重要。教师在课堂上可以通过一系列有效手段激发学生学习的积极性。

提问是教师促进学生互动的重要方式。教师可以灵活运用提问技巧，引导学生思考和回答问题。通过精心设计的问题，教师不仅能够检查学生的理解水平，还能够激发他们表达的欲望。鼓励学生提出问题是培养他们主动学习意识的重要途径，同时也有助于构建良好的师生互动。讨论和小组活动是促进学生参与的有力手段。通过组织学生进行小组讨论，学生有机会在小组内进行积极的语言交流，分享观点和想法。这种合作学习的形式不仅能够增强学生的语言运用能力，还培养了团队合作和沟通的技能。

鼓励学生在课堂上表达观点并及时给予肯定性的回馈，是建立积极学习氛围的重要环节。教师的积极反馈能够增强学生的信心，使他们更愿意参与到语言学习中。通过赞扬学生的努力和进步，教师可以建立起一个充满鼓励和支持的学习环境，推动学生更积极地参与到外语学习中。通过组织角色扮演、语言游戏等实践活动，学生可以在真实语境中运用所学语言。这不仅有助于加深对语言知识的理解和记忆，还提供了一个实践的平台，让学生更自信地运用外语进行交流。通过提问、讨论、小组活动以及实践活动，教师可以在外语教学中营造积极的互动和参与氛围，促进学生更全面、更深入地发展其语言能力。

（四）个性化和差异化的教学策略

1.学生兴趣和学习风格的考虑

为了更好地满足学生的个性化学习需求，教师首先应当深入了解每个学生的兴趣爱好。通过了解学生的兴趣，教师可以更灵活地调整课程内容，使其更贴近学生的实际生活和兴趣所在。这样的个性化设计不仅能够提高学生对学习的兴趣和主动参与程度，还有助于打破单一教学模式，使学习更具趣味性。

同时，不同学生具有不同的学习风格，包括他们对信息的处理方式和掌握知识的偏好。有的学生倾向通过视觉方式学习，喜欢图表和图像；有的学生可能适应听觉学习，容易从讲解和听觉信息中获取知识；有的学生则通过实践活动更容易掌握知识。因此，为了适应不同学生的学习风格，教师应当采用多样化的教学方法。在教学中融入图表、讲解、实践活动等多种方式，以提供更全面的学习体验，满足学生多元化的学习偏好。

通过深入了解学生的兴趣爱好和学习风格，并采用多样化的教学方法，教师可以更好地实施个性化的教学策略，满足学生个体差异，提升学习效果。

这种个性化的教学模式有助于激发学生的学习兴趣，培养他们的学习动机，推动他们更积极地投入学习中。

2. 差异化的任务和支持

为了更好地满足学生在外语学习中的个体差异，差异化的教学策略应当充分考虑学生的语言水平和能力。对那些语言能力较强、学习进度较快的学生，教师可以设计出更具挑战性的任务，以激发他们在语言深度思考和创造性运用方面的潜力，包括更复杂的语法结构、更丰富的词汇以及更高级的语言技能训练。通过给这些学生布置更高水平的任务，可以帮助他们更全面地掌握外语知识，同时提高其对外语学科的兴趣。对语言学习进度较慢的学生，教师应当提供更为详细的解释和额外的辅导，确保他们能够理解和掌握基础知识，包括更多的语言实例、个别辅导或采用更直观的语言教学方法。通过差异化的支持，教师可以更好地帮助这些学生逐步提高语言水平，确保他们在语言学习过程中不会感到过度挫败，并提高自己的外语能力。

通过在外语教学中实施差异化教学策略，教师能够更好地照顾到每位学生的个体差异，确保他们在适应自己的学习进度的同时取得良好的学习效果。这种关注学生个体差异的方法有助于营造出积极的学习环境，激发学生对外语学习的积极性和主动性。

二、外语教学中课堂管理的具体内容

（一）规划明确的教学目标

在外语学习中，确立清晰的教学目标是课堂管理的关键。教师在课程开始前应当精心规划明确的学习目标，并向学生清晰传达这些目标。这一步骤对学生理解课程的关键内容、期望学到的技能以及课程的整体框架至关重要。通过明确目标，学生能够更好地理解课程的重点，提高其学习动机，积极参与到语言学习活动中。

明确的教学目标对教师在课堂中的组织和引导起到了重要作用。具体的目标能够帮助教师更有针对性地选择教学内容、设计教学活动，并在教学过程中保持整体的教学连贯性。教师可以根据目标合理安排教学进度，确保学生在规定时间内达到预期的语言水平和能力。

明确的教学目标对学生在学习过程中的自我评估和反馈是至关重要的。学生通过明确的目标可以清晰地了解自己的学习进度，并更有针对性地进行自我评估。这种自我监控和反馈有助于学生形成自主学习的意识，提高他们对于学习目标的实现有更明确的认知。

在外语学习中，通过制定明确的教学目标，教师能够更好地引导学生，促使其更有目标地投入学习，同时也为教学过程的有序管理提供了重要支持。这种注重目标的教学方式使得教学过程更加有针对性、高效，并为学生的外语学习提供了清晰的方向。

（二）有效的时间管理

在外语教学中，时间管理的重要性不仅体现在教学进程的流畅性，更直接关系到学生在有限时间内获取更多语言知识和技能。

时间是外语学习中宝贵的资源，因此教师在制订课堂计划时需要更加关注学习任务的优先级和时长。合理分配时间，确保每个教学环节都有足够的时间进行，是确保学生充分吸收语言知识和练习语言技能的重要一环。在语言学习中，特别需要留出时间给学生进行口语、听力、阅读和写作等多个方面的练习，以提高他们的全面语言能力。

有效的时间管理不仅关乎教师个体，也直接关系到整个课程学习的效果。通过科学合理地规划每个环节学习的时间，教师可以确保学习进度的顺利推进，避免出现过于仓促或拖沓的情况。在外语学习中，尤其需要给学生足够的时间来积累词汇、理解语法规则，并进行实际应用，这样才能够使学生学习在有限的学时内取得更显著的进展。

为了确保时间的充分利用，教师可以借助现代技术提供的时间管理工具。定时器、计时器、提醒软件等工具能够帮助教师精确掌控每个环节的时间，并提高时间利用效率。通过在学习任务中嵌入时间紧迫感，如设定倒计时或时间限制的任务，可以鼓励学生更高效地进行学习，增强他们的紧迫感和集中注意力的能力。

在外语学习的过程中，每一个学时都是宝贵的学习机会。因此，教师需要时刻关注时间管理，确保每个环节都得到充分的利用，以促进学生在外语学习中更加高效地提升其语言技能。这样的时间管理不仅可以提高课堂效率，也能够让学生更好地适应外语学习的要求，进而更全面地掌握目标语言。

（三）积极的课堂互动

课堂互动在外语学习中扮演着至关重要的角色，不仅能够激发学生的学习兴趣，还能够有效提高其语言运用能力。在外语学习的课堂中，课堂互动被视为促使学生积极参与、主动运用所学语言的重要手段。教师可以通过多种方式引导学生参与互动，其中包括鼓励他们提出问题、参与小组讨论，以及通过语言游戏等方式使学习过程变得更具趣味性和参与度。

鼓励学生提问是课堂互动的一种重要形式。通过在学习过程中提出问题，学生不仅能够更深入地理解知识点，还能够锻炼语言表达能力。教师可以通过回答问题或提出更深层次的引导性问题，引导学生展开思考和讨论，从而培养他们的批判性思维和分析能力。小组讨论是另一种促进学生互动的方式。通过组织小组活动，学生有机会在小组中交流、分享观点，并共同解决问题。这种合作性的学习方式不仅能够促进语言实践，还有助于培养学生的团队合作精神，增强他们在集体中的交流和协作能力。

语言游戏是一种趣味性强、能够激发学生积极性的课堂互动方式。通过有趣的语言游戏，学生可以在轻松的氛围中运用所学语言，增加课堂的活跃度。这不仅使学习过程更加愉快，还能够加深学生对语言规则和用法的理解。

在进行课堂互动时，教师需要注重平衡，确保每个学生都有机会参与。避免出现过分主导或排除的情况，鼓励每个学生都能够分享自己的见解和经验。这种平衡有助于建立和谐的学习氛围，激发学生更积极地运用外语，从而更好地实现语言学习的目标。

（四）灵活的教学策略

在外语学习中，教师的灵活运用不同教学策略是确保课堂有效的关键。学生的学习风格、水平和兴趣差异巨大，因此教师需要具备灵活性，根据实际情况调整教学方法，以满足不同学生的个性化需求。

一种重要的灵活教学策略是根据学生的学习风格和能力水平选择不同的教学方法。某些学生可能更适应视觉化学习，而另一些则更喜欢通过听力方式来掌握语言。教师可以通过多元化的教学手段，如图像、音频、互动游戏等，来满足不同学生的学习方式，提高他们的学习兴趣和动机。

灵活的教学策略需要对课堂出现的突发状况做出适应性反应。在教学过程中可能会遇到学生提出的问题、出现的技术故障或者其他未预料到的情况。教师需要具备快速反应的能力,灵活地调整教学计划,以确保教学过程的顺利进行。这包括调整教学内容、时间安排或者采用不同的教学方法,以满足学生和课堂环境的实际需求。

在外语学习中,教师的灵活性表现在对学生兴趣的把握上。通过了解学生的兴趣爱好,教师可以更有针对性地设计教学活动,使学生更容易投入学习。例如,将学习内容与学生关心的话题结合,引入相关的文化元素,可以激发学生的学习兴趣,提升学习效果。

在外语教学中,教师灵活运用不同教学策略是确保个性化、有效教学的关键。通过灵活应对不同学生的需求、学习风格和出现的突发状况,教师可以更好地满足学生的学习需求,提升教学效果。

第二节 学生参与与互动策略

一、学生参与外语教学的特点

(一)多样性和个体差异

在外语学习中,学生表现出多样性的学习风格、学科背景、兴趣和水平。每位学生都是独特的个体,对教学方法和活动的反应都会呈现出个体差异。这种差异性是外语教学中需要教师灵活应对的重要因素。

学生的学习风格主要包括视觉型、听觉型、动手型等,因此,教师需要采用多元化的教学方法,以满足不同学生的个体学习喜好。对喜欢视觉学习的学生,教师可以使用图表、图像等多媒体教材;对喜欢动手实践的学生,引入实践活动和角色扮演等方式可能更为有效。

学生的学科背景各异,有些学生可能已经具备相关语言知识,而另一些可能是初学者。因此,教师需要根据学生的语言水平差异制订灵活的教学计划,为每个学生提供个性化的学习体验。

兴趣是激发学生学习动力的重要因素。教师可以通过将语言学习与学生感兴趣的主题和活动结合,激发他们的学习兴趣。例如,通过引入与学生关心的话题相关的文化元素，可以增加学生对学习的投入和积极性。同时学生的语言水平差异也是外语教学中常见的挑战。一些学生可能已经具备较高的语言水平，而另一些可能需要更多的基础知识。因此，教师需要根据学生的水平制订差异化的教学计划，以确保每个学生都能够在适当难度的情境中取得进步。

学生在外语学习中呈现出的多样性是外语教育的一大特点。通过认识和理解学生的差异，教师可以采用差异化教学策略，能够更好地满足每位学生的学习需求，提升教学效果。

（二）语言能力水平不同

学生在外语水平上的差异是常见的现象，因为每个学生在学习外语方面都有独特的起点和学习历程。针对这种差异，教师需要采用差异化教学策略，以更好地满足不同学生的需求，促使他们在外语学习中取得更加积极和有效的成果。

差异化教学可以通过制订个性化的学习计划实现。对初学者来说，教师可以设计基础性强的教学内容，注重基本词汇和简单语法的介绍。对那些已经具有一定语言基础的学生，则可以提供更具挑战性的学习任务，包括更复杂的语法结构、扩展的词汇量以及更高层次的语言运用。

教师可以采用不同的教学方法和资源。对初学者来说，可以使用更生动有趣、图像直观的教材和多媒体资源，以激发他们的学习兴趣。对有一定语言基础的学生来说，可以引入更多真实语境的素材，如新闻报道、电影片段，以提高他们的实际应用能力。

不同水平的学生可以分别进行小组或个别辅导。在小组学习中，初学者可以受益于与具有一定语言水平的同学互动，从中获得模仿和学习的机会。有一定基础的学生可以通过更深入的讨论和挑战性的任务进一步提高语言水平。

教师可以采用不同层次的评估方式，以更全面地了解学生的学习进展。对初学者来说，可以注重基础知识的掌握和简单任务的完成；对有基础的学生来说，则可以设定更高难度的考核项目，考察他们在更复杂语境下的语言应用能力。

差异化教学在外语学习中是一种非常有效的策略，能够确保每个学生都能够在适合自己水平的学习环境中获得发展。这样的教学方式有助于激发学生的学习热情，提升他们的学习效果，并使整个课程更加多元化和包容性。

（三）情感因素

学生的情感状态在外语学习中扮演着至关重要的角色。兴趣、动机、自信心等情感因素将直接影响着学生对外语学习的投入和最终学习成效。为确保学生积极参与，教师需要关注并激发学生的学习兴趣，同时建立积极的学习氛围。

教师应该关注学生的兴趣点，通过将课程内容与学生感兴趣的主题和领域联系起来，激发他们的学习兴趣。引入与他们生活、爱好或未来职业相关的语境，能够增加学生对学习内容的关注度，增强其学习动机。

动机是学生学习外语的重要驱动力。教师可以通过设立明确的学习目标，让学生认识到外语学习的实际应用和重要性，从而增强他们的学习动机。激发学生的内在动机，使他们认识到学习外语对其发展和实现目标的重要性，将有助于培养学生学习的主动性。

建立积极的学习氛围是至关重要的。教师可以通过鼓励学生分享自己的学习体验、提供正面的反馈、营造轻松愉快的学习环境等方式，促进学生与语言学习建立积极的情感联系。积极的学习氛围能够降低学习焦虑感，增强学生对学习的信心，从而更有助于他们的语言习得过程。

在外语学习中，教师需要充分认识到学生的情感因素对学习的深刻影响。通过关注学生的兴趣、激发学习动机，以及营造积极的学习氛围，教师可以更好地调动学生学习的积极性，提升他们的学习效果。

（四）社交互动

学生在外语教学中需要积极参与语言交流和互动，因为这是提高口语和听力技能的关键。为了营造积极的学习环境，教师应该鼓励学生与教师和同学之间展开多层次的互动，以促进他们在外语学习中更全面的发展。

教师可以通过设计课堂活动，鼓励学生在语言交流中发表自己的观点和想法。这可以通过小组讨论、角色扮演、辩论等形式实现。这样的互动不仅能够激发学生的主动性，还能够锻炼他们的口语表达能力，提高他们在真实语境中的语言应用水平。

创建一个鼓励学生提问和回答问题的环境是非常重要的。教师可以在课堂上鼓励学生随时提问，解答疑惑，同时也鼓励学生回答彼此的问题。这种互动促进了学生对课程内容的更深入理解，并在语言上提高了他们的表达能力。

教师可以通过语言游戏和角色扮演等趣味性的活动激发学生的参与。这些活动既能够在轻松的氛围中进行，又能够培养学生的语言技能。例如，模拟实际情境中的对话，让学生在扮演不同的角色中运用所学语言，从而提高他们的口语交际能力。

利用现代技术手段，如在线讨论平台、语音交流工具等，能够促进学生之间和学生与教师之间的互动。通过这些工具，学生可以更灵活地进行语言交流，拓展交流的场景，使其学习更贴近实际生活。

在这样积极的教学环境中，学生将更愿意参与到语言学习中，不仅提高了口语和听力技能，还培养了他们的跨文化沟通意识。这样的互动体验不仅让学生可以更自信地运用外语，也可以使他们更好地理解和融入目标语言所代表的文化。

（五）文化感知

外语学习常常是一项涉及多元文化的过程，学生在这个过程中需要培养对目标语言文化的敏感性，以深刻理解语言与文化之间的密切联系。这一理解不仅仅有助于提高语言运用的地道性，也拓展了学生的国际视野和提高其文化素养。

学生在外语语言的同时可以了解到目标语言国家的历史、传统、价值观以及社会习俗。教师可以通过引入丰富的文化元素，如文学作品、电影、音乐等，让学生深入了解目标文化的方方面面。这种综合性的学习使学生在语言运用时更具深度和广度。

文化的理解有助于学生更好地融入目标语言社区。通过学习目标语言文化，学生能够更好地理解和尊重当地人的习惯与行为规范，从而在实际交流中更加得心应手。这种文化敏感性有助于学生在跨文化交流中避免出现误解，提升交际效果。

文化的融入为学生提供了更丰富的学习体验。通过参与文化活动、模拟文化场景，学生可以更直观地感受到语言和文化的交融，从而更深刻地理解语言的实际运用。这种体验式的学习方式不仅增强了学生的学习兴趣，也使他们更加乐于在学习中投入精力。

在外语学习中，培养学生对目标语言文化的敏感性是至关重要的。这不仅有助于增加语言运用的地道性和流利度，还能够拓展学生的国际视野，培养他们更全面的跨文化交际能力。通过将语言与文化相结合，外语学习将变得更加丰富有趣，同时也更贴近实际应用。

二、外语教学中的互动方式

（一）听说法

通过听力理解和口语表达，教师可以创造模拟真实语境的学习环境，让学生在实际交流中获得丰富的语言实践，包括多种教学方法，如听力练习、口语对话和角色扮演等。通过这些活动，学生能够更全面地感知和理解目标语言，并在真实的交际情境中应用所学知识。

在听力练习中，学生接触不同口音、语速和语境的语音材料，提高他们对语音和语调的敏感度。这有助于培养学生在实际生活中更好地理解和应对各种语音变化的能力。

口语对话活动使学生在轻松的氛围中与同学互动，通过实际对话增加口语表达的流利度和准确性。教师可以设计各种话题，以激发学生表达自己观点和想法的兴趣。

角色扮演是一个有趣而有效的教学方式，让学生在模拟的情境中运用语言，增强他们在真实交流中的应变能力。通过扮演不同的角色，学生可以更深入地理解语言在特定情境中的运用，同时培养他们在沟通中的自信心。通过听说法的教学方式，学生不仅能够提高听力和口语水平，也能在实际交际中更自如地运用所学语言，增强其语言的实际应用能力。

（二）读写法

通过阅读和写作，教师可以更加有针对性地培养学生的阅读理解和书面表达能力，使其在语言学习中更全面地发展。这一方法包括多种教学活动，如阅读文章、写作练习以及翻译等，着重培养学生对语言书面表达和文字理解的深层次理解能力。

阅读文章的活动有助于学生通过阅读不同类型的文本，扩大他们的词汇量、理解能力和文化视野。通过选择多样性的文章，教师可以提供丰富的语境，促使学生运用所学知识进行阅读理解。

写作练习是培养学生书面表达能力的重要手段。通过写作，学生能够巩固语法知识、提高词汇运用水平，同时培养其逻辑思维和组织表达的能力。教师可以设计各种写作任务，涵盖不同文体和主题，以激发学生的创造性思维。

翻译作为一种综合性的语言活动，可以帮助学生在两种语言之间建立联系，提高他们对语言结构和表达方式的敏感度。通过翻译练习，学生能够更深入地理解语言的差异和相似之处，培养其跨文化交流的能力。通过阅读和写作法的教学方式，学生在语言学习中将提高其更具深度的理解和更高水平的书面表达能力，为他们更广泛地运用所学语言打下坚实基础。

（三）直观法

强调直接用目标语言进行教学，避免对母语的过度依赖是一种强调实践性和直观性的教学方法。这种方法通过多种手段，如图片、实物、情景模拟等，直观地展示语言，旨在提高学生的语感和理解能力。使用目标语言直接进行教学可以创造一种沉浸式学习环境，使学生更容易适应目标语言的语音、语调和表达方式。这种方式强调在学习过程中尽可能减少对母语的依赖，促使学生在使用目标语言时更为自信和自如。

借助图片、实物以及情景模拟等教学资源，学生能够在具体而真实的场景中直观地感知和理解语言。通过观察、互动和模仿，学生能够更深入地理解词汇和语法结构，培养其对语言的直观感知和理解能力。

情景模拟是这种教学方法中的一个重要元素，通过模拟真实生活中的场景，学生能够在语言运用中更好地理解并适应不同情境。这种亲身体验有助于提高学生的语境意识，使他们在实际交流中更具信心。

这种直接教学方法注重通过感知和体验来促进语言的学习，为学生提供更为实际和直观的语言输入方式，从而加速他们的语言习得进程。

（四）交际法

注重学生在真实交际中运用语言的能力，强调语境和语用是一种重视实际应用的教学方法。通过活动如角色扮演、小组讨论、情景模拟等，教师旨在培养学生的交际技能和实际应用能力，使其更加自信和熟练地运用目标语言。

角色扮演是这一教学方法中的重要环节。通过模拟真实场景，学生被赋予不同的角色，促使他们在特定语境中灵活运用语言。这种活动有助于培养学生在实际情境中进行有效交流的能力，提高他们的口语表达水平。

小组讨论是另一种强调语境和语用的互动方式。学生在小组中分享观点、讨论问题，通过与同学的交流，不仅提高了语言表达的能力，还促进了思维的碰撞与深化。这有助于培养学生在团队协作中运用语言的技能。

情景模拟是通过模拟真实生活情境来激发学生运用语言的能力。通过这种方式，学生能够在模拟的情境中更为贴近实际地运用所学语言，提高他们在真实生活中应对不同情境的能力。

这种教学方法通过强调语境和语用，使学生更好地理解语言的实际运用，培养他们在真实交际中更为熟练和自信的能力。这样的学习环境有助于学生更好地应对各种语境，提高他们的语言综合素养。

第三节　跨文化沟通与教室文化

一、跨文化沟通

（一）对文化差异的认知和理解

1.意识到文化多样性

个体需要深刻认识到世界上存在着丰富多彩的文化，每一种文化都蕴含着独特的价值观、习俗、信仰和行为规范。这种认识是跨文化沟通的基础，有助于个体超越狭隘的单一视角，拓展自己的认知边界，从而更好地接受并尊重不同文化的存在。

通过深入学习和积极参与不同文化的实际交流，个体能够更全面地了解各种文化的独特之处。这种学习过程包括对语言、艺术、历史、宗教等方面的深入研究，以及通过亲身体验参与文化活动、参访不同地区等方式。这样的学习过程有助于个体拓宽自己的视野，认识到文化的多元性是社会的丰富之一。

通过与不同文化的人交往，个体能够更加亲身感受文化的多元性。这种亲身接触有助于消除个体对陌生文化的误解和刻板印象，促使其可以更加敏感地理解不同文化的核心价值观和行为准则。通过接触和学习，个体能够更主动地去探索并体验文化的精髓，从而更好地适应跨文化环境。

因此，通过对多种文化的深入了解和积极参与，个体能够树立一种更为包容和开放的心态，进而在跨文化交流中更加成功地展现出尊重和理解。这样的意识有助于双方可以建立积极的跨文化沟通态度，促使个体更好地融入多元化的全球社会。

2. 深入理解文化差异的具体内容

除了意识到文化的多样性，个体还需进一步深入理解不同文化之间的具体差异，其中包括但不限于语言、礼仪、沟通风格、时间观念以及社会结构等方面的差异。通过深入的学习和实际体验，个体能够更全面地把握不同文化的核心价值观和行为模式，从而更好地适应并理解跨文化环境。

这种深入理解对个体避免形成刻板印象和误解至关重要，因为它有助于个体提高其在跨文化交流中的敏感性。深入了解文化之间的差异不仅为个体提供了更为准确的视角，还为建立真正的跨文化关系奠定了坚实的基础。通过认识到不同文化所持有的核心价值观，个体可以更加灵活地调整自己的行为方式，以更好地与他人建立联系和合作。

在全球化的今天，跨文化交流变得愈发频繁，因此培养对不同文化的深刻理解成为一项重要的能力。这种深度理解不仅使个体更具包容性和开放性，还有助于促进文化之间的相互尊重和合作。通过主动学习和积极参与跨文化体验，个体能够更好地融入多元化的社会环境，为构建和谐的国际社会做出积极的贡献。

（二）可以培养跨文化的敏感性

跨文化沟通需要着重培养个体的跨文化敏感性，这是对不同文化背景的人的敏感程度，包括对非语言沟通、表达方式、沟通风格等方面的敏感性。通过培养这种敏感性，个体能更加精细地感知并理解不同文化之间的细微差异，从而更有效地应对和参与跨文化交往。

非语言沟通在跨文化环境中扮演着重要的角色，因为不同文化可能对非语言信号赋予不同的含义。培养对非语言沟通的敏感性包括对肢体语言、面部表情、眼神交流等方面的细微变化进行观察和理解。这有助于个体更准确地解读他人的情感和意图，避免出现因文化差异而产生的误解。

表达方式和沟通风格的敏感性是跨文化沟通中的重要要素。不同文化可能对表达观点、提出建议、表达感情等有着不同的偏好。培养跨文化敏感性可以使个体能够意识到这些差异，灵活调整自己的表达方式，以更好地适应和理解不同文化背景的人。

通过意识到不同文化之间的差异，个体能够更好地调整自己的行为，建立更有效的沟通方式。这种敏感性的培养有助于建立互信和尊重，打破文化隔阂，使个体更加顺利地在跨文化环境中进行交往和合作。因此，跨文化敏感性是跨文化沟通中不可或缺的一项重要素质。

（三）具有适应性和灵活性

跨文化沟通要求个体具备适应不同文化环境的能力。这涵盖了在各种文化场景中调整自己的行为和沟通方式，以确保与他人实现有效交流。在这个过程中，灵活性成为在不同文化中适应变化并应对挑战的重要素质。

灵活性不仅仅意味着个体的行为和沟通方式的可调整性，还包括对其文化差异的敏感性和理解。个体需要具备审慎的观察力，以感知不同文化之间的细微差异，并能够在交往中做出适当的反应。这种灵活性还涉及对不同文化背景下的价值观和信仰系统的尊重，以避免产生误解或冲突。

在跨文化沟通中，个体需要展现出开放心态和学习欲望，愿意主动了解并接受不同文化的观念和方式。这种学习态度有助于打破文化隔阂，促进相互理解与合作。同时个体还应具备处理文化冲突的能力，通过提高有效沟通和解决问题的技能，推动良好的人际关系和合作。

适应不同文化环境需要个体具备多方面的能力，包括行为的调整、文化差异的敏感性、开放心态和解决文化冲突的能力。这些素质共同构成了进行跨文化沟通的基础，使个体能够在多元化的社会中更加顺利地交流与合作。

（四）文化冲突的解决和协商技能

1. 善于倾听

倾听在解决文化冲突中具有根本性的作用。展现积极的倾听态度是个体处理文化冲突的关键，这要求个体不仅仅是听取对方的言辞，更是在心态上愿意真正了解对方的观点和感受。通过深入倾听，可以更全面地把握对方的需求和期望，从而有效减少误解和不适应引发的冲突。个体需要保持专注，全神贯注地倾听对方的表达。这意味着避免中途打断对方，集中注意力，确保能够准确地捕捉对方所表达的核心信息。在倾听的过程中，了解对方的文化背景、价值观和语境是至关重要的。这有助于更好地理解对方的观点，并避免基于自身文化偏见的误解。通过提问和澄清，个体可以主动获取更多信息，确保对对方意思的理解准确无误。积极的提问有助于拉近双方之间的距离，促进双方更深层次的沟通。同理心是理解对方感受和观点的关键。个体需要通过展示同理心，表达对对方情感的理解和共鸣，以建立互信和提供共同体验。

2. 尊重差异

尊重差异是处理文化冲突的不可或缺的原则。在跨文化交往中，个体需要深刻理解并尊重不同文化的观念、习惯和价值观，避免以自己的文化标准来评判他人。这种尊重差异的态度有助于建立一种积极的沟通氛围，降低出现冲突的可能性，促进相互理解和合作。

尊重差异并非简单地接受文化差异的存在，而是在接触其他文化时表现出的一种开放、包容和包容的态度。这意味着个体愿意主动学习，去了解并尊重他人的文化特征，包括语言、风俗习惯、宗教信仰等。通过理解和尊重这些差异，个体能够更好地适应多元文化环境，并在交流中避免出现误解和冲突。

尊重差异不仅表现在个体的言行举止上，更涉及其在冲突出现时保持冷静、耐心，以及以包容的心态去解决问题。个体需要学会倾听并理解他人的观点，不急于下结论或强加自己的看法。这种尊重差异的行为能够在个体文化差异引发潜在冲突的时候，化解紧张局势，提出建设性的解决方案。

尊重差异是促进跨文化交流和合作的重要因素。通过树立尊重差异的意识和实践，个体能够在多元文化社会中建立起良好的人际关系，减少冲突的发生，推动不同文化之间的相互融合和共赢。

3.寻求共同点

在处理文化冲突时，个体需要积极寻求共同点，即在不同文化之间找到共通之处。这是一项至关重要的策略，旨在建立共鸣，促进理解与融合，从而有效地减缓冲突的紧张程度，有助于双方更好地达成一致。个体可以着眼于不同文化之间可能存在的共同价值观。通过识别和强调共享的核心价值，可以拉近双方的距离，形成共鸣，有助于缓解文化冲突。寻找在特定情境下共同的目标和利益，有助于双方达成一致。这可能涉及在合作项目中追求相同的目标，共同推动某项议程，或者分享相似的期望和愿景。如果存在共同的经验或历史，个体就可以利用这些共鸣点来加强对不同文化之间的理解。通过讨论和共享经历，合作双方可以建立情感连接，降低冲突的敏感度。

4.适时调整沟通策略

了解不同文化对沟通方式的偏好是至关重要的，个体需要具备灵活调整沟通策略的能力。这涉及多个方面，包括语言选择、表达方式、沟通的节奏和风格等，以确保双方都能理解和接收信息，从而促进有效的跨文化交流。

在语言选择方面，个体需要敏感地考虑对方的语言偏好，并在可能的情况下，选择对方更为熟悉和舒适的语言进行沟通。这可能涉及多语言能力的运用，或者在非母语交流中使用简明清晰的表达方式，避免使用过于复杂或具有文化特殊性的词汇。

个体应该关注表达方式的差异。有些文化更注重直接而清晰的表达，而另一些可能更倾向含蓄和间接的沟通方式。了解并尊重对方的文化沟通风格，有助于建立良好的沟通氛围，减少误解的发生。

沟通的节奏和风格是需要调整的方面。有些文化可能更注重快速直接的沟通，而另一些则更倾向慢节奏、富有仪式感的交流方式。在跨文化沟通中，个体需要灵活变通，适应不同文化的节奏和风格，以确保信息传递的顺畅和有效。

灵活调整沟通策略是顺利进行跨文化交流的关键。个体通过理解并尊重不同文化的沟通方式，能够更好地适应多元文化环境，提升沟通的效果，加强不同文化之间的理解和合作。

二、教室文化

（一）促进师生之间的关系与互动

教室文化涉及师生之间的关系和互动方式，构建了教育环境的核心动态。在这一层面，包括教师与学生之间的沟通、尊重和信任，以及师生之间的互助合作，形塑了积极而有益的学习氛围，激发了学生的学习兴趣和动力。

在积极的师生关系中，沟通是一项重要的元素。有效的沟通可以建立在开放、透明的基础上，使教师能够清晰地传达知识和期望，同时也提供了学生表达想法和提问的空间。这种双向的沟通促进了信息的交流，有助于促进师生之间更深层次的理解。彼此尊重是建立积极师生关系的基础。教师对学生的尊重体现在对他们个体差异、思想观点的认可，而学生也应对教师的知识、经验和教导表示尊重。通过尊重建立的关系，使教室中的人际互动更具合作性，有助于个体冲破阻碍学习的障碍。

信任是一个强大的纽带，将教师和学生联系在一起。在信任的基础上，学生愿意接受教师的指导和建议，而教师也更愿意支持和引导学生的成长。这种信任关系不仅培养了学生对教育过程的主动投入，也为学生提供了更多学习的机会。

师生之间的互助合作是积极的师生关系的体现。教师和学生之间的互相支持和合作不仅有助于解决学习问题，还培养了学生的合作精神和团队意识。这种互助关系为教室文化注入了合作与共享的精神，营造了共同成长的氛围。

积极的师生关系是教室文化中至关重要的组成部分，对创造鼓舞人心的学习氛围、激发学生学习兴趣和动力具有深远的影响。通过建立开放、尊重、信任和合作的关系，教育者能够更好地引导学生实现全面的发展。

（二）良好的学习氛围与教学方式

教室文化的体现在学习氛围中，涵盖了学生对知识的态度、学习积极性以及教学方式等多个方面。一种积极的教室文化具有激励学生积极参与、勇于探索的特质，并倡导采用多样化的教学方法，以满足不同学生的学习需求。

学生对知识的态度在教室文化中起着重要作用。积极的教室文化通过鼓励学生对知识学习的好奇心和热情，塑造了学生对学习的积极态度，包括对新知识的敏感度、对深入学习的愿望以及对挑战性问题的勇于面对。这种积极的态度有助于营造富有探索精神的学习氛围。

教室文化涉及学习积极性的培养。积极的教室文化通过激发学生的学习动力，使其更加主动地参与学习过程。这可能包括设立有挑战性的学习目标、提供实际应用的案例分析，以及鼓励学生在课堂上分享自己的见解和经验。通过培养学生的学习积极性，学习变得更加生动有趣，学生更容易保持专注和投入学习。

积极的教室文化倡导多样化的教学方法，以满足不同学生的学习需求。这意味着教育者不仅要关注学科知识的传授，还要考虑到学生的个体差异。采用多元化的教学方式，如小组合作、项目驱动、实践性教学等，有助于满足学生不同的学习风格和能力水平，使每个学生都能够在教育过程中找到适合自己的学习路径。

一种积极的教室文化通过引导学生对知识的积极态度、激发学习积极性，以及采用多样化的教学方法，为学生提供了更丰富、更具有启发性的学习环境。这种文化不仅有助于学生的全面发展，也为教育者创造了更具活力和创新性的教学场景。

（三）塑造价值观念与规范

教室文化的塑造在教育环境中扮演着引导师生共同行为和价值观念的重要角色。它不仅涉及对知识、合作与竞争、创新等方面的重视，还包括形成共享的认知框架，引导师生在教育过程中共同追求目标。这一过程有助于创造积极向上、共同理解的教室氛围。

教室文化通过对知识的重视，强调了学习的核心价值。这体现在教育者和学生对知识的认可和尊重上。共享的价值观使得知识不仅仅是一种学科的传授，更是激发思维、培养批判性思维和解决问题的工具。对知识的共同重视有助于形成学习的中心，为师生提供共同的目标，推动整个教育过程的深入进行。

教室文化关注合作与竞争的看法，塑造了协作性和共同发展的氛围。价值观的共享使得合作不仅仅是一种教育策略，更是一种推动师生互动的理念。师生之间的合作不仅强调知识的分享，还注重学习共同学习和解决问题的过程。这样的共享观念促使学生在合作中培养团队合作精神，形成积极的学习社群。

教室文化对创新的态度反映了学生对新思想和新方法的开放态度。通过共享对创新的重视，教室文化鼓励学生在思考和解决问题时采用创新性的思维方式。这种价值观的共同认同有助于营造鼓励尝试和探索的氛围，使教室成为一个激发创意和独立思考的空间。

综合而言，教室文化的价值观和行为规范的形塑不仅影响了教育者和学生对教育活动的态度，也为他们提供了一个共同的认知框架，引导他们在教育过程中共同追求目标。这样的文化有助于塑造积极的学习氛围，推动师生之间更加紧密的互动，促使学生更全面、积极地参与学习。

（四）鼓励学生参与与个体发展

积极的教室文化是一个促使学生积极参与和个体发展的重要环境。在这样的文化中，教育者致力于创造一个鼓励学习和合作的氛围，使每个学生都感到受到尊重和支持。

学生的参与被视为教室文化的核心元素。这并不仅仅是指表面上的回答问题或参与小组活动，更是鼓励学生主动思考、提出问题，并展示他们的独特见解的过程。通过积极参与，学生能够深入理解学科知识，培养批判性思维，提高其解决问题的能力。

与此同时，教室文化要注重对个体差异的尊重。每个学生都是独特的个体，具有不同的学习风格、兴趣和天赋。积极的教室文化应该为每个学生提供平等的机会，鼓励他们追求个人激情，并接纳多样性。通过认可和尊重个体差异，教育者能够激发学生的自信心，帮助他们建立积极的学习态度。

教室文化应该关注学生的个体发展。除了关注学科知识的传授，教育者还应该关心学生的社交技能、情感智慧和道德价值观的培养。通过提供全面的发展支持，教室文化有助于塑造学生积极的人格特质，使他们成为具有责任感和创造力的个体。

积极的教室文化是一个能够激发学生潜力、培养自主学习能力和创造性思维的环境。通过鼓励学生的参与、尊重个体差异，以及关注个体发展，教育者可以共同创造一个积极、支持性的学习空间，为学生的未来奠定坚实的基础。

三、外语教学中跨文化沟通与教室文化的联系

（一）文化多样性

在多元文化的教室中，学生的多样性是一种宝贵的资源，而跨文化沟通

成为教育者与学生之间建立深入联系的关键。学生可能拥有各种文化背景，语言、价值观和学习风格的不同丰富了整个学习环境。教育者在这个背景下的角色要敏感地认识到这些多元差异，并通过一系列措施来促进文化多样性的融合。

理解学生的文化差异是构建积极教室文化的基础。教育者应该投入时间和精力去了解学生的文化传统、价值观念以及他们对学习的期望。这种了解可以通过与学生互动、倾听他们的故事和观点来实现。通过这一步，教育者能够更全面地认识学生，从而更好地回应他们的需求。采用有针对性的教学方法是促进文化多样性融合的关键。教育者需要设计灵活而包容的教学策略，以适应不同学生的学习风格和文化背景。这可能包括使用多种教学资源、引入多元文学材料，以及提供不同形式的评估和反馈。通过差异化的教学方法，教育者可以更好地满足学生的需求，确保每个学生都能够充分参与和受益。

教育者可以借助跨文化教育的培训来提升自身的文化敏感性和跨文化沟通技能。这将有助于他们更加有效地与学生互动，避免误解和文化冲突，并促进良好的师生关系。同时鼓励学生之间的文化交流和合作也是促进文化多样性融合的关键一环。教育者可以设计课堂活动，鼓励学生分享他们的文化经验，促使他们之间建立更深层次的理解和尊重。通过创造一个支持文化交流的环境，教室将变得更加开放和包容。

在这样的教育环境中，每个学生都能够感受到自己的文化得到尊重，从而更自信地参与学习。通过跨文化沟通，教育者可以为学生成长提供一个更加丰富、有趣和包容的学习经验。

（二）语言交流

在教室文化中，跨文化沟通必然涉及不同的语言和文化背景。为了确保有效传达知识并尊重学生的母语和文化语境，教育者需要谨慎处理对语言的使用方式，采取一系列策略以促进良好的跨文化交流。

教育者应确保使用清晰简洁的语言。清晰的表达方式有助于避免出现歧义和误解，使学生更容易理解教学内容。同时简洁的语言使用也能够提高信息传递的效率，确保学生能够迅速领会重要概念。教育者需要注意避免使用可能导致出现误解或文化冲突的术语。不同文化对某些词汇或表达方式可能有不同的理解和解读，因此，教育者应当谨慎选择词汇，尤其是在涉及特定文化敏感问题时。避免使用歧视性的语言，尽量采用中性、包容的表达方式，有助于维护教室中的积极文化氛围。

教育者应当对学生的母语和文化背景保持尊重。这包括鼓励学生在表达自己的观点时使用他们最为熟悉和舒适的语言，同时在必要时提供适当的支持和解释，以确保学生能够理解教学内容。为了进一步促进有效的跨文化沟通，教育者还可以采用多媒体资源、图像和实际案例等方式，通过直观的方式展示信息，弥补语言差异可能带来的理解障碍。这有助于加强学生对教学内容的理解和记忆。

教育者在教室文化中要保证语言的使用既能够有效传达知识，又能够尊重学生的母语和文化语境。通过选择清晰简洁的语言，避免使用可能引发误解的术语，尊重学生的语言背景，可以促进师生之间进行良好的沟通，创设一个积极、尊重多元文化的教育环境。

（三）文化敏感性

在构建跨文化敏感性的过程中，教育者需要深入理解不同文化中关于教育和学习的独特看法。这远不仅是了解表面上的文化元素，更是对学生家庭价值观、社会背景和宗教信仰的深刻尊重。这一理解不仅是一种关键的教育素养，更是营造积极学习氛围的基础。

跨文化敏感性涉及对学生家庭价值观的敬重。教育者需要认识到学生来自各种家庭背景，这些家庭可能有着不同的价值观念和教养方式。通过尊重并了解学生的家庭价值观，教育者能够更好地建立起与学生之间的信任关系，为他们提供更为个性化和有针对性的支持。同时对学生社会背景的尊重也是跨文化敏感性的一部分。学生所处的社会环境可能影响他们的学习态度、期望和行为。教育者需要了解学生的社会文化，包括他们所属群体的特点和面临的挑战。通过关注不同的社会背景，教育者能够更好地制定教学策略，以满足学生的需求并提高他们的学业水平。

宗教信仰的尊重是跨文化敏感性的一项任务。不同文化中的学生可能有不同的宗教信仰，这对他们的价值观、道德观和生活方式都有深远影响。教育者需要尊重学生的宗教信仰，确保课堂环境是包容和尊重的，不会对学生的信仰造成任何负面影响。通过对文化背景的充分尊重，教育者能够建立一个富有包容性和尊重的学习氛围。这种氛围不仅有助于学生更好地融入学习过程，也促进了跨文化理解和交流。跨文化敏感性的提升，不仅让教育者可以更好地满足学生的多元需求，同时也为学生提供了更丰富、深刻的学习体验。

（四）不同文化间的共享和学习

在教室文化中，跨文化沟通不仅仅体现在教育者与学生之间的双向交流，还包括学生之间的相互理解。通过促进学生之间的文化交流和共享，教室可以成为一个促进跨文化理解和尊重的地方，进而培养学生的全球意识。

学生之间的文化交流可以通过共享各自的文化背景、传统习俗、语言等方式展开。这种文化交流不仅能够拓宽学生的视野，也为建立彼此之间的了解和尊重提供了机会。通过分享文化经验，学生能够更好地理解并欣赏彼此的差异，从而建立更加和谐的关系。教育者在教学过程中可以鼓励学生参与跨文化的小组活动、项目合作等。这样的合作机会提供了一个交流的平台，让不同文化背景的学生共同解决问题、分享观点，促使他们在团队中树立共同的目标和价值观。

教育者可以引入全球化的教育资源，包括国际合作项目、多元文化的教材和案例等，帮助学生更深入地了解世界各地的文化差异。这种全球视野的培养有助于学生更好地适应复杂多变的国际社会，并提高他们解决全球性问题的能力。

通过促进学生之间的文化交流和共享，教室可以成为一个培养跨文化理解和尊重的社交空间。这样的教室文化不仅有助于学生在学术上的发展，还可以培养他们在全球社会中成为具有全球意识和国际视野的公民。因此，跨文化沟通在教室文化中的重要性不仅体现在教育者与学生之间，也包括学生之间的相互交流与理解。

（五）教育者的角色

在跨文化沟通的舞台上，教育者肩负着重要的责任和使命。为了更好地履行这一使命，他们需要不断提升自己的跨文化沟通能力，这包括不仅限于增强文化意识，还要具备灵活性和适应性。这对建立积极的教室文化，推动学生的全面发展具有重要意义。

教育者的文化意识至关重要。了解并尊重不同文化的信仰、价值观和传统，有助于教育者更好地理解学生的背景。通过不断学习和加强自己的文化意识，教育者能够更敏锐地察觉到学生在学习和生活中可能面临的挑战，进而更好地支持他们的成长。灵活性是个体在跨文化沟通中不可或缺的素质。教育者需要能够适应不同文化背景的学生，灵活调整自己的教学方法和策略。这可能涉及使用多样化的教学资源、灵活变通的课堂管理技巧，以及更具包容性的评估方式。通过灵活性，教育者能够更好地满足学生的个性化需求，创造更具启发性的学习环境。

适应性是成功的跨文化沟通的另一要素。教育者需要不断调整自己的教学风格，以适应多元文化的学习需求。这可能包括不同的沟通方式、反馈风格，甚至是对学生参与和表达的不同期望。适应性使得教育者能够更加贴近学生，让学生可以感受到被理解和被关心。

教育者的文化敏感性将直接影响到教室文化的塑造。通过展现出对学生多元文化的尊重和理解，教育者能够创造一个开放、包容的学习环境，激发学生的学术热情。这种积极的教室文化不仅有助于学生的学业成就，还可以培养他们在社会交往中的跨文化沟通技能，为他们未来的职业发展和生活奠定坚实的基础。

第四节　个性化学习与外语教学

一、个性化学习概述

（一）个性化学习计划制订

深入了解学生的学习目标、兴趣爱好、学习风格和时间安排等信息，是制订个性化学习计划的基础。这涉及更为全面的学生了解和个性化需求的识别，以确保学习计划能够真正符合每个学生的独特需求。

对学生的学习目标进行详细的了解是至关重要的。这可能包括短期和长期的目标，如通过语言考试、提高口语能力、深入了解某一领域等。通过明确学生的学习目标，教育者可以更有针对性地制订个性化学习计划，确保学习的方向与学生的期望一致。

了解学生的兴趣爱好对其激发学习兴趣至关重要。教育者可以探询学生对哪些话题、活动或文化感兴趣，然后将这些元素融入学习计划中。通过使学习内容更贴近学生的兴趣领域，可以提高学生的参与度和学习积极性。

学习风格的了解同样重要，因为不同的学生在学习过程中有不同的偏好和习惯。一些学生可能更倾向通过视觉方式学习，喜欢通过图表、图像来理解概念，而另一些可能更偏好通过听觉方式学习，通过听讲座或对话学习。个性化学习计划应该充分考虑到这些差异，提供多样的学习资源和方法。

了解学生的学习时间安排是确保学习计划可行性的重要一环。不同的学生有不同的时间管理方式和学习节奏，因此学习计划的制订需要根据学生的实际情况合理安排学习任务和时间分配，避免出现过度压力和疲劳。

综合而言，通过全面了解学生的学习目标、兴趣爱好、学习风格和时间安排，教育者可以更精准地制订个性化学习计划，满足学生的独特需求，促使其更有效地达到学习目标。这样的个性化关怀和定制化的教育方法有助于激发学生学习的热情与动力。

（二）差异化教学方法采用

为了有效地应对学生的学习差异，教育者应该采用多样化的教学方法。了解到不同学生在学习过程中存在口语和书面练习的个体差异后，教育者可以更灵活地运用个性化教学方法，以更好地满足他们的需求。

对那些更适应口语对话方式的学生，教育者可以强调口语交流，创建一种积极的学习环境，鼓励他们主动参与课堂讨论，进行小组活动或角色扮演。这样的互动式学习方式可以增强他们的口语表达能力，提高自信心，并促进语言技能的发展。

对那些更偏向书面练习的学生，教育者可以设计一些书面作业、论文或项目，以促进他们在文字表达方面的能力。提供详细的反馈和指导，帮助他们不断提升写作水平，并培养其扎实的语言基础。

通过巧妙地结合口语对话和书面练习，教育者可以实现学生更全面的学习体验目标。个性化教学方法的运用可以确保每个学生都能够在自己的学习风格和节奏下取得最佳的学习效果。这种教学方式不仅有助于提高学生的学术成绩，还能培养他们的综合能力，使其可以更好地应对未来的学习和工作挑战。

（三）个性化学习资源选择

在根据学生的兴趣和学科偏好选择适合个体的学习资源时，教育者可以通过巧妙利用文学作品、电影、音乐等多元素，使学习内容更具吸引力，从而激发学生的学习兴趣。

教育者可以通过挑选与学生兴趣相关的文学作品，为学习注入更多生动有趣的元素。例如，如果学生喜欢科幻小说，那么就可以选择相关主题的科普文章或小说，以促使他们更深入地了解目标语言和文化。文学作品不仅能够提供语言实践的机会，还能激发学生对不同文化背景和思维方式的兴趣。

通过选用与学科偏好相关的电影，教育者可以创造一个更生动的学习环境。例如，对历史感兴趣的学生，可以选择历史题材的电影，通过观影提高语言听力技能，同时了解历史文化。电影作为一种视觉和听觉相结合的学习资源，能够增添学习的趣味性，激发学生学习外语的主动性。

音乐是一种激发学生兴趣的有效手段。根据学生的音乐喜好，教育者可以引入具有代表性的歌曲，通过歌词学习提高语言理解和表达能力。音乐是一种富有情感和文化内涵的艺术形式，可以帮助学生更好地融入目标语境，感受语言的韵律和表达方式。

选择适合学生个体的学习资源，包括文学作品、电影、音乐等，有助于使学习内容更加生动有趣，创造一个激发学生学习兴趣的学习环境。通过引入多样性的素材，教育者能够满足学生的个体需求，提高他们对学习外语的积极性和主动性。

（四）实时个性化反馈与评估

为了更好地满足学生的学习差异，教育者要不仅采用多样化的教学方法，还需要提供实时的、个性化的反馈。通过密切关注每个学生的学习进展和需要改进的方面，教育者可以更精准地满足他们的个体需求。

在课堂中，教师可以通过实时互动、小组讨论或在线平台的即时反馈功能，及时了解学生的理解程度和困惑点。这种实时反馈有助于教师迅速调整教学策略，以更好地支持学生的学习过程。

定期的个性化评估是关键的一环。通过定期的测验、项目作业或学科测试，教育者可以深入了解每个学生的学术水平和学科兴趣。结合学生的自我评价和目标设定，教育者能够更准确地了解他们的学习需求，为个性化教学提供更有针对性的支持。

根据学生的反馈和评估结果，教师可以灵活地调整学习计划，个性化地设计教学资源和活动。这样的个性化调整不仅可以帮助学生弥补知识差距，还能够激发他们的学习兴趣，进而提高学习动力。

通过实时反馈和定期的个性化评估，教育者可以更全面、精准地了解学生的学习状态，为其提供更有针对性的支持，确保个性化学习的有效性和可持续性。

（五）自主学习和探索鼓励

培养学生的自主学习意识是教育过程中的关键环节，鼓励他们在学习过程中主动探索则是激发学生内在学习动力的有效途径。为了实现这一目标，教育者可以提供丰富的学习资源，包括阅读材料、在线课程、语言应用程序等，以支持学生个体学习的自由发展。

鼓励学生培养自主学习意识，促使他们认识到学习是一个主动参与的过程。通过课堂上引导学生提出问题、制定学习目标，以及反思学习过程的方式，教育者可以激发学生对知识的独立渴望，培养他们自主学习的习惯。

提供多样性的学习资源，包括丰富的阅读材料，能够激发学生的学习兴趣。通过引导学生选择符合他们兴趣和水平的阅读材料，教育者可以激发他们对不同领域的好奇心，并在阅读中培养其语言运用能力。

在线课程是另一个促进自主学习的工具。通过提供多样化的在线学习资源，学生可以根据自己的时间和学习需求选择适合的课程，深化对语言知识的理解，并在实践中提高语言运用能力。

语言应用程序是培养学生自主学习的利器。通过推荐或提供合适的语言应用程序，教育者可以帮助学生在日常生活中更轻松地融入语言学习，拓展学习方式，提高学习的趣味性。

教育者可以在学习资源的选择上更灵活，鼓励学生根据自身兴趣和学科需求进行自主选择。这种灵活性有助于满足学生多样化的学习需求，让他们更自主地探索适合自己的学习路径。

通过培养学生自主学习意识，为学生提供丰富的学习资源，教育者能够激发学生的学习热情，让他们在学习过程中充分发挥个体创造性，进而形成更为全面和持久的语言学习习惯。

二、个性化学习和外语教学的关系

（一）关注学生需求

个性化学习的关注点在于深入了解每位学生的个体需求，并在这一理念的指导下，外语教学能够更加精细地满足学生的独特差异，提高教学的质量和效果。

在外语教学中，学生的语言水平、学科需求以及学习风格的多样性是显而易见的。个性化学习强调通过深度了解学生，个别化地设计和调整教学，从而确保学习过程更符合学生的个性化学习需求。

了解学生的语言水平是个性化外语教学的基础。每位学生在语言掌握上存在独特的起点和差异，个性化学习通过定制化的教学计划，考虑到学生的不同水平，使得教学更具针对性，帮助他们在语言技能上获得更好的发展。

个性化学习关注学科需求，尤其在外语教学中，学生的兴趣和学科关注点可能存在差异。一些学生可能更关注日常口语应用，而另一些可能更注重专业术语和写作技能。通过了解学科需求，外语教育者能够为每位学生量身定制学科相关的教学内容，使其更具实际应用性和学科导向性。

学生的学习风格是影响外语学习的重要因素。个性化学习关注学生的学习偏好，如是更倾向视觉学习、听觉学习还是实践性学习。在外语教学中，根据学生的学习风格调整教学方法，如通过图表和图像激发视觉学习者的兴趣，通过口语练习满足听觉学习者的需求。

通过将个性化学习原则融入外语教学，教育者能够更精准地满足每位学生的独特需求，提高他们的学习体验和学术成就。这种关注学生个体差异的方法有助于其创造更富有深度和个性化的外语学习环境。

（二）提高学习动机

在外语教学中，个性化学习的理念变得尤为重要，因为学生的学习兴趣和动机直接关系到其语言学习的成效。通过精心设计的个性化外语教学，教育者可以更有效地激发学生的学习兴趣和动机，使他们更愿意主动投入外语语言的学习中。

　　了解学生的兴趣爱好是成功实施个性化外语教学的关键。教育者可以通过问卷调查、小组讨论或一对一交流方式，深入了解学生对哪些外语学科或主题感兴趣。这样的了解可以帮助教师更有针对性地选择相关的学习材料和活动，使学习内容更贴近学生的兴趣领域。

　　将外语学习融入实际应用场景是个性化教学的重要组成部分。通过引入真实生活中的语言使用情境，如模拟商务谈判、旅行交流等，学生能够更好地理解和运用所学的语言知识。这种实际应用的学习方式不仅使学习更加具体和有趣，还能够增强学生对语言学习的实用性认知，进而提高他们的学习积极性。

　　个性化外语教学可以通过个性化的学习目标设定来激发学生的动机。让学生参与制定自己的学习目标，根据个体差异和兴趣愿望调整其学习进度，有助于激发学生对学习的责任感和自主性。

　　综合来看，通过了解学生的兴趣、融入实际应用场景、设定个性化的学习目标，个性化外语教学能够更全面地满足学生的需求，激发他们学习外语的积极性，促使他们更主动、愉悦地参与语言学习过程。这样的教学方式有望培养更具有实际应用能力的外语学习者。

（三）灵活的教学策略

　　在外语教学中，个性化学习通过采用灵活的教学策略，更全面地满足学生的个体差异，提高教学的更具针对性和有效性。不同学生在语言学习中可能具有不同的学科偏好和学习风格，个性化教学策略强调根据这些差异调整教学方法，使得外语教育更具吸引力和实效性。

　　个性化学习注重学科偏好的灵活应用。在外语教学中，学生对语言技能的关注点可能有所不同。一些学生可能更偏向口语表达，强调日常交流和沟通；另一些学生可能更注重书面表达，特别是在学术或专业领域。通过灵活运用教学策略，教育者能够根据学科偏好调整课程内容和教学方法，使学习更加贴近学生的兴趣和实际需求。

　　个性化学习关注学生的学习风格。不同学生有不同的学习偏好和方式，有的更适应采用视觉方式学习，有的更倾向采用听觉方式学习，还有的可能更注重采用实践性方式学习。在外语教学中，采用个性化的教学策略，如通过图表、影像、音频等多媒体资源，可以更好地满足学生的个体学习风格，提高他们的学习投入度和效果。

注重个性化教学策略包括多样的教学方法的灵活运用。在外语教学中，可以通过采用不同的教学方法，如角色扮演、小组讨论、实践项目等，以更好地满足学生的个体差异。这有助于激发学生的学习兴趣，提高他们在语言学习中的参与度和积极性。

通过灵活运用个性化教学策略，外语教育者能够更好地适应学生的学科偏好和学习风格，提高教学的个性化程度，促进学生的个体发展。这种关注学生个体差异的方法为外语教学带来了更为灵活和有效的教学模式。

（四）多元化学习资源

在外语教学中，个性化学习的核心概念是提供多元化的学习资源，以更好地满足学生的差异化需求。这种多元化包括与学科偏好相关的丰富阅读材料、多媒体资源以及各种语言学习应用程序。

外语教育者可以通过精心策划的多元化阅读材料来支持学生的个性化学习。这些材料可以涵盖不同主题、难度和风格，以满足学生对不同类型信息的需求。这包括文学作品、报纸文章、实用文档等，使学生在语言学习中能够接触到更广泛、深度的知识领域。

利用多媒体资源是个性化外语教学的重要手段。通过音频、视频等形式呈现的学习内容，可以更生动地展示语言的真实运用场景，激发学生的学习兴趣。同时这种多媒体资源还可以帮助学生提高听力和口语技能，增强语感。

语言学习应用程序是促进多样化学习的有力工具。这些应用程序通常提供个性化的学习路径、交互式的练习和实时反馈，能够根据学生的学习进度和能力水平调整教学内容，使学习更加贴近个体需求。

通过为学生提供多元化的学习资源选择，外语教育者可以帮助他们更灵活地根据自己的学科需求选择学习材料。这不仅能够提高学生的学科满意度，还能够在语言学习中培养他们更为广泛的知识兴趣。这样的教学方法有望激发学生更积极地参与外语学习的热情，促进学生语言技能的全面发展。

（五）个性化反馈和评估

在外语教学中，个性化学习通过提供个体化的反馈和评估，更精准地了解学生的语言水平和学习进展，以此为基础制订有针对性的学习计划，弥补个体差异，提升学习效果。

　　个性化学习注重个体化的评估方法。在外语教学中，学生的语言水平和学习进展因个体差异而异。通过采用多样化的评估方法，如口头测试、书面作业、项目实践等，教育者能够全面了解每个学生在语言技能、沟通能力等方面的表现。这些个性化的评估数据提供了更全面、具体的信息，有助于精准把握学生的实际水平和需求。

　　个性化的反馈对学生的语言学习至关重要。通过定期的口头反馈、书面评价或个别辅导，教育者能够向学生提供具体而有针对性的建议。这些个性化的反馈不仅关注学生的优势，也指出其需要改进的方面，帮助学生更清晰地了解自己在语言学习中的表现，并激发他们的学习动力。

　　个性化的评估为教育者提供了调整教学计划的依据。通过分析个体学生的评估结果，教育者可以识别出每个学生在语言学习中的特别需求和面对的挑战。根据这些信息，他们能够调整教学方法、提供额外的支持或个性化的学习资源，确保每位学生都能够在保持个体差异的基础上取得更好的学习效果。

　　个性化学习通过提供个体化的反馈和评估，为外语教学提供了更精准、有针对性的指导。这种个性化的关注有助于提高学生的学习体验，使他们更有效地克服语言学习中的困难，从而实现更好的语言技能发展。

三、外语教学中个性化学习的具体表现

（一）差异化的教学方法和活动设计

　　为了更好地满足学生的学习差异，教育者应当根据他们的学习风格和喜好采用差异化的教学方法。了解到一些学生更适应采用听觉方式学习的特点后，教育者可以通过增加听力练习和口语对话的方式，促进这部分学生的语言发展和提升其沟通能力。

　　与此同时，对那些更偏好采用视觉方式学习的学生，教育者可以通过图表、图片、演示等视觉元素来呈现教学内容。这种方式可以更生动地展现知识内容，激发学生的兴趣，提高他们对学科的理解和记忆水平。

　　除了调整教学内容的呈现方式，设计差异化的学习活动也是关键。例如，

引入角色扮演、小组合作项目等多样的学习活动，可以更好地满足学生的个性化需求。这些活动不仅有助于培养学生的团队合作和沟通能力，还能够在学科知识上提供更具体的实践体验，使学习过程变得更为生动有趣。

在教学过程中，及时收集学生的反馈也是至关重要的。通过了解学生对不同教学方法的反应，教育者可以更准确地调整教学策略，确保个性化教学的实效性。不仅为学生提供自主选择学习材料或项目的机会，也能够激发他们的学习兴趣，培养自主学习的能力。

通过综合运用听觉学习、视觉学习和多样化的学习活动，教育者可以更全面地考虑学生的个体需求，为他们提供更富有成效和愉悦的学习体验。这种差异化教学方法有助于激发学生的学习潜能，提高他们在各方面的综合素养。

（二）多元化学习资源选择

为了更好地满足学生的个体需求，教育者应当提供丰富多样的学习资源，包括与学生兴趣相关的阅读材料、在线课程、语言应用程序等。通过个性化的学习资源选择，学生可以根据自己的兴趣和学科偏好灵活选择适合的材料，从而更有动力地参与学习。

为了满足不同学生的兴趣和学科偏好，教育者可以提供多样的阅读材料，涵盖各种主题和风格。这包括文学作品、科普读物、新闻文章等，以确保学生在学习过程中能够找到能引发其兴趣的内容，从而更积极地投入学习中。

开设在线课程是另一种提供多样学习资源的方式。这些课程可以涵盖不同难度和主题，以适应学生不同的学科水平和兴趣爱好。通过在线学习平台，学生可以根据自己的学习进度和时间安排，更自主地选择学习内容，提高学习的自主性和灵活性。

利用语言应用程序是个性化学习资源的重要组成部分。这些应用程序可以提供针对不同语言技能的练习，如听力、口语、阅读和写作等。学生可以根据自己的需求选择适当的应用程序，通过互动性强的方式提高语言水平，使学习变得更加生动有趣。

通过提供多样的学习资源，教育者不仅能够满足学生的个体需求，还能够丰富学习内容，使之更贴近学生的实际生活和兴趣领域。这种个性化学习资源选择的方式有助于激发学生对学习的热情，促使他们更积极地参与学术活动，从而取得更好的学习效果。

（三）个性化的反馈和评估机制

在实施个性化的评估方法时，为学生提供具体而个体化的反馈是至关重要的，包括定期的口头反馈、个别辅导，以及根据学生的实际表现灵活调整教学策略。通过这一系列措施，教育者能够更全面、具体地了解每个学生的学习状况，以便更有针对性地引导他们，帮助解决个体在学习中的难题，并提出更具体的改进建议。

定期的口头反馈是一种直接有效的方式，通过与学生进行面对面的交流，教育者能够向他们传递及时的信息。口头反馈不仅包括对学生在语言水平、学科理解等方面的表现的评价，还可以就具体的学习策略和技巧提出建议。这种个性化的反馈形式有助于学生更好地理解自己的优势和不足，从而调整学习策略。

个别辅导是一个有针对性的支持措施。通过与学生一对一的交流，教育者能够更深入地了解他们的学习需求和问题。在个别辅导中，教育者可以对学生的语言使用进行更详细的分析，制定特订的改进计划，使学生更明确地了解自己在语言学习中的发展方向。

根据学生的实际表现调整教学策略是个性化评估的重要环节。通过不断观察和评估学生的学习过程，教育者可以根据他们的需求和进展调整课程设计、教学方法和学习资源。这种灵活性有助于确保教学更贴近学生的个体差异，提升个性化学习的效果。通过这一系列的个性化评估措施，教育者能够更全面、具体地了解每个学生的学习状态，为他们提供更为精准的指导和支持。这种个性化的反馈和辅导不仅可以促进学生的个体发展，也可以有助于调整整体教学策略，进而提升教学效果。

第五章　外语教学的评估与反馈

第一节　外语教学评估原则

一、外语教学评估的分类

（一）语言水平评估

外语教学评估的核心之一是对学生语言水平的全面评估。这包括对听、说、读、写等语言技能的综合考察，旨在深入了解学生在各个语言层面上的掌握情况。

在口语表达方面，评估可以关注学生的发音准确性、语法运用、词汇丰富度以及流畅度。通过口语评估，教育者可以了解学生在实际交流中的表达能力和语言运用的流利程度。

书面写作评估关注学生在书面表达上的能力。这包括语法正确性、篇章结构、逻辑思维等方面的评估。通过检查学生的写作作品，教育者可以发现他们在书面表达方面的优势和需要改进之处。

听力理解评估涉及学生对口语表达的理解程度，包括听懂对话、讲座或音频材料等。这方面的评估有助于判断学生对不同语速和语调的听力适应能力，以及他们对听到的语言信息的准确理解程度。

阅读理解评估关注学生对书面文字的理解能力，包括理解文章主旨、抓住关键信息、推断作者意图等。这种评估能够揭示学生对不同文体和主题的阅读理解能力。

通过对这些语言技能的综合考察，教育者可以更全面地了解学生的语言水平，为个性化教学提供有针对性的指导，帮助学生在不同语言学习方面取得更好的进步。这种全面评估有助于更好地满足学生的学习需求，进而提高外语教学的质量和效果。

（二）语言运用评估

除了纯粹的语言技能，外语教学评估还关注学生在实际交流中的语言运用能力。这方面的评估包括但不限于交流能力、表达清晰度、应对不同语境的能力等，旨在确保学生能够在真实场景中有效地运用所学语言。

在评估交流能力时，教师可能会关注学生是否能够流利地进行口头交流，是否能够准确地理解他人的意思并做出适当的回应。同时也会评估学生的听力能力，包括对不同口音和语速的理解能力，以及对口头表达的反应能力。

表达清晰度是另一个重要的评估方面，涉及学生在表达自己观点和想法时是否能够用准确、清晰的语言，以及是否能够避免出现常见的语法错误和词汇选择问题。这有助于确保学生在交流中能够传达自己的思想，并且被他人正确理解。

评估应对不同语境的能力涵盖了学生在不同情境下使用语言的灵活性。这包括适应正式和非正式场合的能力，以及在文化背景不同的情况下的交际技能。学生应该能够根据具体的交流环境调整自己的语言使用方式，以确保与他人的沟通顺畅。

外语教学评估的目标是培养学生全面的语言能力，使其能够在真实的语言环境中自如地运用所学语言，实现有效的跨文化交流。

（三）学科知识评估

在外语学科评估中，对学科知识的评估是至关重要的，涵盖了文学作品、文化、语言历史等方面的内容。通过深入了解学生对语言所属文化领域的理解和应用情况，能够为教育者提供更全面的学科掌握程度的信息。

评估文学作品包括小说、诗歌、戏剧等，有助于了解学生对文学语言和表达形式的理解。通过分析学生对不同文学作品的解读，教育者可以推断他们在文学方面的分析能力、文学史知识以及对不同文学流派的了解程度。

文化方面的评估涉及学生对所学语言文化的认知。这包括习俗、传统、价值观等方面的了解，以及对语言与文化之间相互影响的认识。了解学生对文化差异的理解有助于培养他们的跨文化交际能力。

对语言历史的评估关注学生对所学语言演变、发展历程的理解。这方面的评估能够揭示学生对语言形成背后的历史背景的认知程度，帮助他们更深入地理解语言的演化过程。

通过对这些学科知识的评估，教育者可以更具体地了解学生在外语学科的整体掌握程度。这种深度评估不仅有助于量化学生对文学、文化和语言历史等方面的理解水平，也有助于为学科教学提供更有针对性的指导和补充材料，以促使学生在学科知识的各个方面都取得更好的发展。

外语教学评估需要采用多样的评估方法，不仅包括传统的笔试和口试，还可以结合项目作业、小组讨论、实际应用场景模拟等方式。这样的多元评估方法有助于全面了解学生的语言能力，并激发他们在不同情境下展现自己的技能。

传统的笔试和口试是评估外语学习的重要手段，通过这些方式可以测试学生的语法、词汇掌握情况，以及口头表达和听力理解能力。然而，单一的评估方式难以全面反映学生在实际交流中的综合能力，因此引入其他形式的评估更为必要。

项目作业是一种有效的评估方式，可以要求学生运用所学语言进行研究、创作或解决实际问题。这不仅可以考察他们的语言运用能力，还可以培养他们在特定领域中运用外语的实际技能。

小组讨论则强调学生在协作中运用外语的能力，包括交流、协商和解决问题。通过与同学共同探讨特定主题，学生能够展现他们在团队合作和交际方面的技能。

实际应用场景模拟是另一种丰富评估手段，可以将学生置身于真实的语境中，如模拟商务会谈、旅行情景等，评估他们在实际应用场景中的语言运用和应对能力。

通过采用这样多样化的评估方法，教师可以更全面地了解学生的语言水平，激发他们在各种情境下发挥所学技能的动力，从而更好地促进外语教学的全面发展。

二、外语教学的评估原则

（一）多样性

评估应该采用多样的方法，涵盖多个方面，其中不仅包括传统的笔试和口试，还应引入更为综合和贴近实际应用的评估方式。这包括但不限于项目作业、小组讨论以及实际应用场景模拟等多元评估方式。通过这样的多样性，教育者能够更全面地了解学生在各个语言技能方面的表现，从而更准确地评估他们的语言水平和综合能力。

传统的笔试和口试虽然是评估的重要手段，但它们难以全面覆盖学生的语言运用情况。引入项目作业可以要求学生在实际任务中运用所学语言，促使他们在创造性、实际问题解决等方面展现语言技能。

小组讨论是一种强调协作和交际能力的评估方式。通过参与小组讨论，学生除了能够表达个人观点，还需要倾听他人的意见并进行合理的交流，从而全面展现他们的口头表达和理解能力。

实际应用场景模拟更进一步地将学生置身于真实情境中，如商务谈判、旅行情境等。这种评估方式能够测试学生在特定语境下的语言应对能力，确保他们能够在实际生活中有效运用所学语言。

通过引入这样多元的评估方式，教育者可以更全面、准确地了解学生的语言技能，同时也激发了学生在不同语境下展现自己语言技能的动力，促进了其更深层次的语言学习。

（二）实用性

评估内容和形式应当与实际语言运用相一致，以确保评估任务可以反映学生在真实情景中应用外语的能力，提高评估的实际意义。这意味着评估不仅仅关注学生在纸面上对语法规则的理解，更需要注重他们在实际生活中运用外语的能力。

在评估内容方面，可以通过设计任务，使学生在评估中面对真实情境。这包括模拟实际对话、解决实际问题的写作任务、参与实际情境的口头表达等。评估内容应该贴近学生将来可能面对的语言使用场景，以便更全面地了解他们的语言运用能力。

评估形式应该多样，并借鉴实际语言运用的场景。除了传统的笔试和口试，可以考虑引入项目作业、小组合作项目、角色扮演等形式。这种多样性有助于学生在不同情境下展示语言技能，从而更准确地反映他们的实际语言运用水平。

实际语言运用的评估可以通过使用技术工具，例如语音识别软件、在线协作平台等，来更真实地模拟语言交流的场景。这种方式不仅可以提高评估的实际性，还能够锻炼学生在数字化环境中应对语言任务的能力。

通过确保评估与实际语言运用相一致，可以更好地反映学生的真实语言技能，提高评估的实用性和可靠性。这样的评估方法有助于培养学生更好地适应不同语境下的语言需求，更好地实践和运用所学外语知识。

（三）客观性

评估标准应该力求尽可能做到客观公正，以避免受到主观偏见的影响。确立明确的评分标准和公正的评分程序是确保评估结果可信度的关键措施。通过明确规定每个评估项目的具体标准和期望表现，评估者能够更客观地判定学生的表现，并避免个人观点和主观感受对评估结果产生不良影响。

明确的评分标准能够为评估者提供一个客观的参照框架，使其能够独立、一致地对学生的表现进行评分。这些标准可以包括语法准确性、词汇运用、表达清晰度等具体方面，确保评估过程不受个体主观因素干扰。

公正的评分程序强调在评估过程中对所有学生一视同仁。这包括确保评估者具有足够的培训和背景，能够正确理解和应用评估标准。对涉及多个评估者的情况，确保他们之间的交流顺畅，以保证评分的一致性和公正性。

通过建立这样客观公正的评估体系，教育者能够更准确地了解学生的实际水平，同时学生也能更有信心地接受评估结果，促进教学和学习的有效进行。这种客观性的评估方法有助于确保评估结果是真实、公正、可靠的，为学生提供明确的反馈和进步方向。

（四）反馈性

提供及时、具体的反馈是评估的不可或缺的重要组成部分。通过明确的反馈，学生能够更深入地了解自己在语言学习中的优势和需要改进的方面，从而更有效地提高语言能力。

及时的反馈意味着评估结果应该在学生完成任务后尽早提供。这有助于学生及时了解自己在语言运用上的表现，及时发现并纠正可能出现的问题。同时及时的反馈也有助于教育者更及时地调整教学策略，满足学生的学习需求。

反馈的具体性是保证评估有效性的关键。反馈不仅应该指出学生在语言运用中的错误，还应该提出具体的建议和改进方向。这可能包括语法错误的纠正、词汇使用的建议、表达方式的改进建议等。通过具体的反馈，学生能够更明确地了解自己的不足，并更有针对性地进行改进。同时反馈还可以通过正面鼓励来强化学生的学习动机。教育者可以肯定学生在语言运用中取得的进步，提供积极的评价，以激发学生的学习兴趣和自信心。正面的反馈有助于营造积极的学习氛围，推动学生更积极地参与学习过程。

提供及时、具体的反馈是评估过程中的重要步骤。通过这样的反馈机制，学生可以更全面地了解自己的学习状态，同时教育者也能更有针对性地引导学生，促进其语言能力的提升。

（五）目标导向性

评估过程应该与学习目标保持紧密的一致性。确立清晰而具体的学习目标是评估的基础，通过评估帮助学生深入了解在实现这些目标上的进展情况，从而有效地推动学生的学习动机和目标达成。

设定清晰的学习目标是教学的重要步骤，因为这有助于学生明确自己的学习方向和期望成果。评估的设计应该直接反映这些目标，以确保评估过程能够全面、有针对性地检测学生在关键领域的学习成果。

评估不仅是一种衡量学生学术成就的手段，更是促使学生对自己的学习目标进行反思和调整的机会。通过定期的评估，学生能够了解自己在语言技能、沟通能力等方面的优势和不足，从而更有针对性地调整学习策略，加强薄弱环节。同时，评估过程也应该为学生提供明确的反馈，指导他们在实现学习目标上的改进方向。这种及时的反馈不仅有助于激发学生的学习兴趣，还能够引导他们更有针对性地进行学习，推动目标的达成。

评估过程与学习目标的一致性不仅有助于教学过程的有序进行，也为学生提供了清晰的学习方向和发展路径，从而促进其有效的外语教学和学习。

第二节 外语教学中的形成性评估

一、外语教学中形成性评估的特点

（一）实时反馈

形成性评估在外语教学中具有特殊的意义，因为语言学习强调实际运用和交流。在这个背景下，及时提供反馈成为了更为重要的环节，有助于学生在语言学习过程中更准确地掌握语法、词汇、听力和口语等方面的技能。

在外语教学中，口头实时反馈是一种常见而有效的方式。教师可以在学生进行口语表达时立即指出语法错误、发音问题或者词汇使用不当，以及提供更自然、地道的表达方式。这样的口头反馈可以及时引导学生调整语言使用，防止错误习惯的形成，并在学习过程中促进实时的语言修正。

书面形成性反馈在外语教学中扮演着重要角色。通过批注学生的写作作业、阅读理解练习等，教师能够详细指出语言使用上的问题，提供正确的表达方式，并对学生的进步给予积极的鼓励。这种书面反馈有助于学生更全面地理解自己的语言水平，同时提出具体的改进建议。

外语学习注重听说读写的综合能力，形成性评估通过及时的反馈，使学生能够在语言技能的各个方面不断优化。更重要的是，实时反馈可以帮助学生在学习过程中更积极地面对错误，培养他们的自主学习意识，提升其语言运用的效果。

（二）个性化指导

形成性评估在外语教学中的应用，更进一步考虑到学生的个体差异，致力于提供个性化的学习指导。教师可以基于学生不同的语言水平、兴趣和学习风格，灵活调整教学方法和内容，以满足每个学生独特的学习需求，最大限度地促进他们的语言发展。

针对不同语言水平的学生，教师可以采用差异化的教学策略。对语言水平较高的学生，可以提供更复杂、深入的语言任务，如文学分析、实际情境模拟等，以挑战其语言运用的深度。对语言水平较低的学生，则可采用更为简化的语言任务，注重基础词汇和语法的强化，帮助他们逐步提升语言水平。

了解学生的兴趣爱好，将其融入外语教学中，是形成性评估的重要方面。通过基于学生兴趣设计教学内容，可以激发他们对外语学习的热情。例如，如果学生对音乐感兴趣，就可以引入与音乐相关的外语学习资源，如引用歌曲歌词的翻译，以增强学习的趣味性。

学生的学习风格是形成性评估的关键。有些学生可能更倾向采用视觉方式学习，教育者可以通过图表、图片等方式呈现教学内容。对更适应采用口语方式对话的学生，可以通过小组讨论、角色扮演等方式进行教学，以提高他们口语表达的能力。

通过在外语教学中充分考虑学生个体差异，形成性评估不仅可以更有效地了解学生的学习状况，也有助于个性化地调整教学方法，使每个学生都能够在自己的学习轨迹上取得更好的发展。这样的教学方式不仅能够提高学生的学业成绩，也能够培养他们更全面的语言技能。

（三）目标导向性

在外语教学中，形成性评估与学习目标之间的紧密关联对学生的语言发展至关重要。在语言学习中，学习目标通常涵盖听、说、读、写等多个方面，而形成性评估通过对这些方面的反复评估，确保学生逐步朝着设定的目标发展。

明确的学习目标是外语教学的基础。教师与学生共同制定明确、可衡量的语言学习目标，这可以包括提高口语流利度、拓展词汇量、提升听力理解能力等。形成性评估的任务就是在学习过程中根据这些目标来进行，以确保学生的学习方向是清晰和一致的。

多次的形成性评估帮助教师和学生更细致地了解学生在不同语言技能上的表现，从而更有效地调整教学策略。通过定期的评估，可以检测学生在实现目标方面的进展，并及时发现和纠正存在的问题。这不仅使学生在学习中不断调整，也有助于教师在个体或整体上进行更精准的指导。

形成性评估有助于激发学生的学习动力。通过反复评估学生在语言学习目标上的进展情况，学生能够清晰地看到自己的成长，从而增强其对学习的信心和动力。同时形成性评估的及时反馈也为学生提供了明确的方向，使他们更有意愿和能力去迎接新的学习挑战。

形成性评估在实践中促使学生不断完善语言技能。通过反复的评估与反馈，学生能够认识到自己在语言运用上的强项和薄弱项，进而更有针对性地进行练习和提升。这种循环式的评估与调整过程有助于培养学生对语言的深刻理解和灵活运用能力。

综合而言，形成性评估在外语教学中不仅仅是一种反馈工具，也是学生与教师共同推动语言学习进步的重要机制。通过与学习目标的紧密结合，形成性评估在外语教学中发挥着重要的引导和激励作用。

（四）自我评价

形成性评估在外语教学中鼓励学生参与自我评价，通过学生对自己学习过程的深入反思和评价，使他们更全面地了解自己的学习需求和进步情况。这种参与自我评价的过程不仅促进了学生对语言学习的主动参与，也有助于建立持续的学习动力。

学生可以通过定期的学习反思，审视自己在语言学习中的表现。学生可以自主评估自己在听、说、读、写等语言技能方面的发展，并识别出自己的优势和需要改进的领域。这种自我评价能够帮助学生更明确地了解自己的学习需求，为制订个性化的学习计划提供有针对性的指导。

通过学生参与目标设定的过程，形成性评估进一步激发了他们的学习动机。学生可以参与制定自己的学习目标，根据自己的兴趣和需求调整学习进度。这种自主参与目标设定的方式使学生更有责任感，更愿意投入到外语学习中。

学生的自我评价可以通过个人学习日志、学习笔记等形式记录下来。这有助于形成一种持续的学习反馈机制，使学生能够随时查看自己的学习历程，总结经验，反思方法，进而形成更高效的学习策略。

通过鼓励学生参与自我评价，形成性评估在外语教学中不仅关注学生的学业成绩，更注重培养他们的自主学习能力和学习动力。这样的教学方法有望培养更具自律性和积极性的外语学习者，提高他们的语言水平和应用能力。

（五）多元评估方法

在外语教学中，形成性评估的多样性体现在采用丰富的评估方法，以更全面、灵活地了解学生的语言能力。这种多元性有助于学生适应外语学习的复杂性和多样性，提供更具体和细致的信息，促进学生在各方面的语言技能得到综合提升。

课堂表现是形成性评估中的一个重要环节。通过观察学生在课堂上的互动、参与程度和回答问题的准确性，教师能够直观地了解学生的口语表达和理解水平。这种实时的课堂表现评估有助于教师及时调整教学策略，满足学生的个体需求。

小组讨论是一种强调协作和交际技能的评估方式。通过参与小组讨论，学生能够展示他们在合作中使用外语的能力，同时表达观点、互相交流，培养跨文化交际的技能。这种互动性的评估有助于考查学生在真实交流场景中的表现。

项目作业是形成性评估中的另一种有力工具。通过设计具体的项目，如文化研究、实地调查等，学生需要在项目中运用所学的语言知识，锻炼实际运用的能力。这样的评估方法能够更好地体现出学生的实际应用水平，培养他们解决问题和创造性思维的能力。

口头报告是一种旨在提高学生口头表达能力的评估方式。通过要求学生做主题演讲或汇报，教师能够评估他们的语言流利度、词汇运用和逻辑表达能力。这种形式的评估不仅关注语法准确性，也关注语言的自然运用和表达的流畅度。

综合采用这些多元评估方法，外语教学的形成性评估能够更全面地了解学生在听、说、读、写等各方面的语言能力。这不仅使评估更具针对性，也能够适应外语学习的多样性，为学生提供更丰富、实用的语言技能培养。

二、外语教学中形成性评估的具体表现

（一）课堂互动和表现

在外语教学中，教师通过观察学生在课堂上的积极参与、问题回答的准确性，以及与同学的互动等方式，进行实时的课堂表现评估，这对外语教学的有效性具有重要意义。

学生的参与程度是评估的一个重要指标。通过观察学生是否积极参与课堂活动、回答问题，教师可以了解学生对学习内容的兴趣和投入程度。特别是在外语教学中，口语表达是关键，因此通过评估学生在课堂上的主动参与情况，教师可以判断学生在语言交流方面的表达能力。

问题回答的准确性是另一个重要的评估因素。教师通过观察学生对问题的回答，可以评估其对学习内容的理解程度以及语法、词汇等方面的掌握情况。这有助于教师识别学生的学习难点和弱项，进而调整教学内容和方法，提供更有针对性的支持和指导。

互动和合作是外语教学中的重要因素。通过观察学生在课堂上与同学的互动，教师可以了解学生在实际语境中运用外语的能力，以及他们与他人合作交流的效果。这有助于培养学生的交际技能和团队协作能力，提高他们在

语言运用中的实际表现水平。

这种实时的课堂表现评估为教师提供了及时的反馈机制。教师可以根据学生在课堂上的表现，调整教学策略、强化重点内容，以满足学生的个性化学习需求。这样的反馈机制有助于教师更灵活地应对学生的学习情况，促进教学过程更加有针对性和高效。在外语教学中，这对提高学生的口语表达和听力理解能力至关重要，因为语言学习最终的目标是学生能够在实际交流中流利自如地运用所学语言。

（二）小组讨论和合作项目

学生参与小组讨论、协作项目或实践性任务，通过与同学合作运用外语解决问题，展现出他们在协作、交际和实际应用方面的语言能力。在外语教学中，这样的实践性活动既促进了学生的语言技能发展，又提供了多样的评估机会。教师可以通过观察小组合作过程、听取学生的交流情况，以及评估项目成果等方式，获取学生的语言能力信息。

小组讨论是外语教学中常见的协作形式。通过参与小组讨论，学生有机会运用所学外语进行实时的口头交流。这不仅锻炼了他们的口语表达能力，还促使他们学会在真实场景中运用语言解决问题，提高了实际交际能力。

协作项目能够更全面地评估学生的语言能力。学生在协作中需要共同制订计划、分配任务、进行有效的沟通，这对培养他们的团队协作和领导技能至关重要。同时，通过实际操作解决问题，学生还能够展示他们在实践应用中的语言运用能力，包括书面表达和文档撰写等方面。

实践性任务进一步突出了学生在实际情境中的语言能力。这可以包括参与模拟场景、实地考察、语言角色扮演等，激发学生更积极地运用外语应对各种真实问题。通过这些任务，教师能够观察学生在不同情境下的语言运用情况，更全面地了解他们的语言技能。

通过这些协作性、实践性的活动，教师能够更综合地评估学生的语言能力，不仅关注其语法和词汇的正确性，也注重其在真实场景中的语言应用能力。这样的教学评估方法有助于培养学生更全面的语言技能，使他们可以更好地适应语言使用的各种情境。

（三）项目作业和创意任务

学生完成具体项目作业是外语教学中一种重要的形成性评估方式，通过这样的任务，学生能够在实际语境中运用外语，展现综合语言技能。教师通过评估作业的质量、语言运用的准确性和创意性等多方面因素，更深入地了解学生在实际项目中的语言应用水平。

文化研究报告是一种典型的项目作业，要求学生深入研究外语国家的文化、习俗、历史等方面，并用外语进行详实的呈现。通过这个过程，学生不仅需要运用语言知识进行研究，还要在报告中用准确而丰富的语言表达文化内涵。教师通过对报告的评估，了解学生对文化主题的理解深度、语言运用的熟练程度以及表达能力的质量。

实地调查是一种锻炼学生实际运用外语的项目。学生可能需要前往当地社区、活动场所等地进行调查，以外语进行访谈和数据收集。这样的项目旨在培养学生在真实情景中交流的能力。教师通过对调查报告的评估，了解学生在实地调查中的语言应对能力、沟通效果，以及解决实际问题的能力。

创意写作是一种能够展现学生外语能力的项目。学生可能被要求用外语创作故事、诗歌、小说等，以展示他们的文学表达能力。教师通过评估创意作品的语言表达、文学技巧、逻辑结构等方面，了解学生在创作性写作中的语言运用水平。

这些项目作业的评估不仅关注语法准确性，更注重语言的实际运用和创意性。通过这样的形成性评估，教师能够更全面地了解学生在实际项目中的语言应用水平，为他们提供更具针对性的指导和反馈，促使学生在外语学习中不断提高。这种项目作业的方式不仅使学习更富有趣味性，也更贴近实际应用场景，培养了学生在实际语境中熟练运用外语的能力。

（四）口头报告和演讲

学生进行口头报告或主题演讲，是外语教学中一种重要的评估形式，通过这种方式，学生能够展示他们的口头表达能力。在突出的外语教学中，教师通过评估学生的发音、语法准确性、逻辑结构和表达流畅度等方面，来判断学生的口头表达水平，并提出有针对性的指导和建议。

发音是口头表达的重要组成部分。通过学生的口头报告，教师可以评估他们的发音准确性，包括语音音标的正确运用、重音位置的准确性等。有关发音的评估可以帮助教师了解学生对外语音的掌握情况，为进一步提高其口头表达能力提供基础。

语法准确性是评估口头表达的另一个重要方面。学生在口头报告中使用的语法结构、时态、语法规则的正确应用等都能够反映他们对语法的掌握程度。通过评估这些方面，教师可以为学生提供有针对性的语法改进建议，促进他们语法技能的进步。

逻辑结构和表达流畅度是口头表达的重要品质。学生在口头报告中是否能够清晰地组织思想，用逻辑清晰的结构展示主题，以及表达是否流畅自然，都是评估的重要方面。教师可以通过对这些方面的评估，为学生提供提高表达清晰度和流畅度的建议。

通过口头报告或主题演讲的评估，教师能够深入了解学生的口头表达能力，同时为学生提供有针对性的反馈和指导。这种科学的评估方式有助于培养学生更高水平的口头表达能力，使他们在真实语境中更自信、更流利地运用外语。

第三节　外语教学中的自我评估

一、外语教学中自我评估的分类

（一）语言技能自我评估

学生在外语教学中可以进行全面的自我评估，涵盖听、说、读、写等语言技能。这种自我评估不仅有助于学生深入了解自己在语言学习中的优势和不足，还能为他们制订更有针对性的学习计划提供支持。

在口语表达方面，学生可以自我评估口语的流利度、发音准确性以及语调变化等。这有助于他们识别自己在口语表达中可能存在的问题，如语速过快或发音不清晰等方面，并为改进提供方向。通过自我评估，学生能够更自觉地关注口语技能的提升，积极参与口语练习，提高实际应用能力。

词汇运用的自我评估包括对自己词汇量的认知以及对词汇在语境中运用

的能力。学生可以检视自己的词汇丰富性，辨别是否能够灵活运用不同层次的词汇表达观点。这种自我评估有助于学生更有针对性地拓展词汇范围，提高语言表达的精准度。

在阅读理解方面，学生可以自我评估对阅读材料的理解程度、速度以及抓取主旨的能力。通过识别自己在阅读过程中可能遇到的困难，学生可以选择更适合自己水平的阅读材料，同时采用有效的阅读策略，以提高自己阅读理解的水平。

外语教学中的自我评估不仅关注具体的语言技能，还强调在各个方面的综合能力。这样的全面自我评估有助于学生更深入地认识自己的语言学习状况，为他们量身定制更有效的学习计划，促使个体化学习和进步。

（二）学科知识自我评估

在外语教学中，学生自我评估是培养其学习主动性和自我管理能力的重要环节。通过对外语学科知识的自我评估，学生能够更全面地了解自己在文学、文化、语言历史等方面的学科理解程度，并在学习中做出有针对性的调整，从而更好地提高其对语言所属文化领域的整体理解水平。

学生的自我评估涉及对文学作品的理解。通过对自己在文学领域的阅读、解读和分析能力进行评估，学生可以认识到自己对文学作品中的语言运用、文学元素的理解水平。这有助于学生更有针对性地选择适当难度的文学作品，加深自己对文学品味和文学形式的理解。

自我评估延伸到对文化知识的了解。学生可以对自己在掌握外语文化背景、传统习俗、社会制度等方面的知识深度进行评估。这种自我认知有助于学生更全面地了解语言所属文化的多样性，培养跨文化交际的能力，提高其在实际语境中的文化适应性。

语言历史的自我评估是重要的一环。学生可以评估自己对外语的历史演变、语言发展的理解程度。这种自我评估有助于学生更好地理解语言变迁对文化演变的影响，同时也促使他们对语言学科的历史背景有更深入的认识。

通过自我评估，学生能够更清晰地认识到自己在外语学科知识方面的优势和不足。这种自我认知为学生提供了制订学习计划的基础，使其能够更有针对性地选择学科知识的深入研究方向，提高学科整体理解水平。在外语教学中，学生自我评估不仅是其在学习过程中的自主反思，更是培养学生对外语文学、文化和语言历史领域的主动学习态度的重要一环。

（三）学习策略自我评估

学生可以自我评估在学习过程中采用的学习策略的有效性，这涉及对记忆方法、阅读技巧、口语练习等学习策略的评估。这样的自我评估有助于学生更深入地理解自己的学习过程，优化学习策略，提高学习效率。

1. 记忆方法的评估

在外语教学中，学生在记忆方面采用不同的方法，如词汇记忆、语法规则记忆等。通过自我评估，学生能够更深入地审视这些记忆方法的实际效果，以了解哪些方法更适合自己的学习风格。这样的自我评估不仅有助于学生在语言学习中取得更好的成绩，还能够培养其更为有效的学习习惯。

对词汇记忆来讲，学生可以自我评估不同词汇记忆方法的效果。有些学生可能通过构建联想图、使用记忆法则，如首字母法，更容易记忆单词。另外一些学生可能更倾向通过在句子中运用新词汇，从而更好地融入语境，提升记忆效果。通过自我评估，学生能够发现并选择最适合自己的词汇记忆策略。

语法规则的记忆对语言学习至关重要。学生可以自我评估在记忆语法规则时采用的方法，如通过实际运用、制定记忆口诀等。例如，有些学生可能通过与实际例句结合，理解语法规则的应用场景，而另一些学生可能更喜欢通过歌曲或口诀形式记忆语法规则。通过自我评估，学生能够找到更符合自己学习风格的语法规则记忆策略。

图像记忆在外语学习中会起到重要作用。学生可以自我评估是否倾向通过图片、图表等形象化的方式记忆信息。例如，通过与图像相关的词汇卡片，学生可能更容易记忆单词的形状和意义。自我评估帮助学生发现并加强这种形象记忆的有效性。

外语教学中的自我评估对记忆策略的选择和优化至关重要。通过认识并发展适合自己的记忆方法，学生能够提高学习效率，更快速地掌握语言知识，为其外语学习的成功奠定基础。

2. 阅读技巧的评估

在外语教学中，学生对自己在阅读方面采用的技巧进行自我评估是提高阅读理解水平的重要步骤。通过深入了解自己在速读、精读、提取关键信息等方面的优势和不足，学生能够有目的地调整阅读技巧，提高对文本的理解水平，从而更有效地应对不同学习场景。

学生可以自我评估在速读方面的技巧。这包括评估自己对文本整体结构和主旨的把握能力。通过了解自己在速读时的主旨捕捉能力，学生能够更好地应对需要迅速获取信息的场景，如初步了解文章主题或寻找特定信息。

学生可以对自己在精读方面的技巧进行评估。这涉及对文本细节的深入理解和分析。通过自我评估，学生能够了解自己在深入阅读时的阅读速度、词汇理解和语法结构分析等方面的能力水平，有助于其更深刻地理解文本内涵。

提取关键信息的技巧是需要被评估的方面。学生可以自我评估自己在阅读过程中是否能够有效地提取文章中的关键信息，包括主题句、关键词汇等。这种评估有助于学生在阅读中更有目的地寻找重要信息，提高信息提取的准确性。

通过这样的自我评估，学生不仅能够认识到自己在阅读理解方面的优势和不足，更能够有针对性地调整阅读策略。例如，如果学生在速读时更为擅长捕捉主旨，而在精读时更注重细节，他们就可以灵活运用这些技巧，根据不同的阅读任务选择合适的策略。这种个性化的自我调整有助于提高学生对外语文本的理解水平，并培养其更灵活、高效的阅读习惯。在外语教学中，学生的自我评估不仅是提高阅读能力的重要一环，也有助于培养他们主动学习的能力和自主阅读的意识。

3. 口语练习的评估

在外语教学中，学生在口语练习中的自我评估不仅涉及发音准确性、流利度和语法运用等方面，更强调了对口语交流中存在问题的深入理解，为改进提供明确的方向。这种自我评估在学生外语口语能力的提高过程中起到了重要的引导作用。

学生可以自我评估发音准确性，审视在口语练习中是否能够正确发音，包括语音音标的准确运用和重音位置的正确安排。通过这样的自我评估，学生能够意识到自己可能存在的发音问题，为进一步的练习和改进提供有针对性的指导。

流利度是评估口语表达的另一个重要维度。学生可以思考自己在口语练习中是否能够自如、流畅地表达思想，避免出现过度思考或表达中的断断续续。通过对流利度的自我评估，学生能够了解自己在实际交流中的表达流畅性，从而调整口语练习策略，提高表达水平。

语法运用是口语表达中不可忽视的方面。学生可以自我评估自己在口语练习中的语法使用是否准确，是否能够运用所学语法规则来组织语言。通过这样的评估，学生能够发现自己在语法方面的潜在问题，有利于有目的地加强相关语法知识，提高口语表达的语法准确性。

最重要的是，学生在自我评估时应考虑口语练习的方式。学生可以思考自己是否更喜欢小组讨论，通过与同学互动提高口语能力，还是更倾向独自进行口语练习，以专注于个人语言发展。通过深入思考这些因素，学生能够更有针对性地选择和调整口语练习的方式，更好地适应个体差异。

外语教学中口语练习的自我评估不仅关注具体的语言技能，更注重对口语交流中可能存在问题的深度认识。这样的评估有助于学生更有针对性地改进口语表达，培养自己更高水平的口语能力，使他们可以在真实语境中更自信、更流利地运用外语。

（四）学习动机与目标自我评估

在外语教学中，学生对自己的学习动机和学习目标进行自我评估是至关重要的。这种自我评估不仅有助于学生深入了解自己内在的动力和学习追求，还能够为他们提供清晰的学习方向，促使自己更加有针对性和积极的学习。

学生可以自我评估学习外语的动机。这包括了解学生学习外语的原因，如是基于兴趣、职业需要、文化交流还是其他因素。通过自我评估，学生可以更深刻地认识到自己学习外语的动机来源，从而更有意识地调动学习兴趣和激发学习热情。

学生可以对未来语言运用的目标进行自我评估。这包括了解学生希望在何种场景中运用外语，是为了职业发展、国际交流、留学还是其他目的。通过深入了解自己的语言运用目标，学生能够更明确地设定学习目标，为其未来的实际运用提前做好准备。同时，学生还可以考虑自己的长期和短期学习目标，以及在不同语言技能方面的重点发展。通过这种自我评估，学生可以更有条理地规划学习过程，逐步实现自己的学习目标，增加学习的效果和成就感。

最重要的是，学生在自我评估学习动机和目标时，可以思考这些因素与个人价值观、兴趣爱好的关系。这有助于形成更为持久和稳定的学习动力，使学生在学习过程中更具有韧性和坚持力。

学生对学习动机和学习目标的自我评估是其在外语学习中的重要步骤。通过深入了解自己的内在动力和期望，学生能够更好地调整学习策略、提升学习效果，从而使其在学习外语的道路上更为坚定和有方向性地前进。

二、自我评估在外语教学中的重要性

（一）提升学习效果

在外语学习中，自我评估作为学生认知自身学习进展的重要途径扮演着至关重要的角色。通过定期对自己的学习进行深入评估，学生能够更全面、深刻地了解自身的优势和不足，从而有助于制定明确的学习目标和更有效的学习计划。

通过自我评估，学生能够明确了解自己在语言学习过程中的强项和薄弱项。这有助于他们集中精力强化自身的优势，同时有针对性地克服自己的语言学习困难。这种自我认知的提升使得学习变得更有针对性，更加注重个体差异，从而提高了学习的针对性和效果。

自我评估能够帮助学生明确学习目标。通过对自己学习状况的全面了解，学生能够更清晰地设定短期和长期的学习目标。这有助于学生建立学习的方向性，提高学习的计划性和系统性，进而更好地推动自己在外语学习中的前进步伐。

自我评估激发了学生的主动性和动力。通过自主地审视自己的学习情况，学生更容易产生对自我提升的动力，更有意愿克服学习中的各种困难。这种主动性的学习方式不仅使学生更有动力地投入学习过程中，而且激发了他们自我管理、自我激励的学习态度，从而提升整体的学习效果。

外语学习中的自我评估是一种促使学生更主动、更有动力参与学习的重要手段。通过自我评估，学生能够更全面、深入地认知自己，制定更明确的学习目标，提升学习效果，为自身的语言水平提升奠定坚实的基础。

（二）培养学习动力和自主学习能力

通过自我评估，学生能够在外语学习中建立起对自己学习的责任感和主动性，这为他们的学习过程注入了积极的动力。这种自我评估的过程不仅让学生更深刻地认识到自己的学习进展情况，还使他们在学习中能够更敏锐地发现问题并主动寻找解决方法。这一系列的学习能力培养旨在提高学生的学习动力和自主学习能力，使他们更具有独立思考和解决问题的能力，从而更好地适应外语学习的长期过程。学生能够深入了解自己的学习进展情况。通过对自己的学习成果、理解程度以及语言运用能力的反思，学生可以更清晰地认识到在学习过程中所取得的进步和存在的不足。这种自我认知有助于学生建立实际、客观的学习目标，明确未来的努力方向。

自我评估使学生能够及时发现问题并主动寻找解决方法。通过对自己学习中遇到的困难和挑战进行评估，学生能够更有针对性地制订改进计划。这种主动性培养了他们解决问题的能力，激发了积极的学习态度。还有助于培养学生的学习动力和自主学习能力。通过自我评估，学生能够体验到对自己学习过程的掌控和管理，从而激发内在的学习动力。学生逐渐成为自主学习者，能够更加独立地进行学习计划的制订和执行，更有信心面对学习中的各种挑战。

这样的学习态度和自主学习能力使学生更好地适应外语学习的长期过程。外语学习是一个渐进、需要持续努力的过程，通过自我评估培养的学习动力和自主学习能力，学生将更具有耐心和坚持力，更好地适应并享受语言学习的过程。学生不仅可以在外语学习中建立对自己学习的责任感和主动性，还可以培养学习动力和自主学习能力，为他们在外语学习的长期过程中取得更为持久和丰富的成果奠定基础。

（三）促进自我成长和自信心建立

自我评估在外语学习中扮演着重要的角色，它有助于学生更全面地认知自己的语言能力，并在评估过程中发现自己的进步。这种正向的认知不仅有助于建立学生的自信心，还能够增强他们对学习的信心。随着学习的不断进展，学生会形成积极的学习态度，更愿意接受挑战，从而促进自身的不断成长。学生能够更全面地了解自己的语言能力。这包括词汇量、语法掌握、听说读写等多个方面。在评估中，学生会审视自己的语言水平，明确哪些方面已经掌握得较好，哪些方面还需要加强。这种全面认知有助于学生更有针对性地制订学习计划，更高效地进行自主学习。

自我评估过程中的正向认知有助于建立学生的自信心。通过意识到自己在语言学习中的进步，学生逐渐形成对自己能力的积极认知。这种正向心态使学生有信心面对学习中的各种挑战，要勇于尝试新的学习方式，从而提高语言技能。

随着学习的深入，积极的学习态度逐渐形成。学生不再把学习视为一项繁重的任务，而是将其看作一个成长的机会。他们更加乐于接受挑战，愿意尝试更复杂的语言任务和更高层次的学习目标。这种积极态度有助于创造更富有成就感的学习体验，使学生更加享受学习的过程。

通过自我评估和积极的学习态度，学生能够实现自身的不断成长。他们在不断发现问题、制订解决方案的过程中，不仅提高了语言能力，还培养了解决问题的能力、自主学习的能力和持久学习的意愿。这种成长是全面的，不仅仅局限于语言技能的提升，更关乎个体在学习中的全面发展。学生能够实现对自己语言能力的全面认知，建立起自信心，形成积极的学习态度，促使自身在外语学习中不断成长。这种积极的心态和学习态度将成为学生在语言学习长期过程中的有力支持，从而为他们的未来学习奠定坚实的基础。

三、自我评估在外语教学中的具体应用

（一）目标设定和进度追踪

目标设定和进度追踪在外语教学中扮演着重要的角色，自我评估是实现这一过程的重要工具。学生在外语学习中设定明确的目标是至关重要的，因为这有助于他们明确自己的学习方向和期望成果。通过自我评估，学生可以首先确定自己的起点，即目前的语言水平和能力。然后，他们可以制定具体、可衡量的学习目标，如提高听力技能、扩大词汇量、提高口语流利度等。这些目标需要明确、具体，并符合 SMART（具体、可衡量、可达成、相关、有时间限制）原则，以便能够有效追踪和评估。

自我评估可以提供定期监测学习进展的机会。学生可以定期对自己的语言技能进行评估，比较实际表现与设定的目标。这种定期的自我检查有助于

发现学习中的弱点和不足，从而及时调整学习策略和方法。例如，如果一个学生的口语水平与目标不符，他就可以采取更多口语练习和对话实践，以提高口语流利度。同时进度追踪还有助于学生保持学习动力。通过观察自己的进展，学生可以看到自己的努力和付出是有回报的，这有助于激发学习兴趣和自信心。此外，学生可以将目标设定为阶段性的小目标，每次达到一个小目标都会带来满足感和成就感，增加学习动力。

自我评估有助于学生自我反思和改进。如果学生发现自己没有按照计划达到目标，他们就可以分析原因，考虑是否需要调整学习方法、时间管理或学习资源。这种反思和自我改进的过程是学习的关键部分，有助于学生不断提高学习效率和成绩。目标设定和进度追踪是外语学习中非常重要的，自我评估是实现这一过程的重要工具。通过自我评估，学生能够明确目标、监测进展、保持学习动力、自我反思和改进，从而更有效地实现外语学习目标，提高语言技能和能力。这一过程是外语教育中的重要环节，有助于学生成为自主学习者和成功的外语使用者。

（二）自主学习能力培养

自主学习能力的培养在现代教育中具有重要意义。自我评估是其中一个重要的组成部分，它鼓励学生主动参与学习过程，评估自己的学习习惯、时间管理和学习策略，并找到提高自主学习能力的方法。自主学习能力培养是为了培养学生的学习主动性和自我管理能力。现代社会对个体自主学习的需求日益增加，因为学习不再仅仅局限于课堂内，而是一个终身的过程。自主学习能力使学生能够主动获取知识，独立思考，解决问题，并不断提高自己的学习效率。通过自我评估，学生可以更好地了解自己的学习需求和目标，制订合适的学习计划，提高学习动力和自律性。

自我评估有助于学生发展批判性思维能力。学生通过反思和评估自己的学习过程，能够更全面地理解知识，发现知识内容之间的联系和逻辑，培养批判性思维和分析问题的能力。学生能够更好地提出问题、验证信息的可靠性，并对所学内容提出自己的见解。这种能力不仅有益于学术领域，还对未来的职业和社会生活具有重要价值。自我评估有助于学生提高学习效率。通过评估自己的学习习惯和时间管理，学生可以发现哪些方法和策略对他们最有效，哪些需要改进。学生可以及时调整学习计划，避免浪费时间和精力，更高效地完成学业。这有助于提高学习成绩，减轻学习压力，增强学习的愉悦感和成就感。

自主学习能力培养和自我评估有助于学生的终身学习。在不断变化的社会和职业环境中，学生需要具备自主学习的能力，不断适应新知识和技能的需求。通过自我评估，学生可以不断提高自己的学习能力，保持学习的热情和动力，实现终身学习的目标。

自主学习能力的培养和自我评估是现代教育的重要组成部分，并有助于学生培养学习主动性和自我管理能力，发展批判性思维，提高学习效率，同时也为终身学习提供了坚实的基础。教育机构和教师应积极采用自我评估的方法，引导学生不断提高自主学习能力，以应对未来的机遇和挑战。

（三）反思与自我改进

反思与自我改进是自我评估的重要方面，它在外语教学中起到了至关重要的作用。自我评估的一个关键目标是促使学生反思他们的学习经验。通过自我反思，学生可以审视自己的学习方法、策略和习惯，了解哪些方面取得了进展，哪些方面需要改进。这种反思过程不仅仅关乎语言技能，还包括学习态度、时间管理、目标设定等各个方面。同时反思还有助于学生识别学习中的挑战和困难。学生可以思考在学习中遇到的障碍，如困难的语法规则、听力理解的问题或口语表达的困难。通过明确问题，学生可以有针对性地寻找解决方法，调整学习策略，提高学习效率。

自我改进是自我评估的自然延伸。一旦学生通过反思识别了问题，他们就可以制定计划，采取措施来改进自己的学习方法。例如，如果一个学生发现自己在听力方面有困难，他就可以增加听力练习的频率，使用不同类型的听力材料，并寻求额外的辅助资源，如听力课程或教材。自我改进还涉及调整学习目标。如果学生发现原来设定的目标不切实际或不符合实际需求，他们就可以修改目标，以更好地反映他们的学习进展和目前的语言需求。这种调整有助于保持学习的动力和方向性。反思与自我改进是一个持续的过程。学生应该定期进行自我评估和反思，不断调整和改进自己的学习方法和策略。这种不断迭代的过程有助于学生不断提升外语学习的效果，不断进步，最终达到更高的语言水平。

反思与自我改进是自我评估在外语教学中的重要方面。通过反思，学生能够审视自己的学习经验，识别问题和面对挑战，然后通过自我改进来调整学习方法和策略。这一过程有助于提高学习效率，促进个人成长，使学生可以更好地实现外语学习目标。

总之，自我评估在外语教学中是一种强大的工具，可以帮助学生更好地管理自己的学习，提高语言技能和文化适应能力，培养自主学习能力，并不断反思和改进学习方法。通过自我评估，学生可以更有效地达到自己的语言学习目标。

第四节　外语教学的反馈与改进

一、外语教学的反馈

（一）及时性和个性化的反馈促进学习进步

及时的反馈对学生的语言学习至关重要，它在外语学习中起到了重要的推动作用。通过及时给予学生关于其语言表达、语法使用等方面的反馈，学生能够在错误发生的瞬间迅速纠正，同时更深入地理解正确的语言使用。

在外语学习中，及时的反馈扮演着至关重要的角色。语言是一门实践性强的学科，学生的语言能力的提高需要不断的实践和调整。及时的反馈就如同一盏明灯，为学生指明前进的方向，帮助他们在学习过程中不断改进，逐步提升语言水平。

及时的反馈有助于纠正学生的语言错误。在学生进行口头或书面表达时，及时的反馈能够直接指出错误并提供正确的用法，使学生在犯错的瞬间就能够意识到并加以改正。这种即时的纠正有助于防止错误观点在学生的语言习惯中根深蒂固，为他们打下正确语言学习的基础。

及时的反馈有助于加深学生对正确语言使用的理解。通过对学生的表达进行及时的评价和指导，教师能够针对性地解释语法规则、词汇用法等知识点，帮助学生更深刻地理解语言的结构和用法。这种理解不仅有助于当前任务的完成，还能够为学生未来更高层次的语言运用打下坚实基础。

个性化的反馈是确保学生得到最大帮助的重要手段。不同学生在语言学习中可能存在差异，有的可能更注重语法规则的掌握，而有的可能更需要提高口语表达能力。了解学生的个体差异，教师能够为每位学生提供更具针对性的建议和指导，使反馈更加贴近学生的实际需求，更有针对性地促进他们在个性化的学习轨迹上取得更好的进步。

综合而言，及时的、个性化的反馈是外语学习中的重要环节。它不仅帮助学生迅速纠正错误，加深对正确语言使用的理解，而且通过满足个体差异，能够更好地引导学生走向个性化的语言学习之路，进而帮助其取得更为显著和持久的学习成果。

（二）鼓励性和建设性的反馈提升学生自信心

反馈在外语学习中的作用不仅仅是指出错误，更应该具有鼓励性和建设性。积极的反馈不仅能够提供改进方向，还能够增强学生的自信心，激发他们继续努力学习的积极动力。

在外语学习中，反馈不应仅仅是对学生错误的指出，更应该注重鼓励和建设。积极的反馈是一种有力的教育工具，能够激发学生的学习兴趣和积极性，使其更加愿意参与到语言学习的过程中。

积极的反馈有助于增强学生的自信心。外语学习常常伴随着语言表达的不确定性和恐惧感，而积极的反馈能够在学生犯错时给予鼓励，强调他们所取得的进步和正确的语言运用方式。这样的正面强调有助于学生树立对自己语言能力的自信心，使他们更勇敢地尝试使用新的语言知识。

积极的反馈能够激发学生继续努力学习的积极动力。通过强调学生的优点和努力，教师能够传递出对学生努力的认可和鼓励。这种积极动力激发学生更积极地投入学习，愿意面对困难和挑战，从而更好地提高语言水平。

建设性的反馈是至关重要的。除了简单指出错误，教师还应该提供具体的改进建议，帮助学生更好地理解和纠正错误。这样的建设性反馈使学生能够在改进中不断进步，而不仅仅是停留在错误的指责中。

因此，在外语学习中，反馈不仅仅是一种纠正错误的手段，更是激发学生学习热情和积极性的重要途径。通过注重鼓励、强调优点、提供建设性建议，教师能够在反馈中培养学生对学习的积极态度，帮助他们更好地克服语言学习中的困难，进而取得更显著的成果。

（三）多元化的反馈形式提高教学效果

在外语学习中，多元化的反馈形式包括口头反馈、书面反馈以及同学之间的互动反馈等，这种多样性对满足不同学生的学习风格和需求具有积极的影响。

口头反馈在外语学习中可以起到直接指导和纠正的作用。在课堂上，教师可以即时地就学生的语言使用进行反馈，指出错误并提供正确的表达方式。这种实时性的反馈有助于学生迅速纠正错误，形成正确的语言习惯，同时也促进了学生对语言规范的敏感性和理解。

书面反馈为学生提供了更加深入的指导和记录。通过书面反馈，教师可以详细解释学生的语言错误，提供相关的语法、词汇建议，为学生提供可查阅的指导材料。这种形式的反馈有助于学生在课后深入思考和理解，提高他们的自主学习能力。

同学之间的互动反馈能够促进合作学习和共同进步。学生之间可以相互交流、分享学习体会，通过合作解决语言问题。这种互动反馈不仅拓展了学生的视角，还培养了团队合作精神，使学习过程更富有社交性和互动性。

多元化的反馈形式在外语学习中扮演着重要的角色。口头反馈、书面反馈和同学之间的互动反馈相辅相成，满足了不同学生的学习需求，既强调实时性和直接性，也注重深度指导和合作学习，为学生提供了全面而有针对性的支持，促进了其外语学习的全面发展。

（四）形成性和总结性反馈共同促进学习

形成性反馈和总结性反馈是外语学习中两种重要的反馈形式，它们在不同层面和时期对学生的语言学习发展都发挥着重要的作用。

形成性反馈在学习过程中注重及时指导。这种反馈形式主要关注学生在学习中的具体表现，旨在帮助他们理解并纠正语言使用中的错误。通过直接的口头反馈或书面反馈，教师可以即时指导学生，强调正确的语言结构、词汇用法等，促进学生逐步提高。形成性反馈强调的是在学习过程中及时纠正和引导，使学生能够更快地理解并改正自己的错误，从而提高语言水平。

总结性反馈更注重对学期或学年的整体评估。这种反馈形式主要目的在于对学生的全面学习情况进行梳理和总结，为未来的学习提供指导。通过考察学生的整体语言水平、学科表现以及学习态度，总结性反馈有助于学生更清晰地了解自己的长处和不足，为进一步的学习规划提供有针对性的建议。总结性反馈的重点在于为学生提供更长远的发展方向，帮助他们在语言学习中形成更系统的认知。

这两种反馈形式相辅相成，共同推动学生的语言学习发展。形成性反馈通过及时的、具体的指导，使学生更容易理解和纠正自身的语言问题；总结性反馈通过对学生整体学习情况的评估，为其未来的学习提供更全面的引导。这种结合有助于形成系统性、有效的反馈机制，推动学生在外语学习中逐步提高，实现全面的语言素养发展。

二、外语教学的改进

（一）采用多元化的教学方法

引入多样的教学方法是外语教育改进的重要策略，这包括互动式教学、实践性任务、小组合作等。不同的学生拥有不同的学习风格和强项，通过多元的教学方法，可以更全面地满足学生的个性化需求，提高他们的学习兴趣和参与度。

互动式教学是一种能够激发学生积极参与的教学方式。通过在课堂上引入问答、讨论、角色扮演等互动元素，教师能够促使学生积极思考、表达意见，并在实际交流中提高语言运用能力。这种互动式教学方法打破了传统的单向传递模式，让学生更深入地参与到学习过程中。

实践性任务是培养学生实际语言运用能力的有效手段。通过设计具体的任务，如模拟场景对话、实地调查报告、语言应用项目等，学生能够在实际情境中运用所学知识，提高语言实际运用的能力。这种任务驱动的教学方法使学生更有动力地投入学习，同时增强了他们的学科实用性。

小组合作是一种促进学生参与度的有效方式。通过组织小组项目、小组讨论等活动，学生能够在合作中共同解决问题、交流意见，培养团队协作能力。小组合作不仅有助于提高语言技能，还可以培养学生在团队中沟通协作的重要技能。

通过引入这样多元的教学方法，教育者能够更好地适应学生的差异化需求，激发他们的学习兴趣。这种个性化的教学方式不仅提高了学生的参与度，也可以使他们更主动地参与到语言学习过程中。在外语教育中，这样的多元教学方法有助于培养学生更全面的语言技能，提升他们的跨文化交际能力。

（二）整合技术和在线资源

运用现代技术手段，整合各类在线资源，包括语音识别软件、语言学习应用程序等，可以为学生提供更多实践和反馈机会，同时也丰富了教学内容，使其更为生动有趣。

在当前数字化时代，教育者可以充分发挥现代技术的优势，将各种在线资源巧妙整合到语言教学中，为学生创造更为丰富、实践性的学习体验。其中，语音识别软件和语言学习应用程序等技术工具的应用成为教育领域中的一大亮点。

语音识别软件的运用为学生提供了实践口语表达的机会。通过语音识别，学生可以模拟真实交流情境，进行口语练习，并即时获得准确性和流利度的反馈。这不仅促进了口语技能的提高，还培养了学生在语境中灵活运用所学知识的能力。

语言学习应用程序的整合为学生提供了多样化的学习资源。这些应用程序通过丰富的互动内容、游戏化设计和个性化学习路径，使学习过程更加生动有趣。学生可以通过应用程序进行词汇学习、听力训练、语法练习等，随时随地拓展语言技能。

在线资源的整合为学生创造了更加灵活的学习时机。学生可以根据自身时间和进度，在线学习，不受时间和地点的限制。这种灵活性使得学习过程更加个性化，能够更好地满足学生的学习需求。

整合现代技术手段的语言教学可以促使教学内容的创新。通过多媒体、互动性强的教学软件，教育者能够将抽象的语言知识转化为具体、形象的学习内容，提高学生的学科吸引力和参与度。

综上所述，通过整合语音识别软件、语言学习应用程序等现代技术手段，语言教学不仅可以为学生提供更多实践和反馈机会，而且丰富了教学内容，使学习过程更加生动有趣、个性化。这一切不仅有助于学生更好地掌握语言技能，也推动了语言教育的创新和发展。

（三）实施形成性评估

引入形成性评估方式是外语教育改进的重要手段，包括定期的小测验、项目作业、课堂参与等。形成性评估有助于及时了解学生的学习进展，发现问题并提供更具针对性的帮助。这种评估方式更注重学生的实际语言运用能力，促使他们在学习中不断提高。

定期的小测验可以有效监测学生对课堂内容的理解程度。通过设置小测验，教育者能够及时了解学生在各个语言技能方面的掌握情况，包括听力、口语、阅读、写作等。这有助于发现学生在具体知识点上的薄弱环节，为后续的教学调整提供指导。

项目作业是形成性评估的重要组成部分。通过设计有挑战性和实际性的项目作业，学生可以在实际应用中运用所学语言知识，提高语言实践能力。这样的项目作业有助于教育者更全面地了解学生的学习状况，同时也为学生提供了展示自己语言技能的机会。

课堂参与评估能够直接观察学生在课堂上的表现。通过提问、讨论、角色扮演等方式，教育者可以评估学生的口语表达能力、听力理解水平以及对课堂内容的积极参与程度。这种实时的参与评估有助于教育者调整教学策略，更好地满足学生的学习需求。

形成性评估的重点在于在学习过程中提供及时的反馈和指导，帮助学生更好地理解知识，发现问题并加以纠正。这样的评估方式使学生在学习中更有目标性，更有动力地投入实际语言运用的提高中。在外语教育中，形成性评估的灵活运用有助于培养学生的学习兴趣，提升他们的学习效果，同时促使教育者更灵活地调整教学策略。

（四）促进跨文化交流

建立一个跨文化的学习环境，可以通过与外国教育机构的合作、国际交流项目等方式，为学生创造更多与母语为外语的人交流的机会。这不仅有助于提升学生的实际语言运用能力，还能培养他们的跨文化意识。

在全球化的今天，创造一个跨文化的学习环境对学生的语言发展和综合素养的提升至关重要。与外国教育机构的合作成为实现这一目标的重要手段之一，通过这种合作，学生可以在真实的语言环境中应用所学知识，提高他们的语言运用能力。

国际交流项目是创造跨文化学习环境的另一重要方式。通过参与国际交流项目，学生有机会亲身经历不同文化的生活，与母语为外语的人进行深入交流。这种实践性的交流不仅可以为学生提供锻炼语言技能的机会，也让他们更好地理解和尊重不同文化之间的差异，培养了更广泛的跨文化意识。

与外国教育机构的合作和国际交流项目相结合，学生能够更全面地感知和体验多元文化，从而更好地适应跨文化交流的挑战。这种经历不仅拓宽了学生的视野，也提升了他们的综合素养，使他们在未来的国际交往中更具竞争力。

在跨文化学习环境中，学生有机会接触到更多的语言表达方式和交际技巧，促使他们更灵活地运用所学语言。这样的实际运用不仅加深了语言的理解，还培养了学生更高水平的语感和交际能力。

通过与外国教育机构的合作和国际交流项目等方式，创造跨文化的学习环境有助于提升学生的实际语言运用能力，同时培养他们的跨文化意识，使其在全球化的背景下更为成功地融入国际社会。

第六章 外语教学的教师角色与发展

第一节 外语教师的专业发展

一、外语教师专业发展的原则

（一）持续学习与更新知识

外语教师在面对外语领域不断演变的知识和教学方法时，应时刻保持持续学习的意识，以不断更新自己的教学知识和提高自己的技能。采取各种方式参与持续学习是至关重要的。

参与专业研讨会是外语教师获取最新知识的一种途径。这些研讨会通常提供了一个与同行和专家互动的平台，教师可以在这里分享经验、学习最新的教学方法，并了解领域内的前沿研究成果。参与研讨会不仅可以帮助教师拓宽视野，还可以促使他们不断更新自己的教学理念。

定期参加培训课程是外语教师持续学习的有效途径。这些培训课程可以涵盖教学技巧、语言学科知识、跨文化交流等多个方面，帮助教师保持对新领域和新理念的敏感性。通过系统性的培训，教师能够更全面地了解语言教学的最新趋势，提高自身专业水平。

积极阅读最新的研究成果是持续学习的重要方式。教育领域的研究不断推陈出新，通过阅读学术论文、教育期刊等，教师可以了解到最新的理论、方法和实践经验，从而更好地指导自己的教学实践。

通过跟踪最新的教育理论和语言学科发展趋势，外语教师能够更好地适应学科的变化，提高自己的教学水平。持续学习不仅是教师职业生涯中的一项职责，更是提升教学质量和推动学科发展的必备手段。

（二）参与专业社群与合作

1.经验分享与学习机会

参与专业社群对教育者的专业发展至关重要。在社群中，教育者得以分享自己的教学实践、成功经验和面临的挑战，从而获得来自其他教育者的反馈和建议。这种经验分享不仅促使教育者汲取多元化的教学灵感，还使他们能够更好地了解不同背景下的最佳实践，进而更灵活地应对教育领域的变革。

在专业社群中，教育者可以深入讨论教学中遇到的各种挑战，分享解决问题的方法和策略。这样的交流不仅有助于解决个体教育者在工作中面临的具体问题，也能够促使大家共同思考教育领域的整体发展方向。

通过社群中的经验分享，教育者有机会了解不同学科、不同年级、不同地域的教学实践，从而拓展自己的视野。这种多元的经验汇聚为教育者提供了更广泛的教学范例，让他们可以在自己的教学中尝试新的方法和策略。这对应对学生多样化的学习需求，提高教学的灵活性和适应性都具有积极意义。

社群中的经验分享为教育者提供了建立深厚人际关系的机会。与其他教育者的交流不仅仅停留在教学经验上，还可能涉及职业规划、专业发展等方面。这种人际关系的建立有助于形成有益的合作网络，为教育者未来的专业发展提供更多可能性。

专业社群中的经验分享是教育者专业发展的重要组成部分。通过这种方式，教育者能够汲取来自各方面的教学经验，提升自身的教学水平，更好地适应和引领教育领域的发展。

2.资源共享与合作项目

在专业社群中，教育者可以共享各类教学资源，包括教案、教材、教学活动等。这种资源共享不仅可以减轻教育者的工作负担，同时有助于提高教学效果。除此之外，社群成员还有可能合作开展项目，共同设计创新性的教学活动或者共同研究教育领域的特定主题，从而促进集体的专业成长。

教育者在社群中共享教学资源，可以促进资源的优化和更新。通过分享自己在教学过程中设计的教案、教材或者有趣的教学活动，教育者能够汲取其他成员的经验和建议，从而改进和完善自己的教学材料。这种资源共享机制有助于形成一个互利互惠的学习环境，提高整个社群的教学水平。

社群成员的合作项目有助于创新和提升教学质量。通过共同设计教学活动、合作开发新的教材，教育者能够从不同视角和专业背景中获得灵感。这种合作项目有助于培养创新意识，推动教学方法的更新和改进，从而为学生提供更富有创意和有趣的学习体验。

共同研究特定主题是社群中的成员共同提升专业水平的另一途径。教育者可以选择共同关注某一教育领域的前沿问题，共同开展研究项目，从而深化对该领域的理解。这种集体研究不仅有助于个体的专业发展，也为整个社群的知识储备和研究水平的提升做出了贡献。

社群中的资源共享和合作项目是促使教育者集体专业成长的重要机制。这种集体学习和合作有助于打破个体之间的"信息孤岛"，形成一个共同进步的学术社群。通过互相启发和合作，教育者能够更好地适应教育领域的变革，提高教学水平，从而更好地服务于学生的学习需求。

3. 专业发展与职业机会

参与专业社群有助于建立良好的人际网络，扩大教育者的社交圈，这对个体的职业发展和获取与其他机构或团体合作的机会至关重要。通过社群中的合作与交流，教育者有可能参与更多的专业培训、研讨会，甚至可能获得与其他机构的合作机会，提升自己的专业声望和影响力。

专业社群提供了一个广泛而深入的交流平台，使教育者能够与同行、领域专家以及教育管理者建立有益的人际关系。在社群中，教育者有机会结识来自不同地区和背景的同行，从而拓展自己的社交圈。这样的人际关系网络不仅有助于获取多元化的教学观点和经验，还有可能为个体教育者提供未来职业发展的有力支持。

通过社群中的合作与交流，教育者有机会参与更多的专业培训和研讨会。这种活动不仅提供了学习和成长的机会，同时也是建立人际关系、认识潜在合作伙伴的平台。通过积极参与这些活动，教育者能够获取新的教学理念、最新的教育政策信息，并将这些知识融入自己的教学实践中，提升个体教育者的专业水平。

同时社群中的人际网络还有助于教育者与其他机构或团体建立合作关系。通过与同行、行业专家的联系，教育者可能得知其他机构的专业需求或合作机会。这种信息流通为教育者提供了与其他机构合作的可能性，可以是参与研究项目、合作开发课程、甚至是就业机会等。

参与专业社群为教育者提供了一个丰富的社交平台，有助于建立人际网络，促使个体在职业发展中更具竞争力。这种扩展的社交圈不仅使教育者更容易获取行业内的信息和资源，也为个体与其他机构合作、拓展职业发展路径提供了更多机会。

（三）个性化发展与反思实践

外语教师在专业发展中的个性化计划至关重要。通过注重个性化的专业发展，教师能够更精准地满足自身的需求，提升专业能力，并更好地应对教育环境的变化。

通过对教学实践的深度反思，教师能够识别自己的教学优势和改进的空间。这种反思过程可以涵盖课堂管理、教学方法、学生互动等多个方面。通过理解自己的教学特点，教师可以更明确地确定个性化发展的方向。

根据反思结果，教师可以制定个性化的发展目标。这些目标应当具体、可衡量，并与个人教学实践紧密相关。例如，一个教师可能希望提高在使用技术辅助教学方面的能力，而另一位可能关注于发展更多样化的评估方法。个性化目标的设定使教师能够有针对性地提升弱势，推动自身的教学发展。

在实现个性化发展目标的过程中，选择适合个人兴趣和教学需求的培训和学习路径是至关重要的。这可以包括参与专业研讨会、参加在线课程、加入专业社群等。通过积极参与这些学习机会，教师不仅可以获取新知识，还能够与其他教育者进行交流，共同解决教学中出现的问题。

个性化的专业发展计划有助于提升教师的专业能力，使其更具适应性和创造性。同时这种个性化方式也反映了教育者对自身需求的深刻理解，为提高教育水平奠定了坚实基础。

（四）倡导创新与实践

外语教师在专业发展中应积极鼓励并参与教学创新与实践，通过不断尝试新方法、借助技术手段提升教学效果，以及参与教育研究项目等方式，推动教学质量的提升。

鼓励教学创新是培养教师创造力和适应性的关键。教师可以尝试采用新颖的教学方法，如游戏化教学、项目学习、反转课堂等，以激发学生的兴趣和主动性。通过创新的教学手段，教师能够更好地满足学生多样化的学习需求，提升课堂效果。

借助技术手段提升教学效果是现代外语教育中不可忽视的一部分。教师可以利用多媒体、在线资源、语音识别软件等技术工具，丰富课堂教学内容，提高学生的学习体验。通过尝试和掌握新的教育技术，教师可以更灵活地应对不同学生的学习风格，增强教学的实效性。

参与教育研究项目是一种促进教学创新的途径。通过深入参与研究，教师能够深入理解教学实践中的问题，并通过研究结果优化教学策略。这种实践不仅有助于提高个人专业水平，还可以对整个教育领域的发展起到推动作用。

同时，鼓励学生参与创新活动是培养他们学习兴趣和动力的有效途径。教师可以设计项目学习、科研探究等活动，激发学生的好奇心和创造性思维，使他们在实际问题解决过程中更好地运用所学外语知识。

教学创新与实践是外语教师提高教学水平的有效途径。通过积极尝试新方法、运用技术手段、参与研究项目以及激发学生创新活动，教师能够更好地适应教育变革，提升教学质量。

二、外语教师专业发展的策略

（一）不断学习更新知识

外语教师需要时刻保持一种终身学习的积极态度，持续关注语言学科的最新发展，了解新的教学理论和方法。这种终身学习的态度不仅是对自身专业素养的不断追求，更是对学生提供优质教育的责任担当。

随着时代的发展，语言学科不断演变和更新，涌现出新的理论和方法。外语教师需要通过参与学术研讨会、阅读最新的学术期刊和著作，以及参与在线专业社群，及时获取语言学科领域的最新动态。这有助于教师更全面地理解语言学习的新理念和新观念，及时调整自己的教学理念和方法。

了解新的教学理论和方法对外语教师提高教学质量至关重要。现代教育理论不断拓展视野，新的教学方法也在不断涌现。外语教师通过参与专业培训、研修，了解和运用创新的教学工具和策略，可以更灵活地应对不同学生的学习需求，提供更富有成效的教学内容。

持续学习的过程使得外语教师保持了一种学生的心态。通过亲身经历学习的过程，教师能够更好地理解学生在语言学习中面临的困难和挑战。这种共情能力有助于个性化教学的实施，更好地关注学生的个体差异，提高教学的针对性和灵活性。

终身学习不仅仅是为了获取新的知识和技能，更是一种积极的教育态度。这种态度不仅会影响到教师个体的职业发展，也在一定程度上影响到整个学科的进步。外语教师通过不断追求新知，始终处于学习的状态，不仅有助于提升自身的专业水平，也为学生提供了更富有活力和创新性的语言学习体验。

（二）提升教学技能

专业发展是教师不断提升自身能力的关键，其中包括但不限于提升教学技能、应用新的教学技术、采用有效的教学评估方法以及个性化教学策略。这一系列的专业发展措施有助于教师更好地满足学生的不同需求，提升教学效果。

提升教学技能是教师专业发展的核心。这包括不断深化对教学理论的理解，学习并应用新的教学方法。教育者可以参与专业培训、研讨会，以及教学观摩等活动，积极获取新的教学理念和策略。通过不断更新教学技能，教师能够更灵活地应对学生的学习需求，提供更富有创意和更具针对性的教学内容。

应用新的教学技术是专业发展的一部分。现代技术的不断进步为教育领域带来了新的可能性，如在线教学平台、虚拟实境教学等。教育者应当积极探索并整合这些新技术，以丰富教学手段，提高学生的学习体验。这包括熟练使用电子教材、多媒体资源等现代工具，以更好地满足学生数字时代的学习需求。

有效的教学评估方法同样是专业发展中的重要方面。教育者需要不断了解并应用新的教学评估工具和方法，以更全面地了解学生的学习状况。这可以包括使用形成性评估、利用技术辅助的评估工具，以及注重学生参与度的评估方式。通过更精准的评估，教育者能够更有针对性地调整教学策略，提升教学效果。

个性化教学策略是专业发展中的重要方向。了解学生的差异性需求，采用差异化教学方法，是提高教学质量的有效途径。教育者可以通过关注学生的学习风格、兴趣爱好等方面，设计更贴近学生实际需求的教学活动，以激发学生的学习兴趣和主动性。

综合而言，教师专业发展需要不断更新教学技能、应用新的教学技术、采用有效的教学评估方法以及个性化教学策略。这有助于教育者更好地适应不断变化的教育环境，更有效地满足学生的多样化需求，提高教学质量。在外语教育中，这样的专业发展措施能够更好地培养学生的语言能力，提高他们的跨文化交际能力。

（3）积极参与研究和创新

外语教师应当以积极的态度投身语言教育研究的大潮中，深入了解语言学科的前沿知识。通过参与自己的研究项目和创新实践，教师能够更深入地理解语言学习的本质，为教学提供更为科学的支持。

积极参与语言教育研究是外语教师保持专业竞争力的必然选择。随着时代的发展，语言学科不断演变，新的教学理论、方法和技术层出不穷。通过深入参与研究，教师能够紧跟学科的前沿发展，及时了解最新的教学趋势和方法，为自己的教学实践注入新的理论支持。

自己的研究项目可以使教师更深刻地理解语言学习过程。通过深入的研究，教师可以对学生的语言发展进行更为详尽的分析，发现学生在语言习得上的困难和需求。这种深度了解有助于教师更加个性化地调整教学方法，从而更有针对性地满足学生的学习需求。

创新实践是语言教育研究的重要组成部分。通过在实际教学中尝试新的教学方法、教材或者评估方式，教师能够发现一些新的有效策略，进而不断优化教学过程。这种实践性的研究不仅有助于提升教学的实效性，也为其他教育者提供了宝贵的经验。

积极参与研究不仅对教师个体有益，也为整个语言教育领域提供了宝贵的经验和知识。通过分享研究成果，教师可以推动学科的发展，促进语言教育的不断进步。

积极参与语言教育研究是外语教师不可或缺的一部分，是实现自身专业成长和提高教学质量的有效途径。这种深度参与不仅能够满足教师对知识的追求，更有助于构建更富有创新力和实效性的语言教学体系。

（四）建立专业社群和网络

积极参与外语教育的专业组织和协会，建立专业社群和网络，与其他教育者交流经验、分享资源，是教师专业发展的重要途径。这有助于拓宽视野，获取行业内最新的动态和信息，提高教育者的专业水平和教学效果。

参与专业组织和协会能够为教育者提供一个广泛的学术平台。通过参加相关的学术会议、研讨会，教育者可以深入了解外语教育领域的最新研究成果、教学方法和教育政策。这种学术交流不仅有助于拓展个体的知识面，也为教育者提供了与同行共同讨论问题、分享心得的机会。

建立专业社群和网络是教育者获取实际经验和资源的有效途径。在专业社群中，教育者可以与其他同行建立联系，互相交流教学经验、分享教材资源、讨论教学难题。这种分享和合作的氛围有助于教育者更好地理解行业内的实际情况，得到来自实践的宝贵经验。

参与专业组织能够提供各种专业培训和教育资源。这些培训可以涵盖教育技术的最新发展、教学策略的创新、跨文化交际的最佳实践等方面。通过参与这些培训，教育者可以保持对教育领域的敏感性，不断提升自身的专业素养。

专业组织和协会为教育者提供了参与行业倡导和政策制定的平台。通过参与组织的活动，教育者可以更直接地了解行业的发展方向，参与到推动外语教育改革的过程中。这有助于教育者更好地适应和引导教育领域的变革，为学生提供更优质的教育服务。

在外语教育中，积极参与专业组织和协会，建立专业社群和网络，对提高教育者的专业水平、拓宽教学视野以及推动教育改革都具有积极的促进作用。这种专业参与不仅有助于个体的专业发展，也为整个外语教育领域的不断创新和水平的提升做出了贡献。

（五）跨学科合作与跨文化培养

1.跨学科合作拓宽教学视野

外语教师在教学中应当积极寻求与其他学科的教师进行深度的跨学科合

作。通过与文学、历史、艺术等学科的教育者协同努力，可以为学生提供更为综合和有深度的学习体验。

语言学习可以与文学相结合，通过引入文学作品，让学生在语言学习的过程中感受不同文学风格、了解不同文学时期的社会背景。通过阅读文学作品，学生可以拓展词汇、提高阅读理解能力，并更好地理解语言在文学创作中的应用。

与历史学科的合作可以使学生更好地理解语言在不同历史时期的演变和变迁。教师可以通过结合语言教学和历史事件的讲解，让学生了解语言在不同历史时期的语境中如何发展和演变。这样的跨学科教学有助于培养学生对历史文化的敏感性，提升他们的综合素养。

艺术领域是一个可以与语言学习结合的丰富资源。通过引入艺术作品、音乐、电影等，教师可以激发学生的创造力和想象力，同时帮助他们更好地理解和运用语言。这样的跨学科合作不仅提升了学生的语言水平，也提高了他们的艺术欣赏能力。

通过跨学科项目，学生可以在语言学习的同时涉足其他领域。例如，组织跨学科小组项目，让学生运用所学语言参与实际的研究、创作或表演活动。这种全方位的学科结合使得语言学习更加有趣，同时促进学生的创造性思维和协作能力。

外语教育通过积极推动与其他学科的跨学科合作，可以为学生提供更为综合、有趣和深刻的学习体验，培养出更全面发展的学生。这样的综合教学不仅丰富了学科内涵，也使学生在跨学科的学习中更好地发展自己的能力。

2. 促进跨文化培养提高学生跨文化意识

外语教学应该强调培养学生的跨文化意识，这是提高学生语言能力和拓展其国际视野的重要方面。通过国际交流项目、与外国学校的合作，以及引入多元文化的教材，可以使学生更深入地了解不同文化的背景、价值观和交际方式。跨文化培养不仅有助于学生更好地运用外语，还能够提高他们在跨文化环境中的适应能力，为其未来的国际交往和职业发展打下坚实基础。

国际交流项目是培养学生跨文化意识的重要途径之一。通过参与国际交流，学生有机会亲身体验不同国家和文化，与当地居民交流互动。这种实践性的学习体验能够让学生更深刻地理解和感受目标语言所处文化的各个方面，包括语言、风俗习惯、社会结构等，从而提高他们的跨文化认知水平。

与外国学校的合作是培养跨文化意识的有效手段。通过与外国学校建立联系，开展合作项目，学生可以通过虚拟交流、合作项目等方式与外国学生直接接触。这样的合作不仅可以拓展学生的国际视野，还能够促使他们在跨文化交往中培养沟通技巧和文化敏感度。

同时，引入多元文化的教材也是培养跨文化意识的重要途径。教育者可以选择包含不同文化元素的教材，通过文学作品、影视资料、音乐等多种形式，让学生感受并理解各种文化的独特之处。这样的教材能够激发学生对跨文化交流的兴趣，促使他们更深度地学习和了解外语所涉及的文化内涵。

跨文化培养不仅仅是为了提高学生的语言水平，更是为了使他们在全球化时代更好地适应不同文化环境。通过积极参与国际交流、与外国学校合作，以及运用多元文化的教材，外语教育能够为学生打开国际化的视野，使其在未来的国际交往和职业发展中更具竞争力与适应力。

3.融入实际应用情景培养语言技能

跨学科合作和跨文化培养对设计更贴近实际应用的语言学习任务具有积极的促进作用。通过将语言学习融入实际应用情境中，可以更好地培养学生的语言实践能力，使他们更适应未来的职业和跨文化交流。

模拟国际商务谈判是一种有效的语言学习任务。通过模拟商务场景，学生需要运用所学语言进行商务谈判、协商和沟通。这种实际情境下的语言运用不仅帮助学生提升语言沟通能力，还培养了他们在商务环境中实际运用语言的技能。这样的任务使学生更加贴近未来职场的语言需求。

参与国际模拟联合国项目是一种促进语言实践的方式。在这样的项目中，学生需要运用外语进行国际事务的模拟讨论和协商。这不仅要求他们在语言表达上具备高水平，还要求他们理解和尊重不同文化、不同国家的观点。通过这种跨文化交流的实践，学生能够更深刻地理解语言在国际事务中的作用，提高他们在多元文化环境中的交际能力。

设计其他实际应用情境的语言学习任务，如模拟旅游情景、参与社区服务等，也能够有效加强学生的语言实践能力。这些任务不仅使语言学习更加具体化，同时激发了学生的学习兴趣，使他们更有动力参与语言学习过程。

通过跨学科合作和跨文化培养，教师能够更有针对性地设计实际应用的语言学习任务，帮助学生在真实场景中运用所学语言，提高语言实践能力。这样的教学方式不仅使学生更好地应对未来的挑战，也使他们更深入地理解语言在实际生活和职业领域中的应用。

第二节　外语教师的角色转变

一、外语教师角色转变的基本原则

（一）以学生为中心的原则

将学生置于教学的中心是一项重要的原则，它强调了教学活动应该以满足学生需求和促使他们主动学习为目标。

通过将学生置于教学的中心，教师在设计和实施教学活动时要时刻关注学生的个体差异。每位学生都是独特的，具有不同的学习风格、兴趣和学科理解能力。因此，教师需要采用差异化教学策略，确保每个学生都能够以最适合他们个体需求的方式进行学习。

尊重学生的个体差异涉及对他们的学习风格、文化背景和能力水平的理解。教师可以通过与学生建立积极的沟通渠道，了解他们的兴趣爱好、学科喜好以及在语言学习方面的挑战。这种了解可以帮助教师更好地调整教学内容和方法，以创造一个更具包容性的学习环境。

采用以学生为主导的教学方法，强调学生在学习过程中的积极参与和自主学习。教师可以通过鼓励学生提出问题、分享观点，参与小组活动和课堂讨论等方式，激发他们的学习热情。给予学生更多的决策权，如选择研究主题、制订学习计划等，有助于培养他们的学习动力和责任感。

根据学生的需求和反馈调整教学策略是一项灵活的实践。通过定期收集学生的反馈意见，教师可以了解到他们在学习过程中的困难和需求。这使得教师能够及时调整课程内容、教学方法或提供额外的支持，以确保每个学生都能够充分理解和掌握教学内容。

综合而言，将学生置于教学的中心需要教师关注学生的个体差异，采用以学生为主导的教学方法，并根据学生的需求和反馈进行调整。这种教学理念能够促使学生更积极地参与学习，提高他们的学习效果和满意度。

（二）实践导向原则

强调实际语言运用能力的培养是外语教学中至关重要的一环。通过引入实际语境的任务和项目，教师可以促使学生在真实语境中进行有效的沟通，使学习更具实用性和可持续性。

引入实际语境的任务有助于让学生将所学的语言技能应用到真实生活中。通过模拟真实情境，如商务会话、社交场合、旅行交流等，学生能够更好地理解和运用语言，培养实际交际的能力。这样的任务设计能够激发学生的学习兴趣，提高他们在实际语境中应对问题的能力。

项目学习是培养实际语言运用能力的有效手段之一。教师可以设计涉及跨学科领域的项目，让学生在解决实际问题的过程中运用所学的语言技能。例如，设计一个关于文化交流的项目，学生需要使用外语进行调研、交流和呈现，从而全面提升他们的语言理解和表达能力。

通过解决实际问题，学生在语言运用中能够更深入地理解语言的语境和语用。这有助于培养学生的语感，使其更加自如地运用语言进行沟通。例如，通过角色扮演、模拟实际情境的小组讨论等活动，学生能够在更贴近实际的语境中提升自己的语言交际技能。

强调实际语言运用能力的培养需要教师设计富有实际意义的任务和项目，使学生在课堂中能够体验到语言的真实运用。这样的教学方式不仅促进了学生的语言学习，还培养了他们更为全面和实用的语言能力。

（三）技术融合原则

整合现代技术和多媒体资源是提高教学吸引力与多样性的关键。采用互联网、语音识别技术、虚拟实境等工具，可以创造更富有创意和实用性的学习环境。

在当今数字化时代，教师可以充分利用现代技术和多媒体资源，为学生提供更为丰富、生动的学习体验。通过整合互联网资源，教师可以引入最新的学科知识、真实语言使用场景和跨文化体验，使学生的学习更贴近实际应用。

语音识别技术的应用为语言学习提供了新的可能性。通过语音识别工具，学生能够更直观地练习发音、听力理解，并得到及时的反馈。这种实时反馈有助于纠正发音错误，提高语言技能的准确性，同时激发学生对语音表达的兴趣。

虚拟实境技术为学生提供了身临其境的学习体验。通过虚拟实境设备，学生可以参与模拟实际语境的场景，如商务谈判、旅游导览等。这种沉浸式学习方式可以增加学生的参与感和投入度，帮助他们更灵活地应用语言技能。

在课堂教学中，多媒体资源的应用可以使教学内容更生动有趣。使用图像、音频、视频等多种媒体形式，可以满足不同学生的学习偏好，提高信息的吸收效率。教师可以通过展示地图、视频片段、音频材料等，丰富课程内容，激发学生对学科的兴趣。

综合利用这些现代技术和多媒体资源，教师能够营造出更具创新性和趣味性的学习环境，促使学生更积极地参与语言学习。这种多样性的教学方式不仅提高了教学的吸引力，还为学生提供了更灵活地运用语言的机会，更好地适应现代社会对语言能力的需求。

（四）跨文化教育原则

强调跨文化意识的培养在外语教育中具有重要意义，旨在使学生不仅仅掌握目标语言的语法和词汇，更深入地理解目标语言所属文化的差异，以及培养学生对多元文化的理解和尊重。

通过教授文化背景和相关习俗，教师能够帮助学生更好地了解目标语言所属文化的特点。这包括历史、传统、价值观等方面的知识。例如，在英语教学中，教师可以介绍英语国家的文学、历史事件、文化符号等，从而使学生对英语文化有更深入的认识。

通过引入真实的文化材料，如电影、音乐、文学作品等，教师可以让学生在真实的语境中感受目标语言文化的独特之处。这有助于学生更直观地体验文化的表达方式，加深他们对文化的理解，并激发他们对学习语言的兴趣。

通过开展跨文化交流活动，教师可以促使学生亲身体验不同文化之间的交流和互动。例如，组织学生参与跨文化小组讨论、与国际学生合作项目等，使学生能够在实践中更全面地理解和尊重不同文化之间的差异。

强调跨文化意识的培养有助于培养学生的国际视野和全球意识，使其更好地适应全球化社会的发展趋势。这样的教学理念不仅有益于学生个人的成长，也有助于促进跨文化理解和交流，为他们未来的职业发展打下坚实的基础。

（五）个性化教学原则

关注学生的个体差异是教学中的重要原则，而差异化教学策略则是确保每位学生都能够充分发展自己潜力的有效途径。

为了满足不同学生的学习需求，教师在教学中需要不断关注和理解学生的个体差异。这包括但不限于学科理解能力、学习风格、兴趣爱好和文化背景等方面的差异。通过认识这些差异，教师可以制定差异化教学策略，确保每个学生都在最适合他们的学习环境中取得成功。

差异化教学强调在相同课堂中应对不同学生的差异性需求。教师可以通过灵活的学习路径来满足学生的个体需求。这意味着在课程设计中，教师可以提供不同难度和深度的学习材料，以适应学生各自的学科理解水平。

为了确保每个学生都能够在适合他们学习风格的环境中取得成功，教师还可以提供多样化的任务选择。这包括不同类型的项目作业、小组合作、实地调查等，以满足学生对学科的不同感知方式和学习兴趣。

在评估方面，采用灵活的评估方式同样是关键。传统的标准化测试可能不能全面反映学生的实际语言运用能力。因此，教师可以采用多样的评估方法，如项目作业、口头报告、小组讨论等，更全面地了解学生在各个语言技能方面的表现。

通过贴近学生个体需求的差异化教学策略，教师能够营造出一个更具包容性的学习环境，使每个学生都有机会充分发挥自己的潜力。这不仅有助于提高学生的学业成绩，还能够培养他们的学习兴趣和自主学习能力，为未来的发展奠定坚实的基础。

二、外语教师角色转变时应该注意的问题

（一）学生需求的细致了解

教师在从传统的知识传授者转变为学生导向的引导者时，深入了解学生的个体差异是确保教学成功的关键。

在教育领域的演变中，教师的角色正逐渐从传统的知识传授者转变为更

注重学生导向的引导者。这一转变强调的是教师不仅仅是知识的传递者，更是学习过程中的引导者，需要更深入地理解学生的个体差异。

了解学生的个体差异包括关注他们的学科理解水平。不同学生对学科的理解程度各异，教师应当在教学中差异化地考虑这些水平。这可能涉及提供额外的支持、挑战性的任务或者调整教学材料，以确保每个学生都能够在适宜的水平上参与学习。

学习风格是需要教师深入了解的重要方面。一些学生可能更喜欢通过视觉方式学习，而另一些则更适应听觉方式或动手体验。通过了解学生的学习风格，教师可以调整教学方法，采用更贴近学生偏好的方式进行教学，提升学习效果。

除此之外，文化背景也是个体差异的一个重要方面。学生的文化背景影响着他们对事物的理解和学习方式。了解学生的文化背景，教师可以更好地融入多元文化元素，使学习环境更加包容和丰富。

深入了解学生的需求有助于教师量身定制差异化的教学策略。这包括设定个性化的学习目标、提供适应不同学习风格的教材、鼓励合作学习等。通过差异化的教学策略，教师能够更好地满足每个学生的学习需求，为他们营造一个更具有成就感和自信心的学习环境。综合而言，教师在从传统知识传授者转变为学生导向的引导者时，通过深入了解学生的个体差异，可以更有效地实施差异化教学策略，确保每个学生都能够在适合他们的学习环境中取得成功。这种个体化的关注有助于提高学生的学习体验，培养他们的学习兴趣和自主学习能力。

（二）技术应用的平衡

整合现代技术和多媒体资源在教学中是一个不可忽视的重要环节，而教师在这一过程中需要保持平衡，确保技术的使用不会削弱教学的人性化和关怀。关注学生的学习体验，确保技术工具的应用是有益于学习的，而不是简单地为了使用技术而失去教学的人文关怀。

教师在整合技术和多媒体资源时应当注重技术的有效性。选择合适的技术工具和资源，确保其能够有助于教学目标的实现，提升学生的学习效果。技术的使用应当是一种有目的、有计划的手段，而不是为了使用而使用。

关注学生的学习体验是至关重要的。教师在引入技术和多媒体资源时，应当考虑学生的学习习惯和需求，确保使用技术工具能够提升他们的学习体验。例如，使用交互式的教学软件、在线学习平台，以及设计富有创意和互动性的课程内容，从而使学生更加积极参与学习过程。

同时，保持教学的人性化和关怀是不可忽视的方面。虽然技术在提供信息和资源方面具有巨大优势，但教育依然是一门人文科学，需要关注学生的情感和个性发展。教师应当在利用技术的同时，保持与学生的良好沟通，关心他们的学习进展和个人需求，确保在教学过程中不失去对学生的关怀。

教师在整合技术和多媒体资源时要注意平衡。避免过度依赖技术，导致教学过程失去人文关怀的特质。技术是教学的有力辅助工具，而教学的本质仍然是教育人的过程，需要综合考虑学科知识、教育心理和学生个体差异等多方面因素。

在角色转变中，教师可以成为技术的引导者和创新者，充分利用现代技术提升教学效果，同时保持对学生的关爱和关注。这样的整合方式有助于创造一个融合技术与人文关怀的教育环境。

（三）教学方法的适应性

1. 差异化教学策略

在教学实践中，差异化教学策略成为确保每个学生在学习中都能够实现个体化发展的重要手段。差异化教学的核心理念是认识到学生之间存在着各种各样的差异，包括学科理解水平、学习风格和背景知识等。

差异化教学涉及根据学科理解水平的不同为学生提供不同难度的学习任务。有些学生可能对某一学科有着较高的理解水平，而另一些可能需要更多的支持。因此，教师可以根据学生的理解水平设计有挑战性或更基础的学习任务，以确保每个学生都能够在适宜的难度下进行学习，既不感到沮丧也不感到无趣。

差异化教学强调灵活调整学习路径，以满足学生的学习风格。不同学生对学习的方式有着独特的偏好，有些人更倾向通过视觉途径学习，而另一些人则更喜欢听觉或动手体验。通过了解学生的学习风格，教师可以调整授课方式、使用不同的教学资源，以确保学生在最适合他们学习风格的环境中学习。

差异化教学的实践包括为具有不同背景知识的学生提供个性化的支持。

有些学生可能在某一领域有较丰富的背景知识，而其他人则可能相对陌生。通过差异化的教学策略，教师可以为不同层次的学生提供适当的指导，使每个学生都能够建立在他们已有的知识基础上，并逐步深入学习新的概念和技能。

差异化教学策略为教师提供了灵活性，使他们能够根据学生的差异调整教学方法，确保每个学生都在个性化的学习环境中获得成功。这种个体化的关注有助于提高学生的学习效果和自信心，培养他们积极主动的学习态度。

2. 主动学习和合作学习

教学方法的适应性不仅仅涉及调整教学内容和形式，还包括在教学中引导学生参与主动学习和合作学习。

在现代教学中，教师不仅仅是知识的传递者，也是学习的引导者，这需要采用适应性的教学方法，引导学生更主动地参与学习过程。其中一个重要方面是激发学生的学习兴趣，培养他们的合作和沟通能力。

适应性教学强调启动探究性学习活动。通过设计具有挑战性和探究性质的学习任务，教师可以激发学生的好奇心和求知欲。这种启发式的学习方式鼓励学生主动提出问题、进行实地观察和实验，从而更深入地理解学科知识，并培养他们主动探索的学习态度。

组织小组合作项目是教学方法适应性的重要组成部分。通过将学生组织成小组，让他们在协作中解决问题、分享思考，可以促使他们更积极地参与学习。在小组中，学生能够互相交流、互相支持，共同探讨学科知识，不仅增强了学习的互动性，也培养了团队协作和领导技能。

鼓励学生分享和讨论彼此的理解是适应性教学方法的重要环节。通过鼓励学生在课堂上分享他们的看法、理解和疑惑，教师可以建立一个开放和共享的学习氛围。这不仅有助于学生更好地理解彼此的观点，也能够提高他们的表达和沟通能力，促进知识的共建。

适应性教学方法通过引导学生参与主动学习和合作学习，不仅激发了他们的学习兴趣，还培养了他们在团队中合作、沟通和解决问题的能力。这种积极地参与方式有助于提高学生的学习效果和综合素质，使他们更好地适应未来的学习和工作环境。

3. 多元教学媒体的运用

适应性教学的有效实施需要充分利用多元教学媒体，包括图像、音频、视频、互联网等，以满足学生不同的学习偏好和感知方式。

在当今信息化时代，教育领域越来越注重整合多元教学媒体，以适应学生的不同学习需求。适应性教学应当积极采用多种教学媒体，以创造更具吸引力和丰富多彩的学习环境。

图像是一种强大的教学媒体，可以用于呈现抽象的概念、解释复杂的过程，以及激发学生的视觉思考。通过引入图像，教师可以更生动地展示知识点，帮助学生更好地理解抽象的概念，特别是对那些偏向采取视觉学习方式的学生。

音频和视频的运用能够增强学生的听觉和观察经验。通过播放音频剪辑、观看教学视频，学生可以更直观地感受语言的发音、口音差异，同时也能够接触到实际场景和情境，提高其对语言运用的感知和理解。

互联网则为教学提供了广泛的资源和互动性。学生可以通过在线平台获取更多的学习资料、参与讨论、完成在线任务等。教师可以利用互联网资源进行差异化教学，满足学生不同层次的学习需求，同时也能够激发学生在网络环境中的学习兴趣。

通过引入多样化的教学媒体，适应性教学有助于提高学习的吸引力和效果。不同学生有着不同的学习偏好，有些可能更喜欢采取视觉方式，而其他人则更注重听觉或互动。教师通过灵活运用多元教学媒体，能够更好地满足学生的多样性需求，使学习更加生动有趣，同时也促使学生更全面地理解和应用所学知识。

适应性教学通过充分利用多元教学媒体，为学生提供了更具创意和互动性的学习体验，进一步促进了他们对知识的深入理解和应用。这种多元教学媒体的整合有助于打破传统教学的单一性，更好地满足学生在数字时代的学习需求。

（四）自我反思和专业发展

角色的转变对教师来说确实需要进行持续的自我反思和专业发展。教师应当不断审视自己的教学实践，了解学生的反馈，并根据反馈和经验调整教学策略。积极参与专业发展活动，如研讨会、培训课程和与同行的合作等，有助于不断提升教育水平和适应教育领域的变革。

教师需要进行定期的自我反思。通过观察自己的教学实践，教师可以审视教学方法的有效性，了解学生的学习状况，并发现可能需要改进的地方。定期的自我反思有助于教师及时发现问题并采取措施进行调整，从而提高教学质量。

重视学生的反馈是非常重要的。教师可以通过定期的问卷调查、小组讨论或一对一的沟通，了解学生对教学的感受和建议。学生的反馈是宝贵的信息源，有助于教师更全面地了解学生的需求和期望，从而更好地调整教学策略。

积极参与专业发展活动是教师不可或缺的一部分。参加研讨会、培训课程以及与同行的合作，可以让教师了解最新的教育理论、教学方法和技术工具。通过专业发展，教师能够更好地适应教育领域的变革，不断提升自己的教育水平。

教师可以通过与同事分享经验、进行互动合作，形成教学共同体，共同推动教育的进步。与同行的合作有助于拓宽视野，获得更多的教学灵感，同时在共同的专业目标下共同努力，推动整个教育团队的提升。

教师在角色的转变中需要注重自我反思和专业发展。这种持续的学习态度不仅有助于提升个人的教学水平，也有助于建设一个更为创新和富有活力的教育环境。

第三节　外语教师的反思与自我提升

一、外语教师的反思

（一）教学方法和策略的评估

1. 效果评估

教学方法和策略的评估首先涉及对教学效果的全面评估。在这个过程中，教师需要深入审查所采用的教学方法，以确保其能够实现预期的学习目标。这包括对学生在不同语言技能方面的提高情况进行考察，涵盖听、说、读、写等多个层面，以及对文化理解的深度评估。

在语言能力方面，教师会关注学生在听力和口语方面的发展。通过观察学生是否能够理解并正确运用听到的语言，以及是否能够流利、准确地表达自己的思想，教师能够评估教学方法在提升学生口头交流能力方面的效果。

在阅读和写作方面，教师会关注学生的文学理解能力和书写表达水平。通过检视学生的写作作品和阅读反馈，教师能够判断所采用的教学方法是否有效地促进了学生在这两个领域的发展。

对文化理解的评估是教学效果评估的重要组成部分。教师会考查学生是否能够透过语言学习深入理解和尊重不同文化，以及是否能够在跨文化交流中表现出适应性和开放性。

通过对学生在这些方面的学习成果进行深入的分析，教师能够判断教学方法的有效性，并且在需要的情况下做出相应的调整和改进。这种全面的评估有助于确保教学方法能够更好地满足学生的学习需求，提高教学的实效性。

2.学生参与度评估

一方面，教学方法和策略的评估需要考虑学生的参与度。学生的参与度是衡量教学活动吸引力和学生投入程度的重要指标。另一方面，教师可以通过观察学生在课堂上的积极程度、主动提问的频率、对小组合作的贡献等方面来了解教学方法对学生参与的影响。

高度的学生参与度通常表明教学方法能够激发学生的兴趣和积极性，使他们更愿意参与到课堂活动中。这可能反映出教师在教学设计中考虑到了学生的需求和兴趣，使课程内容更加引人入胜。此时，教师可以进一步分析哪些教学方法特别受到学生欢迎，以便在今后的教学中加以强化和拓展。

相反，较低的参与度可能提示教学方法需要重新评估和调整。这可能是因为学生对课程内容缺乏兴趣，或者教学方法未能有效激发学生的学习动机。在这种情况下，教师可以尝试引入更多互动式的教学活动、利用多媒体资源或者调整教学节奏，以增加学生的参与度和投入感。

学生参与度的评估为教师提供了重要的反馈信息，帮助其更全面地了解教学的实际效果，并根据学生的反馈进行教学策略的精细调整。这种综合性的评估有助于构建更具吸引力和有效性的教学环境。

（二）学生学习成果的分析

教学方法和策略的评估首先涉及对教学效果的全面评估。在这个过程中，教师需要深入审查所采用的教学方法，以确保其能够实现预期的学习目标。这包括对学生在不同语言技能方面的情况进行考察，涵盖听、说、读、写等多个层面，以及对文化理解的深度评估。

在语言能力方面，教师会关注学生在听力和口语方面的发展。通过观察学生是否能够理解并正确运用听到的语言，以及是否能够流利、准确地表达自己的思想，教师能够评估教学方法在提升学生口头交流能力方面的效果。

在阅读和写作方面，教师应关注学生的文学理解能力和书写表达水平。通过检视学生的写作作品和阅读反馈，教师能够判断所采用的教学方法是否有效地促进了学生在这两个领域的发展。

对文化理解的评估是教学效果评估的重要组成部分。教师会考查学生是否能够透过语言学习深入理解和尊重不同文化，以及是否能够在跨文化交流中表现出适应性和开放性。

通过对学生在这些方面的学习成果进行深入的分析，教师能够判断教学方法的有效性，并且在需要的情况下做出相应的调整和改进。这种全面的评估有助于确保教学方法能够更好地满足学生的学习需求，提高教学的实效性。

（三）课程设计和组织的审视

在反思过程中，教师会仔细审视自己设计和组织的课程。教师应考虑课程目标的明确性和贴近学科要求的程度。明确的课程目标对学生的学习非常关键，因此教师会评估目标是否清晰，是否能够有效引导学生在课程中的学习方向。

教师会审查教学内容，确保其符合学科标准和学生的学习需求。这可能涉及更新教材、引入实际案例或最新的研究成果，以使课程内容更具吸引力和实用性。同时，教师会评估教学内容的难易程度，确保与学生的实际水平相匹配，避免出现过于简单或过于复杂的情况。

教师应审视整个教学过程，包括教学方法的选择、教学活动的设计以及评估方式的合理性。教师应思考课堂是否能够保持秩序，学生是否积极参与，以及教学活动是否达到预期效果。这有助于教师更好地了解教学过程中可能存在的问题，并提出调整方案，使课程更加合理有序。

通过对课程设计和组织的审视，教师能够精细调整课程结构，使其更符合学生的学习路径和个体差异。这样的反思过程不仅有助于提升整体教学质量，还能够更好地实现教学目标，为学生提供更富有启发性和有效性的学习体验。

（四）个人专业发展的规划

在教学反思的过程中，外语教师会思考个人在语言教育领域的发展方向。这包括确定自己在教育事业中的长远目标、希望达到的教学效果，以及对学生成就的期望。通过明确个人发展方向，教师可以更有针对性地制订专业发展计划，使之更符合个人志向和教育领域的需求。

教师应审视自己的专业水平，思考是否需要进修以提升教育水平。这可能包括参与专业培训、获得进修学历、参与研讨会等形式。通过不断学习更新的教育理论和最新的语言教学方法，教师可以更好地适应教育领域的变革，提高自己的教学水平。

参与教育研究和专业社群是教师规划个人专业发展的重要环节。教育研究可以使教师深入了解语言教学领域的最新趋势和前沿知识，为教学提供更科学的支持。参与专业社群则可以拓展教师的视野，与同行分享经验、交流教学心得，促进共同成长。

通过规划个人专业发展，外语教师可以更好地应对不断变化的教育环境，不仅可以提升自身的专业素养，也可以为学生提供更优质的教育服务。这样的专业发展规划有助于教师更好地实现职业目标，为教育事业的可持续发展贡献力量。

二、外语教师的自我提升

（一）终身学习与专业发展

外语教师应该将终身学习作为一项不懈的责任，以不断深化自己的学科知识和教学技能。积极参与专业培训、学术研讨会和教学工作坊等活动，这有助于与同行进行深入的交流合作，从中汲取新的教学灵感和方法。通过关注国内外学术组织的最新进展，参与发表教育论文等形式，积极参与学科建设，努力保持在外语教学领域的前沿地位。这样的终身学习态度不仅使外语教师不断更新自己的知识体系，也提高了他们在教育领域中的领导力和专业水平。

在外语学习方面，外语教师可以通过持续学习最新的语言学研究成果，了解目标语言的语法、词汇及语用规范的变化，以保持对语言知识的深刻理解。通过参与国际性的语言学研究团队或学术组织，教师能够拓展自己的学科视野，从而更好地指导学生理解和运用外语。

外语教师可以关注最新的语言教育技术和在线学习平台，掌握先进的教育工具，为学生提供更富有创意和互动性的学习体验。教师通过参与国际性的教育技术研讨会，了解全球范围内的最佳实践，将创新的教学方法融入自己的教学实践，提升外语学习的效果。

外语教师持续进行终身学习是确保他们在不断变化的语言学和教育领域中保持竞争力的关键。这种积极的学习态度有助于为学生提供更为丰富、深入的外语学习体验，促使他们在跨文化交流和全球化背景下更好地适应和发展。

（二）掌握新技术与教育工具

在科技不断发展的背景下，外语教学的教育工具和技术也在迅速更新，外语教师有责任主动学习并灵活运用这些新技术，以提升教学效果，满足学生的学习需求。

外语教师可以积极学习并掌握在线教学平台的使用方法。通过利用现代的在线学习平台，教师可以为学生提供更加灵活的学习资源和交互机会。在线平台不仅能够拓展学生的学习途径，还能够提供更多的实时反馈和个性化指导，从而更好地满足学生的个性化学习需求。

虚拟实境技术是另一个外语教学中的创新领域。通过引入虚拟实境，教师可以为学生创造更真实、沉浸式的语言学习环境。例如，学生可以在虚拟环境中与虚拟场景中的人物进行交流，增强他们的语言实际运用能力。这种技术的应用使得语言学习更具趣味性和实用性。

合理利用多媒体和互联网资源是外语教学中的重要手段。通过引入图像、音频、视频等多媒体元素，教师可以使课堂更生动有趣，激发学生的学习兴趣。同时互联网资源的丰富性也为学生提供了广泛的学习资料，帮助他们更全面地了解目标语言文化和实际应用场景。

外语教师要紧跟科技发展的步伐，主动学习并巧妙地融入新的教育技术。通过合理利用在线平台、虚拟实境技术以及多媒体资源，教师可以创造更具创新性和实用性的教学环境，提高学生的学习兴趣和参与度，更好地满足其外语学习的当代需求。

（三）反思与创新教学方法

外语教师应时刻保持对自己教学过程的反思，并及时调整教学方法。通过定期的教学反思，了解学生的学习效果和反馈，发现问题并及时改进。同时，鼓励教师在教学中尝试创新方法，如项目式教学、合作学习等，提高学生的参与度和主动性。通过不断的教学实践和反思，外语教师能够逐步优化自己的教学方式，更好地适应学生的学习特点和需求。在外语教学领域，教师应时刻对自己的教学过程进行反思，以确保教学效果能够最大化地发挥。教学反思是一种系统性的思考和评估，通过对教学实践的深入思考，教师能够更好地了解学生的学习状况，发现教学中存在的问题，并采取相应的措施进行调整和改进。

通过定期的教学反思，教师能够全面了解学生的学习效果和反馈。教学并非单向的传授，而是一种互动的过程。通过及时收集学生的学习反馈，教师可以了解到学生在语言掌握、表达能力、学科兴趣等方面的表现，从而更准确地判断教学效果。这有助于教师根据学生的实际需求调整教学内容和方法，提高教学更具针对性和有效性。

教师应鼓励自己在教学中尝试创新方法。语言学习具有多样性和复杂性，因此，教师需要灵活运用各种教学方法，以满足学生不同的学习需求。项目式教学、合作学习等创新方法能够激发学生的学习兴趣，提高他们的参与度和主动性。通过尝试这些新颖的教学方法，教师能够发现更适合学生的教学方式，并不断拓展自己的教学视野。

通过不断的教学实践和反思，外语教师能够逐步优化自己的教学方式。每一次的反思都是对教学过程的深入思考，是对教学方法的不断调整和完善。这种持续的反思和改进过程使教师能够更好地适应学生的学习特点及需求，提高教学的质量和效果。

外语教师的教学反思和不断尝试创新方法是促使教学不断进步的关键。通过深入思考和实践，教师能够更好地了解学生，提高教学的适应性和灵活性，从而为学生创造更富有成效的语言学习环境。

第四节　外语教师的跨文化教育素养

一、跨文化教育素养的特征

（一）学科知识和专业技能

1. 深厚学科知识

教育工作者需要通过系统的学科学习和持续的专业发展，不断加深对所教学科的认识。这不仅包括对学科的基本概念、原理的深入理解，更涉及对学科领域最新研究动态和前沿知识的跟进。持续学习使教育工作者能够紧跟学科发展的步伐，为学生提供最为权威和更新的知识。

在掌握学科核心概念的基础上，教育工作者应该对学科内容进行全面的串联和整合。这意味着能够将教材中的各个知识点有机地连接起来，形成一个完整而有机的知识网络。通过深入挖掘学科的内涵，教育工作者可以为学生呈现更为全面、深刻的学科面貌，激发学生对知识的浓厚兴趣。

深厚的学科知识赋予了教育工作者在解答学生问题时的自信。教育工作者能够对学生的提问做出准确、清晰的回答，为学生解决疑惑提供可靠的支持。这种自信不仅增强了教学的权威性，同时也在潜移默化中激励着学生对知识的追求。

在课堂上，深厚的学科知识使得教育工作者能够灵活应对学生的学习需求。他们可以根据学生的水平和兴趣，调整教学内容和方法，确保教学过程既符合学科的要求，又能够引导学生更深入地理解学科内涵。

综合而言，深厚的学科知识不仅是教育工作者的教学本领的基础，也是培养学生对知识的理解和探究兴趣的重要因素。这种知识深度将为学生提供丰富而有深度的学习体验，为他们的学科发展奠定坚实的基础。

2. 灵活运用专业技能

外语教学中，学生的学习风格和语言习得方式各异。教育工作者需要能够灵活选择和运用多样化的教学方法，以满足不同学生的学习需求。例如，对口语能力较强的学生，可以采用更注重采取口语对话方式的教学方法；对更偏向采用书面表达方式的学生,可以加强书写和阅读练习。通过灵活选择教学方法,教育工作者能够更好地调动学生学习的积极性。外语教学不再局限于传统的教科书,而是可以充分利用现代技术和多媒体资源。教育工作者需要善于发现和整合各类教学资源,包括在线语言学习平台、语音识别软件、多媒体课件等。通过灵活运用这些教学资源,教育工作者可以提供更为生动和实用的学习体验,帮助学生更好地理解和运用外语。在外语教学中,良好的课堂管理是确保学生专注学习的关键。教育工作者需要具备灵活的课堂管理技巧,包括合理的座位安排、有趣的引导活动、高效的时间管理等。通过巧妙地运用课堂管理技巧,教育工作者能够营造出积极的学习氛围,提高学生对外语学习的投入度。

(二)教学设计和组织能力

1. 课程设计的有效性

教学设计的有效性是指教师所构建的课程是否能够达到既定的教学目标,并在一定程度上满足学生的学习需求。教师需要对自己的课程设计进行全面评估,确保其在多个方面都能够为学生提供有益的学习体验。

明确的学习目标是一个成功课程设计的重要因素。教师应确保所设定的目标具有明确性、可衡量性和可实现性。这有助于学生理解课程的方向,同时也为教师提供了一个衡量学生学习成果的标准。

选择合适的教材是课程设计中至关重要的一环。教师需要评估教材的质量、与学习目标的契合度以及适应学生水平的程度。多元化的教材选择可以丰富学生的学习体验,促使他们在不同的语境中运用所学知识。

在设计教学活动时,教师应确保活动多样化、具有足够的挑战性,并能够激发学生的兴趣。通过融入互动性强、实践性强的教学方法,教师能够更好地引导学生参与,提高他们的学科素养和实际应用能力。

评估方式的设计是教学设计的重要组成部分。教师需要确保评估方式能够全面反映学生的学习成果,包括知识的掌握、实际运用能力以及批判性思维等方面。通过合理的评估方式,教师能够更全面地了解学生的学习状况,为他们提供有针对性的反馈和指导。

通过审视课程设计的合理性和有效性,教师可以不断优化教学方案,确保课程能够充分激发学生的学习兴趣,提高他们在各个层面的学科素养。这种反思性的课程设计有助于营造出更具吸引力和实效性的学习环境。

2. 课堂组织和管理

教学组织和管理是教师在课堂内部活动与流程中发挥作用的重要方面。在这个领域，教师需要精心考虑自己的组织能力，包括有效的时间管理、清晰的教学步骤、合理的学生互动安排等。一个精心组织的课堂能够显著提高学习效果，促进学生的参与和合作。

有效的时间管理是课堂组织的基础。教师应当合理分配每个学科内容的时间，确保在有限的教学时间内涵盖必要的知识点。通过巧妙的时间规划，教师可以确保学生充分理解每个概念，避免课堂内容过于仓促或拖沓。

清晰的教学步骤是提高课堂组织效果的重要因素。教师应当提前规划好每节课的教学步骤，确保知识传递有层次、有逻辑。明确的教学步骤有助于学生更好地理解和吸收知识，提高学习的效果。

合理的学生互动安排是课堂组织的重要方面。教师可以通过引入小组讨论、合作项目等方式，促进学生之间的积极互动和合作。良好的学生互动不仅有助于知识的深入理解，还能培养学生的团队合作能力和沟通技巧。

为了确保一个有序的学习环境，教师需要不断反思和提升自己的课堂组织与管理能力。通过收集学生的反馈意见、观察课堂实际表现，教师可以发现问题并及时进行调整。只有在有序的学习环境中，学生才能更好地参与学习，达到更高的学业目标。因此，教师在教学过程中应时刻保持对课堂组织和管理的关注，以创造一个有益于学生全面发展的教育空间。

（三）学生关怀和个性化教学

1. 学生关怀

学生关怀是教师对学生整体发展和福祉的关心体现。这包括情感关怀、社会关怀和学业关怀。情感关怀涉及建立积极的师生关系，让学生感受到教师的关心和支持。通过倾听学生的需求、理解他们的情感状态，教师可以建立起亲密的师生关系，培养学生的自尊心和信任感。

在情感关怀的框架下，教师应当鼓励学生表达自己的情感和需求，创造一个开放、包容的学习环境。通过定期的交流、关心学生的个人成长，教师可以成为学生的良好导师，引导他们更好地应对生活中的各种情绪和挑战。

社会关怀关注学生在校园社交和群体互动中的表现。教师可以通过鼓励学生参与团队活动、组织社交活动，帮助他们建立良好的人际关系和团队合作能力。提供社会支持，使学生在学校中感到归属感和安全感。

社会关怀包括对学生的发展进行全面的评估，促使他们在社会交往中培养良好的沟通和合作技能。通过关注学生的社会适应能力，教师可以更好地引导他们融入校园文化，建立亲密友谊，培养团队协作的精神。

学业关怀强调教师对学生学业发展的关注。通过定期的学业辅导、关注学生的学习进展和挑战，教师可以提供个性化的学术支持，帮助学生克服学习障碍，激发学习兴趣。

在学业关怀的背景下，教师可以制订个性化的学习计划，帮助学生树立明确的学业目标，并提供有效的学习策略。通过关注学生的学术表现，教师可以更及时地发现学习中的问题，提供有针对性的指导和支持，确保学生在学业上取得良好的成绩。这种关怀不仅有助于学生的学业发展，还培养了他们对学习的积极态度和自主学习的能力。

2. 个性化教学

一方面，个性化教学是一种致力于满足每个学生独特需求的教学方法，它通过调整教学方法和内容，以适应学生的学习风格、能力水平和兴趣爱好。在实施个性化教学时，差异化教学策略是至关重要的。这意味着教师需要设计多样化的教学活动，以确保每位学生都能在符合其个体学习风格的环境中获得成功体验。这包括提供不同层次的教学材料、允许学生在学习进度上有一定的灵活性，并采用多样化的评估方式，以更全面地了解学生的学习成就。

另一方面，个性化教学强调对每个学生学术水平和发展需求的深入了解。通过使用诊断性评估工具，教师可以全面了解学生的学科优势和薄弱点，从而有针对性地制订个性化的学习计划。这种精准的了解有助于防止学生的学习差距进一步扩大，并鼓励每个学生发挥其最大潜力。通过提供有针对性的支持，教师可以确保每个学生都在适应性的学习环境中实现个人学术目标。

个性化教学不仅关注学科知识的传授，更注重培养学生的学习动机和自主学习能力。通过满足学生的个体需求，个性化教学有助于激发学生的兴趣，增强他们对学习的投入感，并培养他们的自我管理和解决问题的能力。因此，个性化教学不仅仅是适应性的教育方法，更是为学生全面发展提供的重要支持。

（四）专业道德和职业操守

教育素养体现在教育工作者对专业道德和职业操守的理解与践行上。这包括遵循职业道德准则、对学生负责、保护学生权益、维护教育公平等。良好的专业道德和职业操守是构建良好教育环境的基础，有助于建立信任和尊重的师生关系。

二、外语教师跨文化教育素养的培养方法

（一）尊重和理解多元文化

外语教师在培养学生跨文化理解方面，强调尊重和理解不同文化的重要性至关重要。这包括鼓励学生不仅仅学习语言技能，还要欣赏、尊重并包容各种文化差异。通过引入多元的文学、历史、艺术等文化元素，教师可以为学生提供更全面的文化背景，帮助他们深入了解各国的传统、价值观和社会规范。

在课堂中，教师可以设计各种活动，如文化分享、展览、座谈会等，以促使学生亲身体验和感受不同文化的独特之处。通过学习其他国家的文学作品，了解他们的历史，欣赏艺术作品，学生可以更深刻地理解文化的多样性。这样的教学方法有助于激发学生的兴趣，培养他们对多元文化的欣赏能力。

尊重多元文化不仅有助于打破文化隔阂，还可以促使学生更加开放、包容。通过尊重不同文化的观念和习俗，学生能够更好地理解他人，建立起积极的跨文化关系。教师在课堂上的引导和示范，对培养学生跨文化交流的能力至关重要，从而使他们更好地融入跨文化交流的环境中。这种开放的教育氛围有助于培养学生在全球化时代更具包容力和适应力的国际视野。

（二）培养跨文化沟通能力

外语教育的目标不仅仅在于传授语言技能，更应注重培养学生的跨文化沟通能力。在这一过程中，教师扮演着重要的角色，需要采用创新的教学方法，激发了学生的兴趣，使其能够在跨文化交流中游刃有余。

教师可以通过鼓励学生主动参与跨文化交流，推动学生积极参与各种文化活动。通过模拟场景、角色扮演等活动，学生能够在虚拟的情境中体验不

同文化背景下的交往方式，提高他们的文化适应力。这种实践性的学习方式有助于学生更好地理解和融入不同文化，从而使其可以更自信、更熟练地应对实际交往中的文化差异。

强调有效的非语言沟通、尊重他人观点以及解决文化冲突的能力是培养跨文化沟通能力的重要方面。教师可以通过引导学生分析非语言信号的重要性，培养他们的观察力和沟通技巧。教育学生尊重不同文化背景下的观点，理解文化差异的本质，有助于打破在跨文化交流中可能产生的误解和障碍。

教师可以通过引入实际案例和国际新闻，使学生更全面地了解世界各地的文化，提高他们对全球事务的敏感性。这有助于培养学生开放的国际视野，使他们更加自信和适应国际化的环境。

外语教育应当超越简单的语言技能培养，更要注重培养学生的跨文化沟通能力。通过创造性的教学方法和全方位的学习体验，学生将更好地适应多元文化环境，为其未来的国际交往和合作奠定坚实的基础。

（三）反思自身文化偏见

在跨文化教育中，外语教师的自我反思是非常重要的一环。了解并认识到自身文化对教学和评估的影响，有助于教师更客观地引导学生，进而提供更丰富、全面的跨文化学习体验。

外语教师应当审视自身可能存在的文化偏见。这种自我反思的过程需要教师深入思考个人文化背景对教学观念、评价标准以及与学生互动的影响。通过认知自身的文化偏见，教师可以更好地避免将个人观念强加于学生，从而创造一个更开放、包容的学习环境。

教师可以通过教学中的讨论和反思活动，引导学生审视自身的文化观念。通过开展有针对性的课堂讨论，学生有机会分享和比较不同文化的观点、价值观念和传统。同时教师还可以设计反思活动，鼓励学生深入思考自己的文化认知，认识到不同文化之间的相对性。这种跨文化反思不仅促使学生更深入地理解他人，也有助于打破对他人的刻板印象，提高文化敏感性。

最重要的是，这种反思不仅是学生的任务，也是教育者自身的责任。教师可以通过参加专业发展活动、深入研究跨文化教育理论，不断提升自身的文化意识和教学技能。定期进行反思，接受同事和学生的反馈，是教育者不断成长的重要一环。这种不断提升的过程，有助于外语教师更好地应对跨文化教育的复杂性，为学生提供更富有深度和广度的教育体验。

外语教育中的跨文化教学不仅需要学生进行文化反思，更需要教师在自我认知和专业成长上不断努力。通过这种双向的努力，可以营造出一个促进文化理解和尊重的教育环境，为学生提供更为综合和有价值的跨文化学习体验。

第七章 外语教学的跨文化教育

第一节 跨文化教育与外语教学的关系

一、跨文化教育的内涵

（一）文化认知与意识

1. 文化认知

在文化认知的层面上，学生需要展开深入研究，以全面了解不同文化的精髓。首要任务是探究各种文化中的价值观体系，了解人们在不同文化中是如何看待道德、责任和个体与群体之间的关系。这需要对不同信仰的理解，包括宗教信仰和哲学观念，以便理解文化中的道德标准和决策模式。

文化认知要求学生深入了解不同文化的习惯和传统，以及这些因素是如何影响人们的日常生活和社交互动的。这可能涉及饮食、着装、庆典和礼仪等方面，帮助学生更全面地理解不同文化背景下的生活方式。同时，对社会规范的了解也是文化认知的一部分，学生需要了解在不同文化中，人们如何彼此相处、如何了解不同的组织社会结构，以及社会角色的不同定义。

文化认知的广泛了解包括对语言、宗教、艺术和风俗的研究。语言是文化传承的重要元素，通过学习语言，学生能够深入理解不同文化背景下的沟通方式和思维模式。对宗教、艺术和风俗的理解则有助于学生更全面地感知文化的美学、创造力和传统。通过这样的深入研究，学生能够超越表面的文化差异现象，真正理解和尊重其他文化的核心原则和价值观，进而形成自己更为综合和深刻的文化认知。

2. 文化意识

文化意识在跨文化教育中扮演着至关重要的角色，它体现了学生对文化差异的深刻认识和高度敏感性。

文化意识强调学生对文化差异的认知和敏感性。这涵盖了对各种文化背景的理解，包括价值观、信仰、社会结构等方面。学生需要培养一种敏感性，能够感知和理解不同文化之间的细微差别，从而更好地融入多元文化的社会。

文化意识要求学生对自身文化进行深刻反思。这包括对学生自身文化中潜在的刻板印象和偏见的认知，以及对自身文化中的优势和局限性的理解。通过反思个人文化，学生能够更全面地认识自己，从而更好地理解其他文化。

文化意识涉及对文化相对性的认知。学生需要明白文化并非是静态不变的，而是随时间演变和在不同环境中互动的。这种相对性的认知使学生能够更好地理解文化的动态性，以及在不同背景下人们对事物的看法可能存在的变化。

最重要的是，文化意识促使学生进行批判性思考。这意味着学生不仅要理解文化差异，还要能够质疑和挑战自己以及社会对其他文化的刻板印象。通过培养批判性思考，学生能够更加全面地看待文化的多样性和复杂性，形成更为开放、宽容的态度。

通过培养这种文化意识，学生能够更加自觉地与不同文化的个体和团体进行交流和互动，避免产生误解和冲突，最终建立一个更加包容和理解的跨文化社会。

（二）跨文化沟通能力

跨文化沟通能力是跨文化教育不可或缺的核心组成部分，它要求个体具备在不同文化背景下以高效方式进行交流和协作的能力。为确保信息准确传递和理解，学生需要培养适应不同沟通风格、语境和非语言交流方式的技能。同时培养解决由文化差异引起的交际障碍的能力也至关重要，使学生能够顺利与来自不同文化背景的人合作。在全球化时代，跨文化沟通的重要性不断上升，因此这一能力对培养具有国际竞争力的个体至关重要。通过跨文化沟通的良好实践，个体不仅能够拓展全球范围内的人际网络，还能更灵活地适应多元化的工作环境和社会背景。这一能力不仅对个体的职业发展至关重要，也可以为国际社会的和谐互动做出积极的贡献。

（三）全球视野与国际意识

1. 全球视野

拥有全球视野的个体具备深刻的全球互联互通认知，这意味着他们能够透彻理解国际政治、经济、文化等多个层面的错综关系及其带来的相互影响。这种认知超越了局部性，使个体能够更全面地把握世界发展的趋势和动向。

全球视野的人不仅对全球性问题具有高度的敏感性，而且能够深刻关注和理解气候变化、人权、贫富差距等全球性问题。他们积极寻求在个人和组织层面采取可持续的解决方案，努力为全球性问题的解决贡献一己之力。这种关注不仅仅停留在表面，更是深深植根于个体的价值观和行为中。

在全球视野的框架下，个体的跨文化交流能力得到强调。他们不仅仅要简单地了解不同文化，还要与来自不同背景和价值观的人群进行高效而富有成效的沟通。这种跨文化交流的能力不仅体现在语言沟通上，还包括对非语言信号的敏感度，使其能够更好地促进双方的共同理解和合作。

综合而言，全球视野不仅是一种认知水平的提升，更是一种价值观和行为方式的转变。拥有全球视野的个体不仅具备对复杂全球事务的洞察力，还在面对全球性挑战时展现出积极参与和可持续发展的责任心。

2. 国际意识

国际意识要求个体对各种价值观、信仰、风俗习惯等有深刻的理解。这包括对其他文化中的价值观念和行为模式的敏感性，以及对这些差异的尊重。个体需要超越自身文化的狭隘视角，以开放的心态去接纳和理解多元文化的丰富性。

具备国际意识的个体愿意积极参与国际事务。这可能包括参与国际组织、投身国际志愿者活动、参加国际合作项目等。通过这些实际的参与，个体不仅能够将国际意识付诸实践，还有助于推动全球共同利益的实现。这种积极地参与促使个体更加深入地了解全球性问题，并为解决这些问题贡献力量。

国际意识体现在个体在国际团队中的协作能力。具备国际意识的个体能够有效地与来自不同国家和文化背景的同事合作，进而实现共同的目标。这包括了解不同文化背景下的工作方式、沟通模式和决策方式，以建立有效的国际团队合作，从而提高工作效率和团队凝聚力。

国际意识是一个全面的概念，要求个体在面对多元文化时展现出尊重、包容和积极的参与态度。这种国际意识不仅有助于建立和谐的国际人际关系，还推动了个体对全球事务的更深层次关注与参与。

（四）多元文化教育策略与实践

1. 引入多元文化教材和资源

为了更加深入地实施多元文化教育，教师在引入多元文化教材和资源方面可以采用更为具体的策略。

教师可以积极寻找和筛选那些反映多元文化的高质量教材。这包括在选择教科书时考虑包含多元文化内容的版本，以确保学生在学科学习中获得全面的文化视角。引入丰富的文学作品，特别是那些由不同文化背景的作者创作的作品，有助于学生通过文学阅读更深刻地理解各种文化的细微差异和共通之处。

教师可以巧妙地整合多元文化的历史故事和艺术作品进入课程。通过深入挖掘历史故事，教师能够让学生更好地理解不同文化的演变和交流形式。同时，引入艺术作品，如绘画、音乐和雕塑，为学生提供了通过感知艺术品深刻了解不同文化情感和表达方式的机会。

教师可以充分利用多元文化的媒体资源。通过选择有代表性的影片，学生可以视觉化地体验不同文化的生活和历史。同时音乐作为一种全球性的艺术形式，也能够通过多元文化的音乐资源为学生提供更为生动和感性的文化体验。虚拟参观是另一种创新的方法，通过在线平台或虚拟现实技术，学生可以身临其境地了解其他国家和文化，促进跨文化理解。

通过精心选择、整合和运用多元文化教材和资源，教师能够打破单一文化的教学框架，为学生提供更为丰富、全面的学习体验。这不仅能够拓展学生的知识视野，还有助于培养他们更开放、包容和具有全球视野的思维方式。

2. 设计跨文化互动活动和项目

多元文化教育的实践策略之一是通过设计富有互动性的跨文化活动和项目，为学生提供更深入、更实践的跨文化体验。这种实践可以通过多种途径实现，其中包括组织跨文化交流、合作项目和文化展示等。

教师可以借助模拟国际团队合作的方式，营造虚拟环境，使学生有机会与来自不同文化背景的同学共同面对和解决问题。通过这种实践，学生将能够体验到在多元文化团队中工作的机遇和挑战，提升其团队协作和解决问题的能力。

文化展示活动是一种极具效果的方式，通过学生分享自己的文化传统、习俗或亲身经历，促进彼此之间的理解和尊重。这种展示可以采用多样化的形式，包括展示会、座谈会、文化节等，为学生提供展示和交流的平台，从而促进他们之间的深层次对话。

这些实践活动不仅仅是为了理论知识的传递，更是为了将学生置身于实际的跨文化情境中，培养他们在多元文化环境中的适应力和沟通能力。通过参与这些活动，学生能够更全面地理解和体验不同文化之间的差异，从而更好地融入多元文化社会，并在未来的职业生涯中更加成功地应对跨文化挑战。这一系列实践策略有助于将多元文化教育的目标转化为实际经验，为学生提供更丰富的学习体验。

二、跨文化教育与外语教学的基本关系

（一）促进跨文化意识

外语教学不仅仅是语法和词汇的学习，还涉及对目标文化的深入理解和尊重。通过学习外语，学生不仅仅是在掌握一门新的语言，还在接触到该语言所属文化的特点、价值观、传统和社会习惯。这种文化的渗透使得外语教学成为一项更加综合和丰富的学习经验。外语教学通过语言的媒介，为学生打开了了解不同文化的窗户。学生通过学习外语，了解到其他国家人们的生活方式、思维方式和社会结构等。这有助于拓宽学生的视野，让他们能够看到世界上不同文化的多样性和丰富性。

外语教学可以培养学生的跨文化意识，使他们可以更加尊重不同文化。学生通过学习外语，了解到不同文化的价值观和信仰，以及不同文化间的交际差异。这有助于学生更好地理解和尊重他人，减少文化冲突和误解，促进文化多样性的尊重和欣赏。同时外语教学还提供了实际的跨文化交流机会。通过与母语者互动、参与国际项目或文化交流活动，学生能够在真实情景中应用语言和文化知识。这种亲身体验有助于学生更深入地了解其他文化，增强他们的跨文化交际能力。促进跨文化意识有助于培养全球公民。在今天的全球化世界中，人们需要具备跨文化意识，能够适应不同文化的环境，开展

国际合作和交往。外语教育为培养具备这种素养的学生提供了重要支持。

促进跨文化意识是外语教学的重要目标，通过学习外语，学生能够更深入地了解其他文化，培养开放和尊重不同文化的态度，提高跨文化交际能力，从而成为具备跨文化意识的全球公民，为国际合作和文化交流做出贡献。这一原则不仅有助于外语教育的成功，也有助于促进文化的多样性和国际理解。

（二）提高跨文化交际能力

提高跨文化交际能力是外语教育中的一个重要目标，因为现代社会中跨文化交际的需求与日俱增。外语教学不再仅仅注重语法和词汇的传授，更侧重培养学生在不同文化背景下的语言运用和跨文化交际技能。跨文化交际能力的提高有助于打破不同文化之间的隔阂和增进理解。不同文化之间存在着语言、价值观、习惯和社会规范的差异，容易导致出现误解和冲突。通过外语教育，学生能够更深入地了解其他文化，理解不同文化背景下的沟通方式和信仰，减少偏见和误解，增进双方之间跨文化的友好交往。

提高跨文化交际能力有助于培养学生的全球意识和国际视野。现代社会日益全球化，国际交往和跨文化合作成为常态。通过外语教育，学生能够更好地参与国际事务，拓宽职业发展的机会，了解国际社会的动态和趋势。学生将更具竞争力，能够在全球范围内交流和合作。提高跨文化交际能力有助于培养学生的自信心和适应力。跨文化交际往往伴随着要应对不同文化背景的挑战和不确定性。学生通过外语教育，锻炼了解决问题和应对挑战的能力，提高了自信心，增强了适应新环境的能力。这种能力不仅在职业生涯中有用，也有助于提高学生的生活质量和幸福感。提高跨文化交际能力有助于促进文化多样性的保护和传承。通过外语教育，学生可以积极参与文化多样性的保护和传承工作，推动文化内容的创新和发展。学生能够更好地理解和尊重其他文化，保护好自己的文化遗产，促进文化多样性的繁荣。

提高跨文化交际能力是外语教育的重要目标。它有助于打破文化隔阂，增进理解，培养学生的全球意识和国际视野，提高自信心和适应力，同时也促进文化多样性的保护和传承。教育机构和教师应积极推动学生跨文化交际能力的培养，以使其可以更好地适应多元文化社会的需求。

（三）加深对目标文化的理解

通过外语教育，学生能够更深入地了解目标文化，这有助于培养他们对其他文化的理解和尊重。外语教育为学生提供了深入了解目标文化的途径。语言是文化的载体，通过学习一门外语，学生能够更深入地了解该文化的语言、文化符号、习惯和传统。学生可以通过语言的运用来感受和体验目标文化，了解文化的深层次内涵，探索文化的历史和演变。这种深入了解有助于学生更好地理解和尊重目标文化。

外语教育促进跨文化的互动和交流。学生通过使用目标语言与母语人士或目标文化的人交流，不仅可以提高语言能力，还能够更亲身地体验目标文化。这种互动有助于学生更好地理解文化差异和相似之处，促进了不同文化之间的对话和交流。学生能够更开放地接受不同文化的观念和价值观，增强其对目标文化的理解和尊重。外语教育有助于培养学生的文化素养。文化素养是一种能力，涵盖了对不同文化的理解、欣赏和尊重。通过学习外语，学生可以培养其跨文化的敏感性，了解不同文化的多样性和丰富性，学会尊重他人不同的文化。这有助于培养学生的全球视野，使他们更具竞争力和综合素质。外语教育通过培养学生对目标文化的理解，有助于促进文化多样性的保护和传承。学生可以积极参与目标文化的保护和传承工作，推动文化内容的创新和发展。学生能够更好地理解和尊重目标文化，促进文化多样性的繁荣和传承。

外语教育不仅仅是语言技能的培养，还是文化理解和尊重的重要途径。通过深入了解目标文化，促进跨文化的互动和交流，培养文化素养，以及促进文化多样性的保护和传承，外语教育有助于学生更全面地理解和尊重其他文化，从而更好地适应多元文化社会的需求。教育机构和教师应积极推动外语教育的跨文化教育组成部分，以培养更具综合素质和国际视野的学生。

（四）提高语言学习兴趣

提高语言学习兴趣是外语教学中至关重要的一点，而跨文化教育可以为激发学生学习外语的动力和兴趣提供有力支持。学习外语往往与学生对目标文化的兴趣紧密相关。跨文化教育通过向学生介绍目标文化的特点、历史、传统、艺术和文学等方面，能够激发学生对了解该文化的兴趣。学生会逐渐了解到目标文化的丰富性和多样性，这有助于引起他们的好奇心和探索欲望。

学生对目标文化的兴趣可以成为学习外语的动力。当学生发现学习外语能够让他们更深入地了解目标文化、体验其美妙之处时，他们更愿意投入时间和精力来学习这门语言。这种内在的动力会促使学生更加专注和努力地学习，提高学习效率。同时跨文化教育还可以通过教师提供丰富多样的文化素材来增加学生的学习兴趣。学生可以通过文学作品、电影、音乐、艺术品等与目标文化相关的材料，更全面地了解该文化。这种多媒体的学习方式可以使学习更具趣味性和吸引力。

另外，教师在外语教学中的角色也很关键，他们可以通过激发学生的兴趣来提高其学习动力。教师可以设计富有趣味性的教学活动和项目，使学生在学习外语的过程中感到愉悦和满足。同时，教师还可以分享自己的热情和对目标文化的热爱，激发学生的兴趣。提高语言学习兴趣有助于提升学生的学习效果。当学生对学习外语充满兴趣时，他们更容易保持学习的动力，更愿意持之以恒地学下去。这有助于学生在外语学习中取得更好的成绩，更深入地了解目标文化，培养更强的跨文化交际能力。

跨文化教育通过激发学生对目标文化的兴趣，提高了他们学习外语的动力。学生对目标文化的好奇心和热情可以成为其学习外语的内在动力，推动他们更深入地了解目标文化，提高语言学习效果，培养跨文化交际能力，最终使他们成为更全面的全球公民。

（五）促进全球视野和国际竞争力

跨文化教育与外语教学的结合在培养学生的全球视野和国际竞争力方面发挥了重要作用。这种教育方法不仅可以提高学生的语言能力，还可以培养跨文化的敏感性和国际意识，将对他们的综合素质的提高和职业发展产生积极影响。跨文化教育与外语教学可以培养学生的国际视野。通过学习外语，学生不仅仅掌握了一门新的交流工具，还开启了了解其他文化的大门。学生能够更深入地了解其他国家的历史、文化、价值观和社会习惯，形成更加全面的国际视野。这有助于学生更好地理解国际事务和应对全球挑战，为其未来的职业生涯发展做好充分准备。

跨文化教育与外语教学增强了学生的国际竞争力。在现代社会中，跨国公司和国际组织需要具备跨文化背景的员工，从而能够有效地跨越语言和文化障碍进行工作。通过外语教育，学生可以具备国际沟通和合作的能力，从而提高在国际职场中的竞争力。学生更容易获得国际性的职业机会，拓宽了职业发展的前景。跨文化教育与外语教学有助于促进国际交往和合作。学生能够更自信地参与国际交流和合作，因为他们不仅具备语言能力，还懂得如何尊重和理解其他文化。这有助于推动国际友好合作，解决跨国问题，促进全球发展。学生将能够更积极地参与国际事务，为全球社会的进步和发展做出贡献。

跨文化教育与外语教学有助于培养学生的综合素质。他们不仅仅是语言能力更强的个体，还是具备跨文化敏感性、批判性思维、解决问题能力和团队合作能力的综合型人才。这些综合素质不仅对职业生涯有用，也对个人的生活质量和幸福感有积极影响。跨文化教育与外语教学的结合有助于培养学生的全球视野和国际竞争力，它拓展了学生的国际视野，增强了国际竞争力，促进了国际交往和合作，同时也培养了学生的综合素质。教育机构和教师应积极推动实施这种教育方法，使学生更好地适应国际社会的需求，为应对全球化时代的机遇和挑战做好准备。

总之，跨文化教育与外语教学之间存在密切的关系，它们相辅相成，共同提高学生的综合素养和国际交际能力。通过结合这两者，可以更好地培养具备跨文化意识、跨文化交际能力和国际竞争力的全球公民。这有助于促进对文化多样性的尊重和国际合作的发展。

第二节　跨文化教育的目标与方法

一、跨文化教育的目标

（一）促进跨文化理解

跨文化教育的核心目标之一在于促进学生对不同文化的理解，而外语学习作为跨文化教育的重要手段，更加强调语言在文化交流中的重要性。通过学习外语，学生能够深入了解目标文化的语言、价值观、习惯等方面，达到其对不同文化的全面理解。

在外语学习过程中，学生通过语言的学习可以更直接地接触和体验目标文化的语言结构与表达方式。语言是文化的载体，通过学习外语，学生能够深入了解不同文化的语法、词汇以及语言表达中蕴含的文化内涵。这不仅有助于提高语言能力，更促使学生深刻理解目标文化的语言思维方式。

外语学习涉及对文化中的价值观和信仰的理解。语言不仅仅是一种沟通工具，更是文化认同的表达方式。通过学习外语，学生能够了解目标文化中的价值观念、信仰，从而更好地理解文化差异，增进对他人观念的尊重和理解。

外语学习提供了学生参与文化体验的机会，如通过阅读文学作品、观看电影、参与语言交流活动等。这样的体验不仅可以使学生更加亲身感受到目标文化的魅力，也可以促使他们对不同文化的深刻理解成为可能。

通过外语学习深化对不同文化的理解，学生更容易打破文化隔阂。在语言的学习过程中，学生逐渐认识到不同语境下的交流方式、言辞习惯等，进而增进对他人文化的尊重和包容。这有助于消除语言障碍，促进不同文化之间更加开放、平等的交流。

外语学习使得学生能够更全面、更深刻地认知世界，培养全球公民的观念。通过语言学习，学生将自己融入全球化的学习环境中，不仅可以拓展个人的国际视野，也为成为具有全球背景的公民奠定了基础。这种深刻的文化理解通过外语学习得以实现，为培养学生的综合素养提供了丰富而有力的支持。

（二）培养尊重文化差异的观念

跨文化教育在外语学习中致力于培养学生尊重文化差异的观念，使他们能够更好地适应多元文化的语言环境。学生应当深刻理解并积极接受不同文化之间存在的差异，认识到这些差异是构建丰富多彩社会的重要元素。通过尊重并理解这些差异，学生将更好地融入跨文化语境，避免形成刻板印象和文化偏见。

在外语学习中，跨文化教育可以通过语言课程中融入丰富的文化元素来实现。学生在学习不同语言的同时，也可以接触到相关文化的历史、价值观、传统等方面的知识。这样的学习方式不仅仅是为了提高学生的外语表达能力，更是为了深入理解目标语言所代表的文化，培养学生在不同文化环境中的敏感性和适应性。

通过跨文化教育，学生能够更深入地了解目标语言国家的社会习惯、沟通方式以及文化背景。这有助于他们建立更开放、包容的观念，从而在与母语人士或其他外语学习者的交流中更加得心应手。学生不仅仅是简单地学习一门语言，更是通过语言学习拓展自己的视野，培养其更广泛的国际化思维。

在跨文化教育的框架下，学生有机会通过语言学习认识到世界的多样性，从而建立起更加开放和包容的思维方式。这样的学习经历不仅为他们提供了外语交流的技能，也培养了他们在跨文化环境中更加灵活和敏感的沟通能力，使其在国际舞台上更具竞争力。

（三）提高跨文化沟通能力

跨文化教育的目标之一是培养学生在不同文化环境中进行有效沟通的能力，而外语学习则是实现这一目标的重要途径。通过学习外语，学生将能够在全球范围内更灵活地进行语言沟通，同时培养其出色的非语言交流技能，提升跨文化团队合作的水平。

外语学习注重语言沟通的技能培养。学生通过掌握目标语言的词汇、语法和语音等方面知识，能够更准确、流利地表达自己的想法，有效地与母语为其他语言的人进行交流。这不仅提高了学生的语言沟通效能，也促进了跨文化交流中的信息传递和理解。

外语学习涉及非语言交流的培养。在不同文化环境中，非语言元素如肢体语言、面部表情、眼神交流等具有重要意义。通过外语学习，学生能够更敏感地捕捉并理解目标文化中的非语言信号，从而更好地适应不同文化交际场景，提高跨文化沟通的敏感性和成功率。

外语学习涵盖了跨文化团队合作的培养。通过参与外语学习项目、语言交流活动等，学生有机会与来自不同文化背景的同学合作。这种团队合作经验不仅能够提高学生在多文化环境下的协作能力，还有助于培养团队成员之间的相互理解和尊重。

通过外语学习，学生更容易适应多元文化的交际环境，学会在不同文化背景下进行有意义的沟通。他们将不仅仅是语言的传递者，更是文化的交流者，通过语言的纽带促进不同文化之间的相互理解。

外语学习为学生提供了更广阔的国际视野，使他们能够更自信、更成功地参与全球范围内的交流和合作。跨文化教育通过外语学习这一手段，致力于培养具备全球视野和卓越跨文化沟通技能的学生，为他们未来的国际职业发展奠定坚实基础。

（四）推动国际化意识的培养

跨文化教育的目标是培养学生的国际化意识，这在外语学习中显得尤为重要，要求学生更全面、开放地看待世界，不仅仅是语言层面上的学习，更是对全球性问题、国际事务以及全球社会问题的深刻了解和参与。

在外语学习中，跨文化教育通过引入丰富的文化元素，不仅帮助学生掌握外语表达方式，同时也让他们深入了解目标语言国家的历史、社会、文化和价值观。这样的学习体验不仅提高了语言技能，还开阔了学生的国际化视野，使其能够更全面地理解目标语言使用背后的文化脉络。

通过跨文化教育，学生不仅仅是在语言层面上获得了技能，更是培养了其对世界的深刻认识和关注。学生在学习过程中可能会接触到国际性的文学、电影、新闻等资源，这有助于他们更深入地了解全球性问题，认识到不同文化之间的交流和合作是解决这些问题的关键。

培养国际化意识使得学生可以更好地适应全球化社会，为其未来的国际交往和职业发展做好准备。在国际化的语境中学习，使学生具备更强的跨文化沟通能力，能够更自如地在国际舞台上与他人交流。这种国际化意识的培养有助于学生更好地理解和融入全球社会，为其未来的职业发展提供更多的机会和更好的竞争力。

（五）激发文化自信心

跨文化教育的目标之一是激发学生对自己文化的自信心，而外语学习作为实现这一目标的重要途径，不仅让学生更深刻地了解自己所属的文化，还帮助他们在全球范围内更好地传承和发扬本土文化。

通过外语学习，学生能够更深入地了解自己文化的语言体系、传统价值观念以及历史渊源。语言是文化的重要组成部分，通过深入学习语言，学生能够更全面地理解自己文化的独特之处。这有助于形成学生对本土文化的自信心，使其在跨文化交流中能够坚定地表达和展示自己文化的魅力。

外语学习通过文学、历史等多方面的学科内容，帮助学生深入了解自己文化的传统和价值观。了解本土文化的深层内涵，学生将更容易形成对自身文化的认同感。这种认同感不仅是对传统文化的尊重，同时也是对文化多元性的理解和包容。

外语学习通过提供与其他文化对比的机会，使学生更清晰地认识到自己文化的独特之处。这种比较有助于学生形成对本土文化的正面评价，并在跨文化交流中更自信地展示自己文化的优势和价值。

通过外语学习，学生能够更积极地参与到全球文化交流中。学习外语不仅是获取外语知识，更是一个融入全球社会的途径。通过参与国际性的文化交流活动，学生能够将自己文化的独特之处展现给全球观众，从而激发其对本土文化的自信心。

外语学习使得学生能够在全球范围内更自信地代表和传承自己的文化。跨文化教育通过外语学习，不仅培养了学生的语言能力，更强调了文化认同感的培养，使他们在全球化时代更好地找到自己文化的位置，并为文化交流做出积极的贡献。

二、跨文化教育的方法

（一）开展国际化课程设计

设计具有国际视野的课程，引入多元文化的教材和案例，以展示不同文化的历史、价值观、社会制度等方面，是外语学习中的重要策略。这样的课程设计不仅有助于提高学生的语言技能，也能够深度开掘外语学习与多元文化的紧密关系。

通过引入多元文化的教材，学生在学习语言的同时，能够了解不同文化的语境和语言表达方式。语言是文化的载体，每一种语言都承载着其所属文化的独特特点。通过接触不同文化的语言，学生将更深刻地理解语言与文化之间的紧密联系，激发对多元文化的浓厚兴趣。

借助多元文化的案例，可以在外语学习中融入更为广泛的文化元素。通过教授不同国家或地区的历史、文学、艺术等案例，学生能够更全面地了解其他文化的背景和特点。这不仅有助于拓宽学生的文化视野，还为他们提供了更为丰富的语境，促进其语言技能的全面提升。

课程设计可以侧重介绍不同文化的价值观和社会制度。通过比较不同文化的社会结构、价值观念等方面，学生能够更深刻地认识到世界的多样性。这种比较分析使学生能够更开放、更包容地面对不同文化的差异。

这样的课程设计不仅仅为学生提供了语言学习的机会，也为他们提供了一个拓宽视野、增进文化理解的平台。通过学习不同文化的语言、历史、价值观等，学生将更全面地认识世界，从而培养对其他文化的兴趣。这样的外语学习过程不仅让学生成为更具国际视野的个体，同时也为促进他们的跨文化交流和参与未来的国际事务提供了强有力的支持。

（二）跨文化体验活动

通过组织学生参与跨文化交流、文化交换项目、实地考察等活动，不仅是促进跨文化适应能力的有效手段，同时也是外语学习中不可或缺的环节。这样的体验不仅有助于学生更深刻地理解其他文化的差异与共通之处，还能够强化他们在真实语境中运用外语的能力。

跨文化交流活动为学生提供了一个直接与母语非外语的人群进行沟通的机会。通过与他人用目标语言交流，学生将不仅提高自己的语言表达能力，还能够更直接地感受到其他文化的语言习惯、交际方式等特点。这种亲身体验有助于加深学生对语言文化的理解，提升他们在跨文化交流中的流利度和适应能力。

文化交换项目使学生能够深度融入目标文化，亲身感受其生活方式、价值观念等方面的差异。通过在异国他乡生活，学生将更全面地认识到其他文化的魅力，同时也能够更好地理解并尊重不同文化的习惯和规则。这样的文化体验既为学生提供了与他人互动的机会，同时也为其外语学习提供了更为实际的应用场景。

实地考察活动为学生提供了直接观察和了解其他文化背景的机会。通过亲身参与当地文化活动、参观历史古迹、体验传统习俗等，学生将更深刻地感知到其他文化的独特之处。这样的实地体验有助于打破对其他文化的刻板印象，促使学生更真实地理解和接受不同文化。

通过这些跨文化体验活动，学生将不仅在语言上有所提升，还能够培养出更为灵活和敏感的跨文化适应能力。学生将更加自信地运用外语，更加自如地与其他文化的人交往，为其将来的国际交流、学术合作和职业发展奠定坚实的基础。因此，将跨文化体验融入外语学习是一种有效而丰富的教学方法。

（三）语言学习与交流

语言学习作为跨文化教育的重要组成部分，通过学习外语，学生不仅仅是在习得一门新的语言技能，更是融入了目标文化的深层次理解。这种学习过程不仅仅是语法和词汇的掌握，更是对目标文化的历史、价值观、社会习俗等方面的全面认知。通过语言学习，学生能够更深入地了解目标文化的精髓，培养对其他文化的尊重和理解。

语言交流活动在外语学习中发挥着重要作用，成为促进跨文化沟通的有效手段。例如，语言角和在线语言伙伴项目为学生提供了与母语人士交流的机会，使学生在实践中运用所学语言，同时了解对方文化的细微差异。这样的活动不仅促进了语言技能的提高，更是为学生提供了身临其境的跨文化体验，加深了他们对其他文化的认知。

在语言学习过程中，学生通过参与各种语言实践活动，如角色扮演、模拟对话等，可以更加直观地体验到语言与文化之间的紧密联系。通过模拟真实交流场景，他们能够更好地理解语言在不同文化环境中的运用方式，从而培养其敏感性，使其在实际跨文化沟通中更加得心应手。

语言学习不仅是为了掌握一门外语，更是为了通过这门语言的学习，深入了解和体验目标文化，促使学生在跨文化教育中培养其尊重、理解和包容的品质。语言学习的过程本身就是跨文化教育的一种形式，可以为学生提供更广泛的国际化视野和培养更深厚的文化素养。

（四）跨文化培训与讲座

为学生提供跨文化培训和讲座，介绍跨文化沟通的基本原则、文化差异的解读方法，以及在多元文化环境中建立有效沟通的技能，是外语学习中的重要环节。这种培训不仅有助于提高学生的跨文化意识和能力，也能够使他们在外语学习中更加敏锐地应对多元文化带来的挑战。

跨文化培训能够帮助学生理解跨文化沟通的基本原则。学生通过学习文化的定义、文化差异的来源等基本内容，能够更深入地认识到不同文化间存在的独特性。这样的培训为学生提供了认知框架，使他们能够更理性、更客观地对待跨文化交流中的各种情境，有助于降低在跨文化交流中可能产生的误解和冲突。

培训可以引导学生学习文化差异的解读方法。了解文化差异并不仅仅是被动接受，还需要学生具备主动解读、理解的能力。通过培训，学生能够学到分析文化差异的方法，包括观察、提问、比较等技巧。这有助于学生更深层次地理解其他文化的行为和习惯，从而更好地进行跨文化交流。

培训关注在多元文化环境中建立有效沟通的技能。学生通过学习跨文化交流中的礼仪、语言表达、非语言沟通等方面的技巧，能够更好地适应多元文化的社会。这种培训通过提供具体的工具和方法，使学生在实际交流中更得心应手，更能够促进良好的跨文化互动。

这种跨文化培训不仅是对学生跨文化意识的培养，更是提升他们外语学习效果的重要环节。通过深入了解文化差异、掌握有效沟通技巧，学生可以更加自信地运用外语，更加成功地在多元文化的环境中交流。这不仅有助于他们的学业发展，也为其参与未来的国际事务和职业发展打下坚实的基础。

第三节 外语教学中的文化适应与教育

一、文化适应的内涵

（一）认知灵活性

1. 理解文化差异

文化适应的过程要求个体具备深刻的认知灵活性，能够理解并接受不同文化之间的多样差异，涵盖语言、价值观、习俗等多个方面。认知灵活性是文化适应的关键，它使个体能够以更开放的心态去探索和体验新的文化环境，避免形成刻板印象和产生误解。

在文化适应的过程中，认知灵活性扮演着至关重要的角色。这种灵活性涵盖了对多元文化背景的深刻理解，其中包括语言、价值观、习俗等方面的多样性。个体需要超越自身文化框架，敏锐地察觉并认可不同文化之间的独特之处，这种灵活性是建立跨文化联系和进行有效沟通的基础。

理解和接受不同文化的差异是认知灵活性的核心。在语言方面，个体需要具备学习和运用新语言的能力，以便更好地与当地人进行交流。对不同的价值观和信仰的理解也是至关重要的，因为这些元素构成了文化内容的核心。通过认知灵活性，个体能够超越自身文化的局限，倾听并尊重其他文化的观点，从而避免产生刻板印象和误解。

这种深层次的认知灵活性有助于个体避免对文化的过度一般化或简化。在多元文化环境中，对文化的理解需要更为细致入微，以充分把握文化的多样性。认知灵活性帮助个体更全面地看待和理解不同文化，促使他们更好地适应和融入新的文化环境。

因此，认知灵活性的培养是在文化适应过程中不可或缺的要素，它为个体提供了深度的文化理解，帮助他们建立开放、包容的跨文化态度。这种灵活性不仅促进了个体在多元文化社会中的融合，也为构建更加和谐的全球社会奠定了基础。

（二）语言和沟通能力

1.掌握多语言

在文化适应的过程中，语言被视为沟通的桥梁，学会使用不同语言有助于个体更好地与当地人交流，了解他们的观点和文化特点。有效的语言沟通能力是促使文化适应活动顺利进行的重要因素，同时也有助于建立良好的人际关系。

语言不仅是信息传递的工具，更是文化的表达方式。通过学会当地语言，个体能够更深入地融入当地社区，与当地人进行更为紧密的互动。语言不仅包含词汇和语法，还涵盖了文化的价值观、社会礼仪和思维方式。因此，掌握当地语言有助于更全面地理解和尊重当地文化，加深其对当地社会的认知。

有效的语言沟通能力为建立良好人际关系提供了基础。通过流利地使用当地语言，个体能够更轻松地与当地人交流，表达自己的观点，同时更好地理解他人的意图。这种有效的双向沟通有助于打破语言障碍，建立互信和共鸣，从而促进友好的人际关系的建立。

语言的学习和运用有助于个体更好地适应当地的社交场合与日常生活。掌握当地语言使个体能够更自如地处理各类情境，如购物、就医、社交活动等，提高日常生活的便利性。这种语言的实用性有助于加深个体对当地文化的融入感，使文化适应变得更加顺畅。

语言在文化适应过程中扮演着至关重要的角色。它不仅是有效沟通的工具，也是理解和融入当地文化的关键。通过努力学习和运用当地语言，个体能够更好地适应新的文化环境，建立起更为深厚的人际关系，从而促进文化适应活动的顺利进行。

（三）尊重和包容

1.接纳多元文化

文化适应的范围不仅仅包括对不同文化的理解，也涵盖了对这些文化的尊重和包容。在这个过程中，个体需要保持开放的心态，以接纳并尊重他人的文化背景、信仰和价值观。这种包容性不仅有助于个体在多元文化环境中建立和谐的关系，还能够有效减少潜在的文化冲突。

文化适应不仅仅是学会理解不同文化之间的差异，更重要的是在这些差异中培养充满尊重和包容的心态。个体需要以开放的态度去对待不同文化，认识到每个文化都有其独特的历史、传统和价值观。这种开放的心态既是建立跨文化关系的关键，也是避免文化冲突的基础。

在文化适应的过程中，尊重他人的文化背景、信仰和价值观显得尤为重要。这意味着个体应当摒弃偏见和刻板印象，而是以一种开放的心态去了解和接受不同文化的独特之处。通过尊重他人的文化，个体能够建立起互相尊重和信任的基础，从而促进多元文化的和谐共存。

包容性的态度有助于个体在多元文化环境中建立稳固的关系网络。个体通过展现对其他文化的尊重，能够更容易地与不同文化背景的人建立联系，并在合作和互动中达成共识。这种包容性不仅在个体层面有效，也可以为整个社会创造更加和谐、平等的文化氛围。

文化适应的核心之一是培养对不同文化的尊重和包容心态。这种心态不仅是跨文化交往的基础，也可以为构建更加开放、多元的社会环境做出积极的贡献。

（四）社交和行为调整

1.适应当地社交规则

在文化适应的过程中，个体需要调整自己的社交行为，遵循当地的社交规则和礼仪。这涵盖了与人交往的方式、言谈风格、服装习惯等多个方面。

通过适应当地的社交规范，个体更容易融入新的文化环境，建立起良好的人际关系。

适应当地的交往方式是文化适应的重要方面。不同文化对待社交的方式和频率可能存在差异，有的文化注重直接沟通和表达，而有的则更注重间接和含蓄。个体需要通过观察和学习，调整自己的交往方式，以符合当地的社交习惯。这包括对社交场合的表达方式、交往的主动程度等方面的调整，使个体更能够顺应当地的社交氛围。

言谈风格是文化适应中需要注意的方面。不同文化对言辞的正式程度、表达情感的方式以及使用的隐喻和比喻等方面可能存在差异。个体需要学会在当地文化中运用适当的言辞和表达方式，以避免产生误解或冒犯他人。通过细致的语言调整，个体能够更好地融入当地的社交圈子。

服装习惯是社交行为的一部分。不同文化对服装的要求和搭配可能有所不同，适应当地的服装文化有助于个体树立正面形象，表达其对当地文化的尊重。了解并采纳当地的穿着习惯，使个体在外观上更符合当地社交期望，有助于其与他人建立更加融洽的关系。

个体在文化适应中需要灵活调整自己的社交行为，以符合当地的社交规范和礼仪。通过认真学习和尊重当地的社交文化，个体能够更轻松地融入新的文化环境，建立起亲密和稳固的人际关系，使其文化适应的过程更为顺利。

二、文化适应和教育在外语教学中的具体表现

（一）语言和交际技能的提升

1.语言技能的提升

在语言学习的过程中，学生需要通过持续的努力逐步积累丰富的词汇量，并且掌握基本的语法规则。这是语言技能提升的重要步骤，为学生提供了准确、富有表达力的外语应用基础。通过系统的词汇训练，学生能够提高其对不同语境下单词的理解和运用能力，从而更加自信地进行语言表达。

除了词汇和语法的学习，语言技能的提升还必须着重听力和口语的发展。频繁接触外语听力材料，包括各种口音和语速的语音资源，有助于培养学生对多样化语音的敏感性，提高听力理解的水平。积极参与口语练习和交流活

动是培养流利口语表达的有效途径，使学生能够更加自如地与他人进行交流，增强其沟通的自信心。

阅读和写作是语言技能提升的另外两个重要方面。通过阅读各类难度和类型的文本，学生可以不仅提高对外语文字的阅读理解能力，还能够拓展词汇量，学习不同领域的专业术语。写作训练则对培养学生清晰、准确地表达思想的能力至关重要。通过书面练习，学生不仅能够锻炼语法结构的应用，还能够提升逻辑思维和文字表达的质量。这些语言技能的提升步骤相互关联，相辅相成。通过有计划的学习和实践，学生能够全面发展语言技能，提高其在实际语境中的语言运用水平，使其在跨文化交流和语境中更为游刃有余。这不仅可以丰富个体的语言内容，也为促进其更深层次的文化适应打下坚实基础。

2. 交际技能的提升

语言学习不仅仅是单一地掌握词汇和语法规则，同样重要的是学会在实际的语言交流中灵活运用非语言元素。学生需要在语言学习的过程中逐步培养并运用手势、面部表情、身体语言等非语言手段，以更准确、生动地表达自己的意思。这种能力在跨文化交流中尤为重要，因为不同文化对非语言交际的重视程度和解读方式可能存在差异。

在跨文化交流中，学生需要适应并理解当地文化对非语言交际的规范。不同文化可能赋予相同手势、表情不同的含义，因此，学生需要敏感地捕捉和理解当地社交场合中的非语言信号。这样的敏感性有助于学生更好地融入当地社会，避免由于非语言误解而导致出现的沟通障碍。

交际技能的提升不仅仅包括对非语言元素的灵活运用，还涉及在不同社交场合中的适应能力。学生需要了解并熟悉商务场合、正式会议、非正式社交等不同场景下的社交规范和礼仪，以确保他们在不同环境中的交流表现得体。这种适应力的培养有助于学生在各类社交场合中自信地运用语言和非语言手段。

交际技能的提升包括学生在实际交往中的问题解决能力。这需要学生具备理解他人观点、主动倾听、善于提问等技能，以建立良好的人际关系和妥善处理潜在的文化差异问题。这样的综合能力有助于学生在跨文化环境中更加成功地进行交流和合作。

（二）文化意识的培养

外语教学不仅仅是语言知识的传授，同时也包括对相关文化的介绍和深入理解。在文化适应的过程中，学习者通过学习外语不仅仅是语言技能，还能接触和了解目标语言国家的历史、传统、价值观等方面的文化内涵。这为学生培养跨文化意识提供了有力支持，使他们能够更全面地理解和尊重其他文化，从而避免因文化差异而产生的误解。在外语教育中，文化元素的引入是为了帮助学生更好地理解语言的语境和使用背后的文化背景。外语教学的目标不仅仅是使学生掌握一门新的语言，更包括让他们深入了解使用该语言背后的文化。通过学习外语，学生会接触到目标语言国家的历史、传统、价值观等方面的内容。这种文化的引入不仅有助于学生更好地理解词汇和语法的使用背后的文化背景，同时也为他们打开了一个了解其他文化的窗口。

学习者在外语学习的过程中，会逐渐了解到语言与文化之间的紧密联系。语言的使用往往受制于文化的影响，而文化元素也深刻地反映在语言的表达中。通过深入学习目标语言的文化，学生能够更准确地理解和运用语言，提高他们的语言运用能力。

通过外语学习中的文化介绍，学生能够培养跨文化意识。了解不同国家和地区的文化差异，使学生更具包容性和开放性，能够更好地适应多元文化的社会环境。这对提高学生的国际竞争力和全球化时代的胜任力具有重要意义。

因此，外语教学中的文化介绍可以为学生提供更为综合、深入的语言学习体验，促使他们在语言运用的同时能够更好地理解和尊重其他文化，从而为其跨文化交流打下坚实基础。

（三）跨文化交流能力的提高

外语教学不仅仅关注学生对语言知识的掌握，还强调学生在实际跨文化交流中的能力。通过与使用目标语言的人进行交往，学生得以深入了解并适应不同文化的社交规则、礼仪等方面。这种实际经验不仅可以拓展学生的视野，也可以培养他们在跨文化环境中进行有效交流的能力。

在跨文化交流中，学生通过与母语人士互动，学会了更为地道和符合当地文化背景的语言表达方式。学生不仅在语言技能层面得到了提高，同时还能更深刻地理解目标语言国家的习惯、价值观念等文化元素。这有助于学生更加敏感地处理文化差异，使他们在跨文化环境中能够更为得心应手地进行沟通。

通过与母语人士互动，学生能够培养一种自信心。实际应用外语的经验让学生感受到他们能够在真实的交流场景中成功运用所学知识。这种自信心不仅可以提高他们的语言表达流利度，也促使他们更愿意参与和主动参与跨文化交流，从而进一步提高交流能力。

外语教学的重点在于培养学生在实际跨文化环境中的交流能力。通过实践经验的积累，学生在语言表达、文化适应等方面得到了全面的提升，进而为他们未来在国际交往和职业发展中奠定坚实的基础。

（四）多元文化素养的培养

外语教学的重点之一是培养学生的多元文化素养，这旨在使学生不仅具备语言技能，更能理解和尊重不同文化之间的差异。

多元文化素养的培养要求学生具备对各种文化的尊重和开放心态。通过学习不同语言，学生能够深入了解语言背后所承载的文化内涵。这种多元文化的学习过程使学生逐渐认识到，每一种语言都是一种文化的表达方式，而且不同文化之间存在丰富而独特的特点。因此，学生需要学会尊重并欣赏这些文化的差异，形成对多元文化所持有的积极态度。

多元文化素养的培养涉及对其他文化的深入理解。学生通过学习外语，不仅仅是学习一门语言，也是了解背后的文化传统、价值观和历史。这种深入理解有助于打破学生对陌生文化的刻板印象，使其能够更全面、客观地看待其他文化。通过语言学习，学生能够体验到语言与文化之间的密切联系，促使他们更加开放地接纳并理解多元文化的存在。

多元文化素养要求学生具备对文化差异的包容性。在语言学习过程中，学生可能会面临与不同文化背景的人交流的挑战。在培养学生多元文化素养的同时，他们需要建立起对他人文化差异的包容性，即使在语言使用和交流的过程中也能够保持友好和谐的关系。这种包容性不仅体现在对语言的应用上，也是一种对多元文化社会的心态建设。

外语教学应当成为培养学生多元文化素养的平台。通过深入学习多种语言，学生能够形成对不同文化的尊重、理解和包容的态度，使他们在未来的跨文化交流中更具自信和优势。这种开放的文化观念不仅有助于促进国际的友好关系，也为学生的个人发展提供了丰富的文化资源。

（五）文学和艺术的欣赏

外语教学的丰富性不仅局限于语言技能的培养，还包括对文学和艺术的学习。通过接触外语国家的文学作品、音乐、电影等，学生能够更深入地感受和理解目标语言文化的深度和广度。

外语教学涉及文学和艺术的学习，可以为学生提供更为综合和丰富的语言实践机会。文学作品、音乐、电影等不仅是语言的表达形式，也是文化的传承和表达媒介。通过深入研究这些艺术作品，学生能够在语言实践中感受到文化的魅力，理解语言与文学、艺术之间的紧密联系。这种全方位的语言实践不仅促进了学生对语言的更深层次理解，也拓展了他们在实际应用中的语言能力。

通过接触外语国家的文学和艺术，学生能够更深入地感受目标语言文化内容的深度。文学作品反映了一个国家的历史、价值观和思想体系，音乐与电影则承载了民俗、风土人情。学生通过欣赏和解读这些作品，能够更全面地了解目标语言文化的内涵，从而使他们的语言运用更具深度和广度。这种文学和艺术的学习方式为学生提供了更为综合的文化体验，使其在应用语境中更具自信和丰富的表达能力。

文学和艺术的学习有助于拓展学生的审美和文化领域。通过对外语文学作品的阅读、音乐的聆听以及电影的观赏，学生能够培养对不同文化的欣赏力和审美观念。这不仅可以促进学生的艺术修养，同时也为其在跨文化环境中更为敏感和开放的交流提供了支持。文学和艺术的学习不仅是对语言的补充，更是对文化的深刻体验，使学生在语言学习的过程中愈发全面、多元。

外语教学中的文学和艺术学习是培养学生深刻理解目标语言文化的重要途径。通过丰富的语言实践、深度的文化感悟以及广泛的艺术体验，学生能够在语言学习的过程中更好地融入目标语言文化，提升自身的语言表达能力和文化素养。

第四节 跨文化沟通能力的培养与评估

一、外语教学中跨文化沟通能力的培养

（一）实践性活动和角色扮演

1. 真实情境模拟

一方面，通过模拟日常生活场景，如购物、用餐、旅行等，学生能够在仿真环境中积极运用所学语言进行实际交流，这在外语教学中显得尤为重要。例如，在模拟购物对话中，学生扮演顾客和销售员，进行商品咨询和谈判，使得学生能够更好地适应真实购物环境中的语言应用，提高他们在日常生活中的语言交际能力。

另一方面，设计模拟工作场合，如商务会议、工作面试等，让学生通过角色扮演体验商务交流的语境。这种实践性的教学策略有助于培养学生在职场中运用外语的实际能力，增加他们在商务沟通中的技巧。通过模拟商务场景，学生能够更深入地理解商务用语、会议礼仪等方面的语言要求，为他们未来的职业发展奠定坚实基础。

这一教学方法突出了外语教学的实用性和实际应用性。通过在仿真环境中进行角色扮演，学生在真实场景中应用外语，更深入地理解语言背后的文化和交际规则。这种注重实践性的外语教学有助于培养学生的综合语言能力，使他们能够更自信、更熟练地运用外语进行日常生活和职场交流。

（二）小组讨论和合作项目

1. 促进语言交流与表达

在外语教育中，小组讨论和合作项目被认为是促进学生语言交流的有效途径。这种教学策略为学生提供了一个共同合作的平台，满足与激发了他们使用外语进行交流的需求和动力。通过积极参与小组讨论，学生得以分享观点、交流意见，并在合作项目中共同探讨解决问题的方法。这种互动过程不仅是对学生语言交流技能的锻炼，更是对其外语语言学习的实际应用。

学生通过小组讨论可以提高口语表达的流利度。在小组中，学生需要迅速、准确地表达自己的想法，与组员进行积极互动。这种实时的口语练习有助于培养学生在真实交流情境中的语言应对能力，使他们更加自信地运用外语进行口头表达。

小组讨论和合作项目培养了学生在团队中有效沟通的技能。通过协商、讨论问题、分享观点，学生在集体合作中培养了理解他人观点和有效传达自己意见的能力。这种团队协作的实践经验在外语学习中具有双重意义，不仅提升了语言交流的效果，还为学生今后在跨文化环境中的团队工作提供了宝贵的经验。

小组讨论和合作项目作为外语教育中的教学手段，不仅锻炼了学生的口语表达能力，也加强了他们在团队中有效沟通的技能。这种实际应用的教学策略为学生提供了更为贴近实际生活和职场的语言交流体验，为其未来的跨文化交往和职业发展奠定了坚实基础。

2. 培养团队协作与决策能力

在外语教育中，小组讨论和合作项目成为一种强有力的手段，旨在培养学生不仅具备语言交流的能力，还培养了其在团队中协作、共同解决问题的能力。学生在小组中需要积极参与、相互协作，这要求他们理解和尊重彼此的观点，并共同努力完成分配的任务。

学生在小组讨论中培养了团队协作能力。通过与组员互动，分享观点和意见，学生学会了如何有效地与他人合作，克服语言障碍，使整个小组能够协同工作。这种团队协作不仅有助于语言表达的流畅度，也锻炼了学生在跨文化环境中进行团队合作的能力。

小组合作项目有助于培养学生在团队中做出决策的能力。在合作项目中，学生需要共同制订计划、分工合作，并在团队中做出决策以达成共同目标。这种实际的决策经验不仅提高了学生的语言运用水平，也为其未来在职场和社会生活中的团队决策提供了实用的技能。

小组讨论和合作项目在外语教育中起到了更为综合的作用。通过培养团队协作和决策能力，这种教学策略既满足了语言学习的需要，也为学生在未来的职业发展和跨文化交往中提供了更为全面的素养。这样的教育方式既强调语言交流的实际运用，又注重培养学生在团队中的领导力和合作意识，使其可以更好地适应多元文化环境。

（三）模拟实际场景

在外语教学中，采用模拟实际场景的方法是一种卓越的策略。通过设计丰富多样的情境，教师可以模拟购物、旅行、餐厅用餐等真实生活场景，可以为学生提供在仿真环境中进行外语交流的机会。这种教学方式不仅帮助学生更好地适应真实生活中的语言使用情境，还能够显著提高他们在各种实际场景中的语言运用能力。

通过模拟购物场景，学生可以在虚拟的商店环境中练习交流技巧，包括询问商品信息、谈判价格等。这样的练习使学生能够更熟练地运用外语进行购物对话，提高他们在实际购物中的语言应用能力。

模拟旅行场景能够让学生应对在异国他乡的语言交流挑战。从询问路线到预订酒店，学生可以在模拟环境中锻炼自己的口语表达和听力理解能力，为实际旅行时的语言交流做好充分准备。

通过模拟餐厅用餐场景，学生可以练习点菜、询问食物信息以及与服务员互动的技能。这种实际情境的模拟不仅提高了学生在餐饮场合中的语言应对能力，也让他们更加自信地应对不同语境下的挑战。

通过模拟实际场景，外语教学能够使学生更全面地提升语言交流能力。这种实践性的教学方法有助于学生更自然、更流利地运用外语，为他们未来的跨文化交流和实际生活中的语言应用打下坚实的基础。

（四）语言交换和伙伴学习

在外语教学中，积极推动学生参与语言交换是一种有效的教学方法。通过与母语为目标语言的人直接交流，学生能够更深入地了解语言的实际运用，提高其听说能力，并纠正可能存在的语法和发音问题。这种实践性的学习方式不仅促进了语言技能的全面提升，也为学生创造了更真实、更具挑战性的语境。

鼓励学生进行语言交换可以提高他们的听说能力。通过与母语使用者的交流，学生在真实场景中接触到自然、流利的语言表达，从而更好地理解语言的实际运用方式。这有助于培养学生敏锐的听觉感知和口语表达能力，使他们可以更自信地应对各种语言环境。

　　语言学习伙伴制度是促进学生之间互相搭档学习对方母语的一种创新方法。学生可以在伙伴制度中相互分享语言学习经验、进行语言交流，互相纠正语法错误和发音问题。这种搭档学习的方式不仅促进了学生之间的合作，还为他们提供了更亲近、更轻松的语言学习氛围。

　　通过与母语使用者的直接交流，学生能够更及时地发现和纠正自己的语法和发音问题。母语使用者能够提供即时的反馈和指导，帮助学生改正可能存在的语言偏差。这种一对一的交流有助于加深学生对语言细节的理解，从而提高语言运用的准确性和流利度。

　　鼓励学生进行语言交流，尤其是与母语使用者直接交流，是外语教学中不可或缺的一环。这种实践性的学习方式不仅提高了学生的听说能力，也使他们更加自信和熟练地运用外语。通过这样的交流体验，学生能够更深刻地理解语言的文化背景和实际运用情境，从而更全面地掌握外语。

二、外语教学中跨文化沟通能力的评估

（一）言语和语言运用

　　言语和语言运用能力是评估跨文化沟通能力的重要因素之一。语法的正确性直接关系到个体在跨文化交流中是否能够用准确的语言结构表达自己的观点和意见。词汇的丰富性反映了个体是否具备足够的词汇储备，能够在不同语境下灵活运用丰富的表达方式。语言表达的流畅性展示了个体是否能够在交流中保持自然、连贯的语言流畅度。

　　观察个体在跨文化交流中的语言表达，是一种直接的评估手段。通过观察个体与不同文化背景的人交流时的语言运用情况，可以判断其是否能够准确、清晰地传达信息，避免因语言问题导致产生的沟通障碍和误解。这种观察不仅关注个体的语法和词汇使用是否符合规范，还关注其是否能够在语境中运用得当，使交流更加得体。

　　考察个体在不同语境下的语境适应能力是评估的重要方面。语境适应能力涉及个体是否能够巧妙地运用语言，以促进文化间的理解和沟通。这包括在不同文化环境中选择合适的用语和表达方式，以确保信息能够被准确理解，同时体现出对他人文化的理解和尊重。

通过对个体言语和语言运用能力的评估，可以更全面地了解其在跨文化沟通中的表现。这种评估有助于发现个体在语言层面上的优势和不足，为其提升跨文化交流能力提供有针对性的指导和支持。

（二）非言语沟通和身体语言

跨文化沟通能力的评估不仅需要关注个体的语言表达，还需重点考虑非言语沟通和身体语言的运用。这包括面部表情、眼神交流、手势、姿势等非言语元素。在不同文化中，这些非言语因素可能具有不同的含义，因此一个人是否能够理解并适应这些非言语沟通方式，对其跨文化交流的成功至关重要。评估个体在跨文化环境中的身体语言是否得体，是否能够适应和尊重不同文化的沟通规范，对评价其跨文化沟通能力具有重要意义。

跨文化沟通能力的全面评估需要综合考虑个体的语言表达和非言语沟通，其中身体语言是一个至关重要的方面。除了语言的准确运用，面部表情、眼神交流、手势、姿势等非言语元素也在不同文化中可能承载着不同的含义。因此，评估一个人是否具备跨文化沟通能力，需要关注其是否能够敏感地理解并灵活运用这些非言语沟通方式。

在多元文化的背景下，个体的非言语沟通往往比语言更能准确地传达情感和意图。例如，在某些文化中，微笑可能表示友好和善意，而在另一些文化背景下可能表达不同的情感或含义。因此，一个人是否能够正确理解并运用这些非言语元素，直接影响着其在跨文化交流中的沟通效果。

身体语言的得体运用不仅仅是为了避免产生误解，还涉及尊重和适应不同文化的沟通规范。评估个体是否能够在跨文化环境中灵活运用适当的身体语言，既表达个人意愿，又遵循当地的文化礼仪，对评价其跨文化沟通能力具有重要的意义。

跨文化沟通能力的评估应全面考虑语言和非言语沟通的各个方面，尤其需要关注个体在不同文化环境中身体语言的运用是否得体，以确保其在跨文化交流中能够更加成功地进行有效沟通。

（三）文化敏感性和适应能力

跨文化沟通的评估需要综合考察个体的文化敏感性和适应能力，这两个方面在确定个体在多元文化环境中的表现至关重要。

文化敏感性是跨文化沟通评估的重要指标之一，涉及个体是否能够理解并尊重不同文化的价值观、信仰、习惯等。一个文化敏感的个体能够避免产生对他人文化形成刻板印象和偏见，而是以开放的心态去理解和接纳多元文化。通过深刻理解他人的文化，个体能够更好地建立共鸣，减少文化冲突，从而为良好的跨文化沟通奠定基础。

适应能力在跨文化沟通中同样至关重要，体现在个体是否能够在不同文化环境中灵活应对，调整自己的行为和言谈方式。适应能力强的个体能够在不同文化中融入，以一种既尊重他人文化，又保持自身身份的方式进行交流。这些人能够敏感地捕捉到文化差异，迅速做出调整，确保与他人建立起良好的跨文化关系。

通过对文化敏感性和适应能力的评估，可以更全面地了解个体在跨文化沟通中的综合表现。这种评估不仅关注语言技能和非言语沟通，还注重个体在文化层面的意识和行为。一个成功的跨文化沟通者不仅要具备语言流利度，还需要在文化敏感性和适应能力方面有所提高，以进行真正意义上的有效跨文化交流。

第八章 外语教学的多样性与包容性教育

第一节 外语教学中的多样性理念

一、外语教学中多样性理念应用的重要性

（一）有助于学生群体多样性

学生在语言学习方面呈现出的多样性体现在各个层面，从背景到学科兴趣再到学科目标的不同，为教师提供了丰富的挑战和机遇。这种多样性首先在学生群体上显现，他们可能来自世界各地、拥有不同的文化背景、年龄层次和学科领域。

学生的文化背景多元。教室中可能汇聚了各国国籍的学生，这意味着语言学习不仅仅是单一语境中的知识传递，还包含了对多元文化的理解和尊重。教师需要运用跨文化教学方法，帮助学生更好地融入语言学习的过程，增进对不同文化的敏感性。

学生年龄层次的不同为教学带来了挑战。在同一个班级中，可能有来自不同年龄段的学生，他们对语言学习的态度和学习方式可能存在差异。因此，教师需要根据学生的年龄特点，调整教学方法，以促使不同年龄层次的学生都能够在语言学习中取得进步。

学生的学科兴趣和学科目标千差万别。有的学生可能是出于职业需要而学习某种语言，而另一些学生可能是出于学术追求或兴趣。因此，教师需要在教学中巧妙融合不同的学科元素，使语言学习更具实用性和吸引力，满足学生多元化的学科需求。

在面对如此多样性的学生群体时，教师需要采用灵活的教学方法，个性化地关注每个学生的需求，激发他们的学习兴趣。通过促进学生跨文化交际

能力的培养，教师能够帮助学生更好地适应全球化的语言学习环境，提高他们的国际竞争力。

（二）促进教学内容多样性

外语教学内容的多样性包括语法、词汇、听说读写等多个方面，这意味着教师需要根据学生的兴趣和实际应用情境，巧妙设计多样化的教学材料和任务。这种多样性不仅有助于激发学生的学习兴趣，同时也能够提高他们在不同语言层次上的能力。

外语教学的多样性体现在教学内容的广泛涵盖，包括语法、词汇、听说读写等多个方面。为了更好地满足学生的个体需求和促进他们在不同语言层次上的全面发展，教师需要巧妙地设计多元化的教学材料和任务。

在语法教学方面，教师可以采用灵活多样的教学方法，包括游戏、小组活动、角色扮演等，使学生能够在实际运用中掌握语法规则。通过实例演练、交互式讨论等方式，学生可以更深入地理解和应用语法知识，提高其语言表达的准确性。

词汇教学可以通过多媒体资源、实地应用等手段，使学生在真实语境中感知和掌握词汇。引入丰富的词汇学习工具，如语境丰富的句子、图片词汇卡等，有助于增加学生的学习趣味，提高记忆效果。

听说读写的多元教学方法，包括听力训练、口语表达、阅读理解和写作练习等，使学生能够全方位地提升语言技能。通过模拟真实情境、开展有趣的口语活动，学生可以更生动地运用所学语言，培养流利的口头表达能力。同时，通过阅读文学作品、新闻报道等不同领域的材料，学生可以拓展词汇量、理解不同文体，提高阅读和写作水平。

教学内容的多样性是外语教育的重要特点之一。教师在设计和实施教学时，应根据学生的兴趣和实际需求，灵活运用各种教学手段和资源，创造丰富多彩的学习环境，以促使学生在多个语言层面上取得更全面的进步。这样的多样性不仅使学生更愿意投入学习，同时也有助于提高他们在语言运用中的灵活性和应变能力。

（三）增加教学方法多样性

教学方法的多样性是指在教学过程中灵活运用各种不同的教学策略和方

法，以满足学生多元化的学习需求。这包括但不限于交际法、游戏化教学以及项目学习等多种方法的综合应用。这种多样性旨在创造一个富有创意和活力的学习环境，促使学生更主动、积极地参与学习，从而提高课堂的互动性和吸引力。

交际法注重学生在实际交流中运用语言的能力。通过对话、小组讨论和角色扮演等活动，学生能够在真实的语境中练习和运用所学的语言，从而更自然地提高口语表达能力。

游戏化教学是一种通过引入游戏元素激发学生兴趣的方法。这包括语言游戏、竞赛、谜题等，能够使学生在轻松的氛围中享受学习过程，激发他们的学习动力，同时培养团队协作和竞争意识。

项目学习强调学生在通过实际项目解决问题的过程中，全面提高其语言技能。通过参与项目，学生能够应用所学的知识，提高解决实际问题的能力，并在团队中协作，培养综合素养。

多样性的教学方法能够更好地迎合学生的学习风格和喜好，使课堂更具有启发性和趣味性。这种灵活的教学方法不仅有助于提高学生的学习兴趣，也能够更全面地培养他们的语言能力，促进深层次的学习。通过不同教学方法的有机结合，教师能够更有效地满足学生的个性化需求，提升整体教学效果。

（四）促进评估方式多样性

多样性在学生学习成果评估方面的体现不仅仅局限于传统的笔试和口试，还涵盖了更广泛、更全面的评估方式。这种综合性的评估方法旨在更准确、更贴近实际需求地反映学生的语言水平和能力，促使他们在实际交际中更加娴熟地运用所学语言。

传统的笔试和口试是评估语言能力的重要手段。通过书面考试，可以测试学生对语法规则、词汇运用的掌握情况，而口头考试则能够评估其口语表达的流利程度和语音语调的准确性。这种方式是衡量学生语言基础能力的有效手段之一。

项目作业的引入丰富了评估方式。通过给学生设计实际项目，如创作文学作品、制作多媒体展示等，评估者能够更全面地了解学生的语言运用能力、创造力和实际应用能力。这种方法强调学生在真实场景中运用语言进行创造性表达的能力。

小组讨论成为一种常见的评估方式。通过组织学生进行小组讨论，评估者可以观察学生在合作中的语言交流能力、团队协作精神以及对话题的深度理解。这有助于培养学生的团队协作技能和跨文化交际能力。

实际应用的评估方法逐渐受到重视。通过模拟真实生活场景，如商务对话、旅游情境等，评估者能够更贴近实际需求地评估学生的语言运用情况，检验他们在实际交际中的应变能力。

采用多样化的评估方式有助于更全面地了解学生的综合语言能力，为他们提供更贴近实际需求的语言培训。这种综合评估方法不仅能够激发学生的学习兴趣，也有助于他们在未来的实际交际中更好地运用所学语言。

二、外语教学中多样性理念的体现

（一）教学方法多样性

在外语教学中，认识到学生之间存在着多样性是关键的一步。由于每位学生拥有独特的学习风格和需求，教师在教学过程中需要灵活运用多样的教学方法，以更好地迎合学生的个性化学习需求，从而提升教学效果。

交际法是一种强调语言运用和沟通的教学方法。通过促进学生之间的实际交流，这种方法有助于培养学生的口语表达能力。同时，交际法注重真实情境的模拟，使学生能够更自然地运用所学语言。

任务型教学法是以实际任务为基础的教学方法。通过设计有趣而实用的任务，学生能够在解决问题的过程中提升语言技能。这种方法强调语言的实际运用，使学生更容易将所学知识融入实际生活中。

游戏化教学是一种通过游戏元素激发学生兴趣的教学手段。通过引入竞争、奖励等元素，学生在轻松的氛围中参与到语言学习中。这种方法能够激发学生的积极性，增强他们对学习的投入感。

综合运用这些多样的教学方法，教师能够更全面地考虑学生的学习差异，创造更富有活力和互动性的教学环境。这样的教学方式不仅能够提高学生的学习兴趣，也有助于他们在语言学习中取得更好的成绩。

（二）学习资源多样性

充分利用各种学习资源是提高外语学习多样性的有效途径。这涵盖了多种学习工具和平台，如教科书、多媒体资料、在线学习平台以及语言交换活动等。通过这些多样性的资源，学生可以在不同的学习场景中灵活运用所学知识，从而促进语言技能的全面发展。

借助各种学习资源，尤其是教科书、多媒体资料、在线学习平台和语言交换活动，可以为外语学习者提供更加多元化和灵活的学习体验。教科书作为传统的学习资源，提供了系统和结构化的课程内容，帮助学生建立起坚实的语言基础。同时，多媒体资料，如音频和视频材料，丰富了学习的感官体验，使学生更容易理解和模仿自然语言表达。

在线学习平台的广泛运用为学生提供了随时随地获取学习资料的便利。这种形式的学习不仅使学生能够按照个体的学习节奏进行学习，还通过互动性和在线社区，提供了更多的实践机会和与其他学习者互动的平台。同时在线学习平台还常常结合了游戏化元素，激发学生学习兴趣，提高学习动力。

语言交换活动是一种实际参与的方式，通过与以母语为目标语言的人进行语言交流，学生可以在真实场景中应用所学知识。这种交流方式不仅促进了语言的实际运用，还使学生更深入地了解目标语言所处的文化背景，从而提高文化意识和跨文化交流能力。

通过充分利用这些学习资源，学生可以根据自身特点和需求，选择最适合的学习方式和工具，使学习过程更加灵活和个性化。这种多样性的学习体验不仅促进了语言技能的全面发展，也增强了学生对外语学习的兴趣和积极性。

（三）文化多样性

外语学习不仅仅是对语言技能的学习，也包含对目标语言国家文化的深入了解。在教学中引入目标语言国家的文学、电影、音乐等多样文化元素，对学生更深入地理解和体验语言使用背后的文化内涵具有重要意义。外语学习的意义不仅仅局限于掌握语言技能，还在于深入了解目标语言国家的文化。通过引入丰富多彩的文学、电影、音乐等文化元素，教学可以为学生提供更为综合和深刻的学习体验，进而提高他们的跨文化交际能力。

文学作品是语言和文化融合的精华，通过阅读目标语言国家的文学作品，学生能够更深入地了解该国文化的价值观、历史传统以及社会背景。文学作品反映了一个国家的思想、情感和人际关系，通过解读这些作品，学生可以更好地理解和体验目标语言的文化内涵，从而加深对语言使用的理解。

电影作为一种视觉媒体，为学生提供了更直观的文化体验。通过观看目标语言国家的电影，学生不仅可以感受到口语表达的语音和语调，还能够领略到生活场景、社会风貌等方面的文化细节。电影中的情节、对话以及人物塑造都是文化的重要表达方式，有助于学生更全面地理解目标语言国家的文化背景。

音乐作为一种艺术形式，也是文化的生动表达。通过欣赏目标语言国家的音乐，学生可以感受到文化中蕴含的情感、信仰和审美观念。音乐常常反映着社会变迁和文化传承，通过引入音乐元素，教学可以使学生更贴近目标语言国家的文化情感，促使他们在语境中更自然地运用语言。

综合而言，通过引入文学、电影、音乐等多样文化元素，外语教学能够为学生提供更为全面和深刻的语言学习体验。这种文化元素的融入不仅有助于提高学生的语言运用能力，还能够培养他们对于跨文化交际的敏感性和适应能力，从而使学习者更好地融入目标语言国家的文化环境。

（四）评估方式多样性

在外语学习中，每位学生都是独一无二的，呈现出各种各样的才能和兴趣。因此，在评估学生的语言能力时，应该采用多样化的评估方式，以更全面地了解他们的表现，并激发他们在不同方面发展自己的潜力。

口头表达是一种直接评估学生口语能力的方式。通过参与对话、演讲或小组讨论，学生能够展示他们的口头表达能力，从而使教师更准确地评估他们在实际交流中的语言运用水平。

书面表达是另一种重要的评估方式。通过写作作业、短文或报告，学生有机会展示他们的书面表达能力。这种方式不仅能够评估语法和词汇的运用，还能够考察学生的组织能力和逻辑思维。

项目作业是一种创造性的评估方式，通过给学生提供实际项目，如设计广告、创作故事等，来评估他们综合运用语言的能力。这种方式不仅能够考察语言技能，还能够培养学生解决问题和合作的能力。

　　小组讨论是促使学生在协作中展现语言能力的方式。通过参与小组活动，学生能够在团队合作中运用语言，提高他们的交际技能和团队协作能力。

　　通过多样化的评估方式，教师能够更全面、准确地了解学生的语言水平和潜力，为他们提供更有针对性的反馈和指导。这种个性化的评估方法有助于激发学生学习的兴趣，同时也能够更好地满足不同学生的学习需求。

第二节　包容性外语教育的实践

一、包容性外语教育的作用

（一）促进多元文化理解

　　包容性外语教育的目标是促进学生对不同文化的全面理解和尊重。通过学习多种语言和文化，学生得以深入研究并体验不同文化之间的共通性和差异性，从而在跨文化交流中建立更为包容和理解的国际社会。包容性外语教育致力于为学生提供一个多元文化的学习体验，通过深入了解和学习不同语言和文化，促使学生在跨文化交流中更为敏感和包容。学生通过探索各种语言，不仅拓展了语言技能，更丰富了对世界各地文化的认知。

　　通过学习多种语言，学生得以深入了解其他文化的语言结构、表达方式和语境。这不仅仅是语法和词汇的学习，更是对其他文化思维方式和表达习惯的理解。通过比较语言之间的异同，学生能够体验到不同文化的思维模式，培养更为宽广的视野。通过学习其他文化的语言，学生能够更深入地了解和尊重不同文化的价值观、习惯和传统。语言往往是文化的折射，通过学习语言，学生会隐含地学习了相关文化的内涵。这有助于打破学生对陌生文化的偏见，培养学生更为包容和尊重的态度。

　　包容性外语教育注重培养学生的跨文化沟通能力。通过模拟真实情境的语言交流，学生在实践中应对不同文化之间的交流挑战，提高他们在跨文化环境中的适应能力。这种实践性的学习使学生更有信心地应对国际社会中的各种文化交往。包容性外语教育通过深入的语言学习，使学生更全面地了解其他文化，拓展他们的视野，培养跨文化沟通的能力，从而为建立更加包容和理解的国际社会奠定基础。这种教育理念不仅关注语言技能的提升，还注重培养学生的跨文化意识和国际视野。

（二）提高语言学习的普及性和平等性

包容性外语教育的核心理念在于尊重不同学生的语言水平和学习需求，旨在提高语言学习的普及性和平等性。通过采用差异化教学策略，这种教育努力满足不同学生的学习需求，促使更多的学生参与并受益于语言学习，致力于缩小语言学习中的差距。

包容性外语教育强调每个学生在语言学习中的独特性，无论其语言水平如何，都需要受到平等对待。这种教育理念的核心在于通过差异化教学策略，满足不同学生的学习需求，从而营造更为普及和平等的语言学习环境。

差异化教学旨在考虑到学生的个体差异，包括语言水平、学科兴趣和学习风格等方面。在语言学习中，学生的起点不同，对新知识的吸收速度和理解深度也存在差异。包容性外语教育通过灵活运用教学方法，个性化地满足学生的学习需求，使每个学生都能在适合自己水平的教学环境中发展语言能力。

采用差异化教学策略有助于提高语言学习的普及性。在传统教学中，常常存在一种标准化的教学模式，这可能使一些学生感到失落或难以跟上正常学习进度。通过差异化教学，教师能够更好地满足学生的需求，激发他们的学习兴趣，使更多学生能够积极参与到语言学习中，扩大语言学习的覆盖面。

包容性外语教育强调创造开放、包容的学习环境，让学生在不同层次上都能够取得成功。这有助于打破传统语言学习中的差异化问题，使每个学生都能够在发展自己的语言能力的同时，体验到学习的乐趣和成就感。

包容性外语教育通过差异化教学策略，旨在提高语言学习的普及性和平等性。这种教育理念不仅关注学生的语言水平，更注重满足不同学生的学习需求，使每个学生都能够在语言学习中获得成功。这种个性化的关怀有助于缩小语言学习中的差距，为每个学生提供更为包容和平等的学习机会。

（三）创造包容性语言学习环境

包容性外语教育是一种注重创造包容性学习环境的教育方法。它不仅仅关注学生的语言能力，更注重他们的文化背景、学习风格和个性差异。通过这种教育方式，教师致力于让每个学生感到被接纳和尊重，从而提升学习效果并促进学生之间的互相理解。在包容性外语教育中，教师通常会采用多样化的教学方法，以满足不同学生的学习需求。这可能包括使用多种教材、多媒体资源，以及灵活的教学策略，以确保每个学生都能够在学习中找到适合自己的方法。此外，教师还鼓励学生积极参与，分享自己的文化经验，促使学生之间建立更加紧密的联系。

包容性外语教育的一个重要目标是培养学生对不同文化的尊重和理解。通过了解和尊重彼此的文化差异，学生可以进行更好的沟通，营造更加积极的学习氛围。这也有助于打破学生在语言学习过程中可能存在的隔阂和误解，促进跨文化交流。包容性外语教育强调个体差异的尊重和接纳，通过多样性的教学方法和文化交流，创造一个积极、包容的学习环境，在提高学生的语言能力同时促进跨文化理解。

（四）培养全球公民意识

包容性外语教育致力于培养学生的全球公民意识，使他们更加关注全球性的问题，理解全球文化的互动和共通性。这种教育不仅使学生能够更好地适应多元文化的社会，还促使他们具备跨文化合作的能力，成为更具包容性和全球视野的个体。包容性外语教育被视为培养全球公民的重要途径，通过语言学习，学生不仅可以掌握一门外语，还可以深入了解了全球性的社会、文化和经济互动。这种教育使学生超越国界，形成更为包容和全球化的视野。

通过学习多种语言，学生在语言的背后了解不同文化的独特之处。这种深入的文化体验有助于培养学生对全球多元文化的认知。学生通过语言学习，拓展了其对不同文化背景的理解，进而形成更为包容和尊重的态度。这使得学生能够更自如地适应全球性的社会环境。包容性外语教育注重培养学生的跨文化沟通能力。通过模拟真实的语言交流情境，学生可以在实践中体验到不同文化之间的交流挑战，提高他们在跨文化环境中的适应能力。这种实践性的学习使学生更具信心地参与全球性的跨文化合作，为建设一个更加和谐的全球社会做出贡献。

包容性外语教育引导学生思考全球性的问题，如气候变化、国际合作、全球健康等。学生通过外语学习，接触到来自不同国家和文化的信息与观点，使其能够更全面地理解和参与到全球性议题中。这培养了学生对全球社会问题的责任感和积极参与的意愿。包容性外语教育通过语言学习的方式，培养学生的全球公民意识，使他们更关注全球性的问题，理解全球文化的互动和共通性。这种教育不仅使学生具备更为包容性和全球视野的个人素养，更有助于培养未来社会的全球化领导者和合作伙伴。

二、包容性外语教育的具体实施

（一）多元化学习资源和教材

提供丰富多彩的学习资源，旨在促进外语学习者全方位的语言发展。教学计划应该不仅仅包括多语种的教科书、学习视频和音频资料，还要着眼于跨文化学习，以培养学生的全球视野和跨文化沟通能力。

在设计课程时，应该充分考虑学生的语言水平和兴趣爱好，制订差异化的教学计划，确保每个学生都能够在适合自己水平的学习路径上取得进步。引入真实世界的语言使用场景，如多语种的沟通活动、实地考察等，有助于学生更好地理解语言的实际运用，提高他们的语言技能。

强调外语学习的目的不仅仅是为了掌握一门语言，更是为了拓宽视野、增进对不同文化的理解。因此，教学内容也应该包括有关不同国家、地区的文化、历史、习俗等方面的知识，使学生在语言学习的同时能够培养跨文化意识。

外语学习的最终目标是培养具备广泛语言技能和跨文化沟通能力的学生，使他们在全球化的背景下能够自信地应对多语种、多元文化的社会环境。

（二）个性化教学方法

考虑学生的个体差异，采用灵活的教学方法，包括小组讨论、项目学习、角色扮演等，以满足不同学生的学习风格和速度是包容性外语教育的核心原则。通过提供多样的学习方式，教师能够更好地适应学生的个体差异，激发他们的学习兴趣，提升学习效果。

灵活的教学方法旨在创造一个适应不同学生学习风格的学习环境。小组讨论可以促进学生之间的合作和交流，让他们在互动中更好地理解和掌握语言知识。项目学习则为学生提供了更具实践性的学习机会，使他们能够在实际项目中应用所学知识，加深其对语言的理解。角色扮演则为学生提供了模拟真实场景的机会，培养他们在不同语境下灵活运用语言的能力。

提供多样性的评估方式是包容性外语教育的重要组成部分。除了传统的语言水平考核，还应注重学生对多语文化的理解和应用能力。口语表达、写作、文化交流等方面的评估可以更全面地反映学生的语言综合能力。这种多元化的评估方式有助于更准确地评估学生的综合能力，不仅要关注其语法和词汇的运用，还要关注其在真实语境中的语言运用能力。

鼓励学生使用已经掌握的语言能力，并倡导营造一个多语种交流环境，是为了促进语言的实际运用和跨文化交流。学生通过使用已经学到的语言，能够更加自信地参与到语言交流中，提高实际应用能力。营造一个多语种的环境，可以激发学生学习其他语言的兴趣，同时促进跨文化交流，培养他们更为开放和包容的国际视野。

考虑学生的个体差异，采用灵活的教学方法，并提供多样性的评估方式，同时鼓励实际语言运用和使用多语种交流，是包容性外语教育的重要策略。这种教育理念不仅关注学生的语言水平提高，更注重培养学生的跨文化交流能力和实际语言应用能力。

（三）培训多语教育师资

提供教育师资培训，使他们具备教授多语言的能力和跨文化教学技能是包容性外语教育的重要举措。这包括了解学生的背景、文化和语言习惯，以更好地适应多元化的教学环境。同时，鼓励教育者采用创新的教学方法，如使用技术辅助教学、在线资源等，以提升教学效果。建立教育者之间的合作平台，分享成功的经验和教学资源，促进共同成长，同时也是推动包容性外语学习的有效途径。提供教育师资培训是确保教育者具备多语言教学和跨文化教学技能的重要步骤。培训内容应包括了解学生的背景、文化和语言习惯，使教育者能够更加敏感地应对学生的个体差异，提供更为个性化的教学服务。另外，培训还应强调多语言教学的方法和策略，以确保教育者具备在多语言环境中教授知识的能力。

鼓励教育者采用创新的教学方法，如技术辅助教学和在线资源的使用，可以提升教学效果。技术工具可以为学生提供更为生动和互动的学习体验，促进语言技能的全面发展。同时在线资源的利用也能够丰富教学内容，满足学生不同层次和兴趣的学习需求。这种创新的教学方法不仅可以激发学生的学习兴趣，同时可以提高教育者的教学效能。建立教育者之间的合作平台是促进共同成长和经验分享的重要手段。教育者可以通过定期的交流会议、研讨会、在线社区等方式分享成功的教学经验和资源，互相学习和借鉴。这种合作平台不仅促进了教育者之间的信息交流，也为整个教育体系提供了更为丰富和有效的教学资源。

提供教育师资培训，鼓励教育者采用创新的教学方法，并建立教育者之间的合作平台，是推动包容性外语学习的重要举措。这种综合性的措施有助于提高教育者的专业水平，为学生提供更为丰富和有针对性的外语学习体验，从而促进学生的全面发展。

第三节　语言障碍学生的外语教学支持

二、语言障碍学生外语教学支持的重要性

（一）促进语言能力的发展

外语教学对语言障碍学生的语言能力发展至关重要。通过专门设计的教学方法和策略，学生可以逐步克服他们在语言表达、听力理解、阅读和写作方面可能存在的障碍。

外语教学提供了一种系统的学习平台，帮助语言障碍学生逐步发展和提高语言能力。通过制订针对学生个体差异的教学计划，教师可以有针对性地培养学生的语言表达能力。特别设计的教学方法，如口语训练、听力理解练习等，能够帮助学生更好地理解和运用外语，促使其在语言技能上有所突破。

外语教学不仅注重语言水平的提高，还关注学生在其他语言层面的发展。通过丰富多样的教学活动，如阅读文学作品、参与文化交流等，学生能够更全面地理解和应用外语。这有助于拓展学生的语言视野，提高他们在语言实践中的适应能力。

外语教学为语言障碍学生增加了使用外语的机会，从而培养他们的语言应用自信心。在课堂上，通过各种交流活动，学生有机会运用所学的语言知识，提升他们的语言表达信心。这种积极的语言实践有助于学生更好地适应

多语言环境，为将来的社交互动和学业发展打下坚实基础。

外语教学对语言障碍学生的语言能力发展至关重要。通过专门设计的教学方法、个性化的教学计划以及提供丰富的语言实践机会，可以帮助语言障碍学生克服语言障碍，提高外语水平，培养全面的语言能力。这为语言障碍学生打开了未来就业的大门，使他们能够更好地参与到多语言社会中。

（二）提升社交交往能力

外语学习不仅仅是一种语言技能的培养，也提供了一个独特的社交交往平台，特别对语言障碍学生而言，这一平台更显得至关重要。参与外语学习的课堂讨论和小组合作等活动，为学生提供了锻炼交际技能的黄金机会，使他们能够更自信、更流利地与他人进行沟通。

在课堂讨论中，语言障碍学生可以通过分享观点、表达意见，逐渐培养语境中的语言运用能力。这种实际的交流经验有助于增强语言障碍学生在外语环境中的自信心，同时也提高他们在多语言社交中的适应能力。

小组合作是另一个促进社交交往的有力工具。学生在小组中互相合作、共同完成任务，既能提高语言障碍学生的团队协作能力，也为他们提供了一个共同成长的社交群体。通过这种形式的合作，语言障碍学生可以互相支持，共同克服语言学习上的困难，建立起深厚的学习伙伴关系。

外语学习的社交交往平台有助于语言障碍学生打破语言和文化之间的隔阂，促进跨文化交流。学生在与来自不同文化背景的同学交流互动中，不仅能够学到更多有关其他文化的知识，也更容易理解和尊重多元文化社会的差异，从而更好地融入并受益于国际化的学习环境。

外语学习提供了一个丰富而有趣的社交交往平台，为语言障碍学生提供了发展交际技能、促进社交关系的机会。通过积极参与各类社交活动，学生能够更好地适应多语言环境，为其未来的社会互动奠定坚实的基础。

（三）增强学习自信心

外语教学在语言障碍学生的学习过程中发挥着重要作用，不仅仅是为了培养语言技能，更是一项促进学生学习自信心的有力工具。通过为学生提供支持和积极的反馈，教育者能够引导学生更全面地认识到他们在外语学习中的进步和付出。在这个过程中，营造一个积极的学习氛围至关重要，其核心在于强调学生的成功体验，以此来培养学生更为积极主动的学习态度，帮助他们更好地应对语言障碍可能带来的挑战。

支持和积极的反馈对语言障碍学生的学习至关重要。教育者应该通过定期的评估和反馈机制，帮助学生了解他们的学习进展和存在的潜在问题。这样的支持不仅使学生感受到被关注和关心，也让他们明确了自己在学习中的优点和改进空间。通过个性化的反馈，教育者能够更有针对性地指导学生，引导他们在外语学习中迈向更高水平。

建立积极的学习氛围对增强学生学习自信心至关重要。在课堂中，教育者可以通过创设鼓励互动的环境，积极参与课堂讨论、提问，让每位学生都感到自己是学习中的重要一环。同时，教育者还可以组织一些富有趣味性的活动，通过游戏、角色扮演等方式激发学生的学习热情，让他们在轻松的氛围中建立对外语学习的兴趣。这样的学习氛围有助于降低学生的紧张感和焦虑感，为他们树立自信心提供了更为良好的条件。

强调学生的成功体验是培养学习自信心的有效途径之一。教育者可以及时肯定学生在语言障碍克服、语法运用、口语表达等方面取得的成绩。通过在学生取得成功的地方给予认可和奖励，不仅可以激励他们继续努力，也使他们对自己的能力有了更积极的认知。这种积极的反馈不仅仅是在学业上的成就，还可以包括在跨文化交流、语境理解等方面的成功经验，从而进一步拓展学生对自己能力的认识。

在培养学生积极主动学习态度的过程中，教育者还可以通过设立目标和规划学习路径，帮助学生建立明确的学习方向。为了增加学生的学习兴趣，教育者可以引导他们选择与自己兴趣相关的学科或主题，从而提高学习动力。此外，教育者还可以通过和学生共同制订学习计划，让他们参与决策过程，从而激发他们的学习兴趣和责任感。

在学习自信心的培养过程中，教育者的角色至关重要。除了提供专业的语言教学指导，还需要成为学生的支持者和鼓励者。通过了解每位学生的个性差异、学习方式以及情感需求，教育者能够更有针对性地提供支持，帮助学生克服语言学习中的困难，促进他们自信心的建立。外语教学在增强语言障碍学生的学习自信心方面具有显著的作用。通过提供支持和积极的反馈，营造积极的学习氛围，强调学生的成功体验，教育者可以引导学生拥有正确的学习态度，更好地应对语言障碍可能带来的挑战。这样的学习环境不仅有助于学生提高语言水平，也为其未来的社会交往和职业发展奠定了坚实的基础。

二、语言障碍学生外语教学支持的具体策略

（一）个性化教学计划

制订个性化的外语教学计划是确保每位语言障碍学生能够充分发挥优势、克服困难的关键。首先，深入了解学生的语言背景、学习经历以及当前水平，通过评估其听、说、读、写等不同技能的水平，为制定合适的教学策略提供依据。

了解学生的学习风格是关键一步。一些学生可能更喜欢通过采用视觉方式学习，因此可以通过图表、图片等辅助教材来帮助他们更好地理解课程内容。其他学生可能更倾向采用听觉方式学习，教师可以通过口头讲解、听力练习等方式来满足他们的学习需求。

同时，认识每位学生的优势和困难也是制订教学计划的关键。一些学生可能在口语表达方面有天赋，而在书写方面可能相对较弱，因此需要在口语交流中加强他们的自信心，同时在书写方面提供额外的支持和指导。对一些可能有阅读障碍的学生，教师可以通过提供简化版的阅读材料、使用图表和图像等方式，降低难度，提高他们的理解能力。

另外，教学计划的调整还需要根据学生的学习进展进行实时的评估和反馈。通过定期的测验、口语演练和书面作业，及时发现学生的进步和困难，对教学计划进行灵活的调整，确保学生能够在适宜的学习进度下学习外语。

总体而言，个性化的外语教学计划需要综合考虑学生的语言水平、学习风格、优势和困难，通过灵活的教学策略和实时的评估来确保每位语言障碍学生都能够在学习外语的过程中取得最好的效果。

（二）多感官教学法

采用多感官的教学法是为了更全面地满足学生的感知方式，提高他们对外语学习的理解和应用能力。这种方法包括视觉、听觉、触觉等多个感官方面，旨在创造更富有创意和动感的学习环境。多感官的教学法注重创造视觉上丰富的学习体验。通过使用图像、图表、动画等视觉元素，能够帮助学生

更生动地理解语言结构和表达方式。例如，使用图片来说明单词的含义，或者通过视觉化的方式展示语法规则，都能够使学生的学习内容更加直观和易于记忆。

同时听觉方面的教学也至关重要。通过音频材料，如录音、音频讲解等，学生可以更好地听到语言的真实发音和语调。这对培养学生的听力理解和语音准确性非常有帮助。语言学习中的听觉经验能够增强学生对语言语境的敏感度，提高他们在实际交流中的应对能力。触觉方面的教学方法可以通过实物、手势等方式实现。例如，使用触感材料或实物模型来教授词汇，帮助学生通过触觉记忆强化单词的意义。另外，手势和身体语言也是一种有效的触觉教学手段，有助于加深学生对语言表达的理解。

采用多感官的教学法，结合视觉、听觉、触觉等多个方面，能够更好地激发学生的学习兴趣，提高他们对外语学习的参与度。这样的多元化教学方式不仅让学习更加生动有趣，也更有助于满足学生个体差异，促进他们更全面地理解和掌握外语。

（三）小组协作和互动

鼓励学生积极参与小组协作和互动在外语学习中具有重要的意义，这不仅有助于促进语言实践，还能够显著提升社交技能。在外语学习中，小组学习提供了一个有益的平台，通过与同学互动，学生可以在更为轻松的环境中进行语言实践，增强语言运用的信心。

小组学习有助于打破语言障碍，因为学生在小组中能够相互支持、交流，共同面对语言学习中的挑战。通过小组讨论、合作项目等形式，学生可以互相激发学习兴趣，分享语言学习的心得体会，从而加深其对外语知识的理解。

在小组学习中，学生更容易找到适合自己学习风格的伙伴，通过与他们共同合作，可以互相纠正语言错误，分享学习策略，共同进步。这种互动不仅有助于提高学生的语言水平，还促进了跨文化交流，拓宽了学生的视野。

小组学习可以通过模拟真实场景，让学生在更贴近实际生活的语境中运用外语，提高语言实践能力。例如，通过进行角色扮演、小组讲解等活动，使学生在轻松愉快的氛围中进行语言实践，更好地应对日常交流和社交场合的挑战。

通过鼓励学生参与小组协作和互动，外语学习者不仅能够在语言实践上得到锻炼，还能够培养其社交技能，使其更好地适应语言环境，提高与他人交流的信心和能力。

（四）及时反馈和鼓励

提供及时的反馈，强调学生的进步和努力，是建立积极、支持的外语学习氛围的重要一环。这种教学方式有助于增强学生的自信心，激发他们更积极地参与学习。

及时的反馈对学生的语言学习至关重要。通过明确的、具体的反馈，学生可以更清晰地了解自己在语言运用方面的优势和改进点。教师的即时回馈可以帮助学生纠正错误，加深其对语言规则和表达方式的理解，从而提高语言水平。

强调学生的进步和努力是培养学生积极学习态度的有效手段。通过正面的评价和鼓励，学生会更有信心面对学习中出现的困难，并愿意付出更多的努力。教师可以关注每个学生个体的进步，为他们的努力点赞，从而营造一个充满正能量的学习氛围。

鼓励学生的积极参与和表达是培养其语言实践能力的关键。通过参与课堂讨论、小组活动、演讲等形式，学生能够更主动地运用所学语言，提高口语表达和交流的信心。教师的积极引导和肯定，可以让学生感受到自己在语言运用方面的进步，从而更加愿意参与到学习中。

提供及时的反馈、强调学生的进步和努力，并鼓励积极地参与和表达，是营造积极学习氛围的重要因素。通过这样的教学方式，可以激发学生学习外语的兴趣，培养他们的自信心和独立的语言运用能力。

第四节　多语教育与外语教学的关系

一、多语教育与外语教学的联系

（一）语言多样性的认知

多语教育的重要理念是培养学生在语言方面的全面素养，其中包括对多种语言的认知和尊重。在外语教学中，这一理念得以体现，要求学生不仅

213

仅学习目标外语，同时也要认识到其他语言的存在和其在全球语境中的重要性。

通过多语教育，学生得以更全面地理解不同语言之间的联系。学生逐渐认识到语言并非孤立存在的，而是在文化、历史和社会环境中相互交织的。这种认知不仅可以扩展学生的语言视野，也促使他们更深刻地理解目标外语的语境和语言习惯。

这种对语言多样性的认知在提高学生的语言灵活性方面发挥着重要作用。学生通过多语教育，不仅能够适应不同语言的表达方式和语法结构，还能够更灵活地应对各种语境下的交流挑战。这种灵活性使学生具备学习新语言的能力，从而更轻松地掌握多种语言。

多语教育通过强调学生应该具备并尊重多种语言的能力，为外语教学注入了更为综合和开放的理念。这种理念不仅在认知层面推动了学生对不同语言之间联系的认知，也在实践中提高了学生的语言灵活性，为他们更广泛地参与语言学习和跨文化交际打下了坚实基础。

（二）跨文化交际能力的培养

多语教育的一个重要目标是培养学生的跨文化意识，使其能够更深刻地理解和尊重不同文化的存在。在外语教学中，学生不仅仅是学习一门语言，也借助这门语言来识别并融入其所代表的文化。通过了解目标语言所承载的文化元素，学生能够逐渐形成对不同文化的敏感性和理解，为跨文化交际奠定基础。

特别是在学习目标外语的同时，学生通过多语教育能够深入了解目标语言所代表的文化。这种文化的了解不仅仅停留在表面，而是涉及文化的历史、价值观、习惯等多个层面。这样的深入了解有助于学生更全面地理解目标文化，为其提供更为深刻的跨文化交际素养。

跨文化交际能力是多语教育的核心目标之一。学生在学习外语的过程中，通过与目标语言文化的互动，逐渐培养出更为灵活和敏感的跨文化交际技能。这种能力对学生在多语境环境中更好地理解、尊重他人，以及避免产生文化误解和冲突都至关重要。

多语教育通过培养学生的跨文化意识和交际能力，为他们在全球化背景下更好地融入多元文化社会提供了坚实基础。这种教育理念不仅有益于学生个体的发展，也有助于建设更为开放和包容的国际社会。

（三）语言学习的灵活性

多语教育倡导语言学习的灵活性，即学习者应该具备适应不同语言环境的能力。在外语教学中，这一理念体现在学生在学习目标外语的同时，也积极培养了更好地适应其他语言的能力。这种灵活性的培养不仅使学生具备多语言应用的能力，还进一步提高了他们在跨文化交际中的应对能力。

学生在通过多语教育学习目标外语的同时，也因此接触到其他语言的元素。这种接触不仅仅是表面性的，更涉及语法结构、词汇习惯、语音特点等多个方面。因此，学生逐渐形成了对不同语言环境的适应性，使他们能够更加灵活地在不同语境下进行语言表达和交流。

这种灵活性的培养不仅有助于学生更自如地运用不同语言，还为他们在跨文化交际中提供了更为广阔的可能性。学生在不同语境中的应对能力增强，使他们更容易融入多元文化的社会。这种能力的提升既使学生更具备全球化时代所需的语言技能，也为他们更好地理解和尊重其他文化做好了准备。

多语教育通过强调语言学习的灵活性，使学生具备适应不同语言环境的能力。这不仅有助于提高个体的语言运用水平，也为构建更具包容性和多元化的语言社区奠定了基础。

二、多语教育与外语教学的区别

（一）范围

1. 多语教育

多语教育是一种广泛的教育理念，旨在培养个体在多语境中具备全面语言能力。多语教育强调不仅要掌握母语，还要具备第二语言等多种语言的使用、理解和表达能力。在多语教育的框架下，学生被鼓励在各种语言环境中进行有效的交际，以实现对不同语言的灵活运用。

这一教育理念注重打破语言的壁垒，使学生能够自如地在不同语境中交流。除了培养语言技能，多语教育还强调跨文化的沟通能力。学生在接触不同语言和文化的过程中，不仅能够扩展语言技能，还能够增进对多元文化的理解和尊重。

多语教育的目标是使学生成为具备全球视野的语言学者，能够适应复杂多变的国际社会。这意味着学生应该具备在多语境中运用不同语言的能力，包括在学术、商务、社交等各种情境中自如地表达和理解信息。

多语教育是一种强调培养学生在多语境中全面语言能力的综合教育理念。通过多语教育，个体不仅能够充分发展自己的母语，还能够具备在全球范围内进行跨文化交流的能力，从而更好地适应多元化、国际化的社会。

2. 外语教学

外语教学侧重教授特定的外语，通常作为学科或交流工具的一部分。其目标在于使学生能够用外语进行有效的沟通，通常是在与外语社群或文化交往的背景下。

在现代社会，外语教学是培养学生跨文化交际能力和拓宽视野的重要途径之一。教学内容通常包括语法、词汇、听说读写等方面，旨在使学生全面掌握目标外语的基本要素。这样的教学不仅关注语言知识的传递，也注重学生在实际语境中的应用能力。

外语教学的侧重点在于培养学生在不同语言环境中进行有效沟通的能力。通过模拟真实场景、开展角色扮演等活动，学生可以在教学中体验到与目标语言相关的真实交流情境，提高他们的语言实际运用能力。这有助于学生更好地应对适应与外语社群互动带来的挑战，增强他们的交际技能。

教学的目标在于使学生能够融入目标语言所代表的文化。通过学习语言，学生可以更深入地了解与之相关的文化、习俗、价值观等。这种文化的融入不仅是语言学习的一部分，也是对目标文化的一种沉浸式了解，为学生提供了更广阔的国际视野。

外语教学以培养学生的语言技能、促进跨文化交际为目标。通过多元化的教学方法和实践活动，学生可以更全面地掌握目标外语，为其未来的国际交往和职业发展打下坚实的基础。

（二）使用频率

1. 多语教育

强调在不同语境中使用多种语言是多语教育的重要理念之一，其目标在于使学生能够在各种生活情境中灵活应对多语境挑战。这种教育方法不仅包括日常生活的方方面面，还包括社会交往和学术领域等广泛范围。

在日常生活中，多语教育强调培养学生能够自如地运用多种语言，使其在购物、旅行、餐饮等日常场景中具备良好的交际能力。这有助于学生更好地融入多元文化社会，提高他们在不同语境中的社交能力。

社会交往领域的多语能力被多语教育所强调。学生应该具备在不同社交场合中使用适当语言的能力，包括与不同文化背景的人交往、参与国际性活动等。这样的多语交际技能有助于拓展学生的人际关系网，提升其在社会交往中的自信心。

在学术领域，多语教育追求的不仅仅是语言的熟练运用，还包括对多语言文献、跨文化研究的理解和应用。学生被鼓励在学术研究中灵活使用不同语言，使其能够参与到全球范围的学术交流和合作中。

通过强调多语境中的语言使用，多语教育旨在培养学生具备跨足不同领域、处理各类挑战的能力。这种灵活的多语能力不仅使学生在全球范围内更具竞争力，也为他们打开了更广泛的人生和职业选择的大门。因此，多语教育在不仅仅是语言层面上，还在全人教育的层面上产生了积极而深远的影响。

2.外语教学

在现代全球化的背景下，英语、法语、西班牙语等主要语种成为国际交流中的重要工具。外语教学以这些语种为主，旨在使学生在学术和特定社交环境中能够熟练运用目标外语。

外语教学注重培养学生对目标外语的深刻理解。通过学习语法结构、词汇、语音等基础知识，学生能够建立起对特定外语的语言基础。教学内容通常涵盖与学术研究、商务交流等相关的领域，以满足学生在特定社交环境中的语言需求。

外语教学重视学生在学术领域中的应用能力。通过阅读学术文献、进行专业领域的讨论，学生可以在学术环境中磨炼语言运用的技能。这有助于学生更好地适应国际学术交流，参与国际性的研究项目和合作。

外语教学强调学生在特定社交环境中的交际能力。通过模拟商务会谈、参与国际会议等实际活动，学生可以提高在特定社交场合中的语言沟通水平。这样的教学设计有助于培养学生在国际社交中的自信心和流利表达能力。

外语教学侧重特定的主要语种，旨在使学生在学术和特定社交环境中能够熟练运用目标外语。通过系统的语言学习和实践活动，使学生可以更好地适应国际性的学术、职业和社交需求。

（三）文化维度

1. 多语教育

考虑到语言与文化的密切关联，多语教育强调不仅要掌握多种语言，还要包括对不同文化的了解和尊重。这一维度的多语教育旨在培养学生具备跨文化的沟通技能，使其在面对多样性和全球化时能够更加自信地进行交流。

多语教育的文化元素体现在学生对不同文化的深入研究和理解上。学生在学习多语言的同时，也被鼓励深入探索与这些语言相关的文化内涵，包括历史、传统、价值观等。这有助于学生更全面地理解语言的使用背后所蕴含的文化意义，提高他们在跨文化交际中的敏感性。

多语教育注重培养学生的跨文化沟通技能，使其能够有效地在不同文化背景下进行交流。这包括学生对非语言交流、文化礼仪的了解，以及对文化差异的尊重和适应能力。通过培养这些技能，学生能够更好地应对在全球化背景下多元文化社会中的挑战，使其可以顺利地融入各种跨文化环境。

同时多语教育也促使学生在语言学习过程中具备开放的心态，鼓励他们去接纳并尊重不同语境下的多元文化。通过与其他文化进行互动，逐渐培养学生跨文化交际所需的灵活性和包容性，为其未来的国际合作和跨国交流打下坚实基础。

多语教育通过将语言与文化融为一体，致力于培养学生不仅具备多语言技能，还具有对多元文化的理解、尊重和跨文化交际的能力。这种综合性的培养不仅使学生更具国际竞争力，也更好地适应并参与全球化时代的多元文化社会。

2. 外语教育

除了语言技能，外语教学通常也包括对相关文化的学习，而文化教育的部分内容相对较少。在外语教学中，除了注重语言技能的培养，文化教育也是不可或缺的一部分。然而，相对语言技能的重点，文化教育在一些情况下可能受到相对较少的关注。

文化教育在外语课程中扮演着重要的角色。通过学习相关文化的历史、传统、价值观等，学生能够更好地理解和运用目标外语。文化元素的融入不仅能够拓展学生的知识面，还有助于提高他们在实际语境中的交际能力。

　　尽管文化教育的重要性不可忽视，但在一些外语课程中仍可能存在文化教育的部分内容较少的情况。一些课程可能更专注语法、词汇等语言技能的传授，而对文化的涵盖相对较少。这可能导致学生在实际交流中对文化差异的理解不够深入。

　　正确认识和尊重外语所代表的文化是培养学生综合语言能力的重要组成部分。文化教育不仅能够提高学生对多元文化的认知，还有助于形成更宽广的国际视野。因此，教育者在设计外语课程时应更全面地考虑语言技能和文化素养之间的平衡。

　　尽管文化教育在外语教学中的部分内容相对较少，但其重要性不可忽视。教育者可以通过更加综合和多元化的教学设计，使文化教育在外语学习中发挥更为突出的作用，进而可以帮助学生更全面地掌握目标外语。

参考文献

[1]陈远祥.信息时代外语教学中运用视频的理论、方法与建议[J].广东外语外贸大学学报，2007（05）：81-84.

[2]李文英.多媒体手段与传统方法整合的多维外语教学模式及策略：理论与实践[J].山东外语教学，2005（04）：80-83.

[3]李超.基于"后方法"理论的大学外语教学：评《外语教学方法与流派》[J].中国教育学刊，2021（08）：150.

[4]刘凤娟.后方法外语教学理论文献研究综述[J].教育现代化，2017，4（28）：182-184.

[5]姜丹.外语跨文化交际能力培养与"后方法"理论教学模式分析[J].沈阳农业大学学报（社会科学版），2017，19（01）：90-93.

[6]马瑞香.外语教学方法的理论视野[J].现代教育管理，2009（05）：69-72.

[7]邸玉敏.六种外语教学方法的理论与比较[J].教育实践与研究（中学版），2007（04）：15-16+27.

[8]王譞.专业素养视域下外语词汇教学的理论认知与实践路径：评《外语词汇教学的方法》[J].社会科学家，2020（10）：172.

[9]王露芳.论中国特色外语教学方法的理论基础[J].湖北广播电视大学学报，2010，30（07）：130-131.

[10]戴曼纯，刘正光.介绍《现代外语教学——理论、实践与方法》[J].外语教学与研究，1997（04）：76.

[11]卞福英."后方法"理论对外语教学的启示[J].中国校外教育，2013（33）：61.

[12]王永祥.外语教学课堂话语研究：理论与方法：当代外语教学课堂话语研究综述（一）[J].常州大学学报（社会科学版），2016，17（04）：63-73.

[13]肖琼，刘云根.外语教学理论和方法的近代发展及现状[J].北京印刷学院

学报，1998（02）：59-64.

[14]黄慧，熊琴.基于"后方法"理论视角的SPOC外语教学模式探究[J].外语电化教学，2016（04）：26-31.

[15]李晓博，欧丽贤.外语叙事教学：理论视角、内涵与方法[J].高教学刊，2021，7（33）：102-104+108.

[16]金石铁.语言理论发展与外语教学方法演变[J].大庆高等专科学校学报，1996（03）：77-79.

[17]韩晔，高雪松.国内外近年线上外语教学研究述评：理论基础、核心概念及研究方法[J].外语与外语教学，2020（05）：1-11+148.

[18]龙桃先，王静.基于语际影响的少数民族地区中小学外语教学理论与方法[J].海外英语，2018（13）：44-45.

[19]尚宏.外语教学后方法理论及宏观策略框架评析[J].教学与管理，2008（24）：53-54.

[20]项超婕.论走出中国特色外语教学方法的理论基础：《理解语言教学：从方法到后方法》启示[J].长春理工大学学报，2010，5（06）：104+136.